GONDOLIN PRESS

Mauro Gagliardi

# LA EUCARISTÍA

Jesucristo contenido e inmolado
en el Sacramento de nuestra salvación

gondolin press

LA EUCARISTÍA – *Mauro Gagliardi*

© Mauro Gagliardi
© Spanish Language Edition gondolin press

www.gondolinpress.com
info@gondolinpress.com

2020 © Gondolin Institute LLC
13999 N Rim Trail
Marana AZ  85658

ISBN 978-1-945658-19-8

*Reservados todos los derechos internacionales de traducción, digitalización, reproducción y transmisión de la obra en parte o en su totalidad en cualquier medio, formato y soporte. No se permiten las fotocopias sin autorización por escrito del autor.*

*First U.S. edition: June 2020*

*Al Rev. Padre
Eric P. Raaser
con amistad sacerdotal*

# Presentación

Este pequeño libro contiene un curso de quince horas sobre la Eucaristía, ofrecido a los sacerdotes de una diócesis de Latinoamérica durante el mes de agosto de 2019. El curso presenta varios de los temas del tratado sobre la Eucaristía, armonizando la exigencia de ofrecer al clero una actualización teológica, con la necesidad de utilizar un lenguaje comprensible. Para tal fin, se decidió considerar las cuestiones debatidas en la teología eucarística más reciente como trasfondo y no de manera directa. Una presentación detallada de las disputas actuales entre los especialistas hubiera necesitado mucho más espacio y un aparato de notas que no pertenecen a la intención ni al género literario de este tipo de publicación, que se dirige a un público más amplio que el restringido sector de los académicos.

Además del texto de las ponencias, este volumen presenta también a modo de anexo dos meditaciones para la vida sacerdotal que fueron dictadas durante un retiro del clero de otra diócesis de Sudamérica, durante el mes de julio de 2019.

Mi deseo es que estas páginas puedan resultar útiles no solo a los sacerdotes, de modo que celebren la Santa Misa con fe, amor y reverencia, sino también a todos los católicos que quieran profundizar en el conocimiento del gran Misterio Eucarístico. Solo de la renovación de la espiritualidad eucarística (que comprende doctrina, liturgia y devoción) podrá venir una verdadera renovación en la vida de hoy de la Santa Iglesia.

Roma, 30 de noviembre 2019
*Fiesta de San Andrés Apóstol*

El autor

## Capítulo 1

## Marco contextual y planteamiento metodológico

En su forma original, este primer capítulo consideraba el contexto no solo de la Iglesia universal y de la Iglesia en Latinoamérica, sino también de la nación y diócesis donde se presentó el curso. Dado que esto último no es de interés para el lector de este pequeño libro, hemos recortado las referencias a contextos particulares y proponemos una mirada al contexto más amplio de la Iglesia entera y de la Iglesia en América Latina.

### 1.

A nivel de la Iglesia universal, notemos que, en el siglo XX, el Magisterio publicó muchos documentos sobre la Eucaristía, tanto a nivel dogmático como litúrgico y espiritual. Los documentos recientes más importantes son los siguientes:

Pío XII, *Mediator Dei* (1947).

Concilio Vaticano II, *Sacrosanctum Concilium* (1963).

San Pablo VI, *Mysterium Fidei* (1965).

Sagrada Congregación de Ritos, *Eucharisticum Mysterium* (1967).

San Juan Pablo II, *Dominicae cenae* (1980).

Idem, *Dies Domini* (1998).

Idem, *Ecclesia de Eucharistia* (2003).

Idem, *Mane Nobiscum Domine* (2004).

Benedicto XVI, *Sacramentum Caritatis* (2007).

La Eucaristía es un tema que el Magisterio ha ido proponiendo ampliamente en tiempos recientes. No nos detenemos ahora sobre contenidos particulares, porque lo haremos a lo largo de los próximos capítulos. Por ahora, es importante enfatizar que la Eucaristía no es un tema "del pasado", sobre el cual ya han reflexionado, debatido y tomado decisiones dogmáticas en los siglos antiguos y en la Edad Media. Como veremos, la Eucaristía es un tema que la Iglesia nos ha propuesto también recientemente y con razón

## 2.

En cuanto al contexto de América Latina, el documento más reciente que guía el camino en este continente es el llamado *Documento de Aparecida*, es decir, el documento final de la V Conferencia General del CELAM del año 2007. El título es *Discípulos y misioneros de Jesucristo para que nuestros pueblos en Él tengan vida. 'Yo soy el Camino, la Verdad y la Vida' (Jn 16,4)*. Es un documento sobre la centralidad de Jesucristo y, por consiguiente, sobre la tarea misionera de nosotros los discípulos de Cristo. No es un documento centrado en la Eucaristía, pero menciona muchas veces el Sacramento del altar. El Documento quiere presentar a Cristo como el Señor que da la vida a los pueblos latinoamericanos, y en esto la Eucaristía representa la cumbre de la evangelización porque la Eucaristía es el Pan de Vida.

Benedicto XVI ha notado este aspecto en el *Discurso* que dio el 13 de mayo 2007, al inaugurar la Conferencia en Aparecida. En ese Discurso, el Papa dijo:

> Para formar al discípulo y sostener al misionero en su gran tarea, la Iglesia les ofrece, además del Pan de la Palabra, el Pan de la Eucaristía. A este respecto nos inspira e ilumina la página del Evangelio sobre los discípulos de Emaús. Cuando éstos se sientan a la mesa y reciben de Jesucristo el pan bendecido y partido, se les abren los ojos, descubren el rostro del Resucitado, sienten en su corazón que es verdad todo lo que Él ha dicho y hecho, y que ya ha iniciado la redención del mundo. Cada domingo y cada Eucaristía es un encuentro personal con Cristo. Al escuchar la palabra divina, el corazón arde porque es Él quien la explica y proclama. Cuando en la Eucaristía se parte el pan, es a Él a quien se

recibe personalmente. La Eucaristía es el alimento indispensable para la vida del discípulo y misionero de Cristo. (n. 4).

De aquí la necesidad de dar *prioridad, en los programas pastorales, a la valorización de la Misa dominical*. Hemos de motivar a los cristianos para que participen en ella activamente y, si es posible, mejor con la familia. La asistencia de los padres con sus hijos a la celebración eucarística dominical es una pedagogía eficaz para comunicar la fe y un estrecho vínculo que mantiene la unidad entre ellos. El domingo ha significado, a lo largo de la vida de la Iglesia, el momento privilegiado del encuentro de las comunidades con el Señor resucitado. Es necesario que los cristianos experimenten que no siguen a un personaje de la historia pasada, sino a Cristo vivo, presente en el hoy y el ahora de sus vidas. Él es el Viviente que camina a nuestro lado, descubriéndonos el sentido de los acontecimientos, del dolor y de la muerte, de la alegría y de la fiesta, entrando en nuestras casas y permaneciendo en ellas, alimentándonos con el Pan que da la vida. Por eso *la celebración dominical de la Eucaristía ha de ser el centro de la vida cristiana*. El encuentro con Cristo en la Eucaristía suscita el compromiso de la evangelización y el impulso a la solidaridad; despierta en el cristiano el fuerte deseo de anunciar el Evangelio y testimoniarlo en la sociedad para que sea más justa y humana. De la Eucaristía ha brotado a lo largo de los siglos un inmenso caudal de caridad, de participación en las dificultades de los demás, de amor y de justicia. ¡Sólo de la Eucaristía brotará la civilización del amor, que transformará Latinoamérica y El Caribe para que, además de ser el continente de la esperanza, sea también el continente del amor! (n. 5; énfasis nuestro).

El *Documento de Aparecida* se coloca en esta senda retomando el tema eucarístico una y otra vez. Por ejemplo, en el n. 26, describe la Eucaristía como «alimento substancial de los discípulos y misioneros». En el n. 128 los obispos citan la parte final de la segunda cita de Benedicto XVI y reconocen que los pueblos de Latinoamérica pueden mirar al futuro con esperanza si su vida está fundada en Cristo y redimida por Él, porque «¡Sólo de la Eucaristía brotará la civilización del amor, que transformará Latinoamérica y El Caribe para que, además de ser el continente de la esperanza, sea también el continente del amor!». En el n. 158 se habla de que las nuevas relaciones evangélicas que se construyen dentro del pueblo de Dios tienen su raíz en la participación del Pan de Vida; es decir, la Iglesia como comunión se edifica por el poder de la Eucaristía más que por nuestros esfuerzos humanos.

El mismo concepto se repite en el n. 175, con referencia particular a la vida de la parroquia: «La Eucaristía, en la cual se fortalece la comunidad de los discípulos, es para la parroquia una escuela de vida cristiana. En ella, juntamente con la adoración eucarística y con la práctica del sacramento de la reconciliación, para acercarse dignamente a comulgar, se preparan sus miembros en orden a dar frutos permanentes de caridad, reconciliación y justicia para la vida del mundo». El discurso se extiende a todas las realidades eclesiales en el n. 180, donde se escribe que «Todas las comunidades y grupos eclesiales darán fruto en la medida en que la Eucaristía sea el centro de su vida...».

Con relación a la vida espiritual de los sacerdotes, el *Documento* subraya la importancia de la celebración diaria de la Misa y lo hace citando a San Alberto Hurtado que decía: «¡Mi Misa es mi vida y mi vida es una Misa prolongada!» (n. 191). Sin embargo, el valor y la centralidad de la Eucaristía es subrayada no solo con relación a los sacerdotes, sino a todos los fieles. En el n. 251, en efecto, los obispos escriben que:

> La Eucaristía es el lugar privilegiado del encuentro del discípulo con Jesucristo. Con este Sacramento Jesús nos atrae hacia sí y nos hace entrar en su dinamismo hacia Dios y hacia el prójimo. Hay un estrecho vínculo entre las tres dimensiones de la vocación cristiana: creer, celebrar y vivir el misterio de Jesucristo, de tal modo, que la existencia cristiana adquiera verdaderamente una forma eucarística. En cada Eucaristía los cristianos celebran y asumen el misterio pascual, participando en él. Por tanto, los fieles deben vivir su fe en la centralidad del misterio pascual de Cristo a través de la Eucaristía, de modo que toda su vida sea cada vez más vida eucarística. La Eucaristía, fuente inagotable de la vocación cristiana es, al mismo tiempo, fuente inextinguible del impulso misionero. Allí el Espíritu Santo fortalece la identidad del discípulo y despierta en él la decidida voluntad de anunciar con audacia a los demás lo que ha escuchado y vivido.

Y en el número siguiente, el 252, se subraya la importancia de la Misa dominical: «Sin una participación activa en la celebración eucarística dominical y en las fiestas de precepto no habrá un discípulo misionero maduro. Cada gran reforma en la Iglesia está vinculada al redescubrimiento de la fe en la Eucaristía. Es importante por esto promover la "pastoral del domingo" y darle "prioridad en los programas pastorales" para un nuevo impulso en la evangelización del pueblo de Dios en el Continente latinoamericano».

Hay más ocurrencias sobre la Eucaristía en el *Documento*; sin embargo, podemos concluir con una expresión solemne que dice: «La Eucaristía es el centro vital del universo, capaz de saciar el hambre de vida y felicidad: "El que me coma vivirá por mí" (Jn 6,57)» (n. 354).

Con estas referencias, que colocan nuestro curso en el camino de la Iglesia universal y de la Iglesia en Latinoamérica, pasemos ahora del marco contextual al planteamiento metodológico.

Para empezar, retomemos muy brevemente unos conceptos básicos sobre la teología en general.

### 3.

La teología es "ciencia de la fe" (*scientia fidei, intellectus fidei*). Significa que la teología estudia la fe, pero también que ella requiere la fe. Sabemos que hay esta distinción clásica de *fides qua* y *fides quae creditur*, o sea la fe personal y la fe nocional. La virtud teologal de la fe siempre comprende ambas dimensiones: no hay verdadera fe si solo hay la *fides qua* o la *fides quae*. Por esto la teología es una ciencia "segunda", es decir que esta ciencia se puede practicar solo después de otra cosa, y esta es la fe. Si no hay fe, no se puede hacer teología. Y se necesita la fe personal y la fe doctrinal. El teólogo no es simplemente un erudito. Antes que nada, el teólogo debe ser un hombre de fe y un *vir ecclesiasticus*.

La fe es un don de lo Alto y también un acto de nuestra libertad. Es don porque es una virtud teologal y por esto es gracia. Nadie se puede dar la fe a sí mismo. Pero también la fe depende de nosotros, porque la fe se define como obediente aceptación de la Palabra de Dios. Dice la Constitución *Dei Verbum* del Concilio Vaticano II que, a Dios que se revela, se le debe la obediencia de la fe (cf. n. 5). Dios habla y el hombre debe obedecer a esta Palabra divina. La primera forma de obediencia a la Palabra es creer a la Palabra, creer que lo que dice Dios en su Palabra es verdad. Esto es, antes que nada, la fe.

## 4.

La Palabra de Dios, según la doctrina católica, se encuentra no solo en la Escritura. Hoy hay confusión sobre este punto. Si preguntamos ¿dónde se encuentra la Palabra de Dios?, muchos católicos contestan: "en la Biblia". Lo que es verdad, pero una verdad parcial. Un protestante contestaría lo mismo y esto implica que esta respuesta no es católica si se deja así, incompleta. La respuesta católica completa dice que *la Palabra de Dios se encuentra sea en la Sagrada Escritura sea en la Tradición apostólica oral*, la cual en concreto se encuentra en el Magisterio cierto y repetido de la Iglesia, en la Liturgia, en las normas estables del derecho canónico y en las costumbres universales de la Iglesia, además, en los escritos de los Padres y Doctores de la Iglesia.

Es muy importante remarcarlo: no se puede hacer teología católica solo estudiando la Biblia, y no se puede hacer teología católica sin estudiar bien la Biblia.

## 5.

Por consiguiente, cuando el teólogo estudia la Palabra de Dios con la razón iluminada por la fe, debe hacerlo estudiando la Biblia y también la Tradición apostólica. Por eso es esencial para el teólogo el rol del Magisterio eclesiástico. Primero porque la Biblia no se puede interpretar de manera individual y privada, como dice la misma Escritura (cf. 2Pd 1,20), sino con toda la Iglesia; segundo, porque hay afirmaciones del Magisterio que contienen la Tradición apostólica; y tercero, porque en lo que el Magisterio propone como enseñanza suya (interpretación auténtica de la Revelación), hay muchos elementos útiles para entender bien el *depositum fidei*.

En conclusión, para hacer una buena teología católica se necesitan la fe y la escucha de la Palabra en sus dos dimensiones, escrita y oral. Además, se necesita el *sentire cum Ecclesia* y por esto se necesita el Magisterio —que no es Palabra de Dios pero a Ella sirve, como lo afirma *Dei Verbum* 10.

## 6.

Todo esto nos enseña que el método propio de la teología es de por sí un método deductivo y no inductivo. En el método deductivo se aprende algún conocimiento partiendo de premisas o principios generales y, luego a través de investigaciones y razonamientos, se llega a nuevos conocimientos, nuevas conclusiones. En teología, el método deductivo se aplica partiendo de los dogmas revelados por Dios e investigando sobre ellos con la razón iluminada por la fe. Dios habla, yo creo, y luego de creer, investigo sobre las cosas que ya creo por la fe.

En cambio, el método inductivo es el que trata de llegar a los principios partiendo de la experiencia. Por eso se utiliza este método en las llamadas ciencias positivas. Por ejemplo, en biología se observan los insectos y se trata de llegar del fenómeno particular al principio general que regula su vida. Aún si alguna forma de inductivismo moderado es posible en teología, hoy en día lo más común es que, cuando se quiere aplicar teológicamente el método inductivo, se parte de la experiencia humana, tratando luego de llegar al conocimiento de los misterios divinos (también en su relación con la dimensión antropológica). Aplicado de esta forma, el método inductivo en teología no es correcto, precisamente porque los misterios de la Revelación son sobrenaturales y superan las capacidades naturales del intelecto humano. Con sus propias fuerzas, nuestro intelecto no puede, partiendo de las cosas humanas e históricas, elevarse sobre la naturaleza para alcanzar lo que es divino. Solo si el Divino se revela podemos aplicar la razón (iluminada por la fe) a tales misterios para tratar de entenderlos mejor y así también comprender otras verdades a la luz de la fe.

Es un error de método muy común hoy en día, hablar de temas teológicos según una perspectiva inductivista no bien desarrollada. Es decir, se pretende hacer teología partiendo de la evolución histórica o social, o de la sensibilidad cultural y psicológica actual, o también desde la perspectiva de grupos humanos o de problemas particulares. Es un error de método, porque no se puede conocer a Dios y su plan si no en Dios. Estos errores de método corresponden a una tendencia racionalista muy dañina, que baja lo que es sobrenatural a nivel de lo que es natural.

## 7.

Otro elemento metodológico muy importante consiste en recordar que la Sagrada Escritura no es simplemente un libro del pasado. Ciertamente lo es. Pero la Palabra de Dios es inspirada y por esto no es simplemente la obra de autores humanos de muchos siglos atrás. La Biblia es Palabra de Dios. Dios es el Autor principal. Esto implica que habrá que interpretar este Libro de forma peculiar. *No se puede reducir la hermenéutica bíblica a la aplicación de métodos históricos.* Es verdad que se necesita también un acercamiento histórico-crítico al texto bíblico, pero no solo. El *Catecismo de la Iglesia Católica* nos recuerda un dato que pertenece a la hermenéutica bíblica eclesial de siempre, desde los primeros exégetas, es decir los Padres. El *Catecismo* recuerda que la Biblia no solo tiene un sentido literal, sino también un sentido espiritual. Este último es aquel que expresa aquello que Dios revela de sí mismo y de su plan de salvación a través de los autores sagrados. Entonces en el texto bíblico no hay simplemente un sentido humano e histórico que viene del contexto, de la cultura, etc; también está el sentido revelado, sobrenatural, lo que hace de la Biblia la Palabra de Dios en forma escrita. A su vez, el sentido espiritual se divide en tres: alegórico, moral y anagógico. Con esto se habla de los cuatro sentidos de la Escritura: literal, alegórico, moral y anagógico, según el conocido dístico de Agustín de Dacia que escribía: *littera gesta docet, quod credas allegoria, moralis quod agas, quo tendas anagogía* (la letra enseña los hechos, la alegoría lo que has de creer, el sentido moral lo que has de hacer, y la anagogía a donde has de tender: cf. *Catecismo de la Iglesia Católica* 118).

Por eso nosotros vamos a leer la Escritura no solo a nivel literal sino también a nivel verdaderamente teológico. Esto implica también que se observe otro criterio hermenéutico, recordado por *Dei Verbum* 12, el de la unidad de toda la Escritura. Antiguo y Nuevo Testamento no son dos libros separados. En el Antiguo Testamento encontramos elementos que son figura del Nuevo. Por consiguiente, si es cierto que la Eucaristía solo se instituyó de manera explícita en el Nuevo Testamento, sin embargo hay preparaciones (o figuras) de ella en el Antiguo, como veremos.

Esto significa que no debemos temer de utilizar la tipología bíblica, algo que los Padres y Doctores siempre han profundizado.

"Tipología" es una palabra de origen griego. *Typos* en griego significa *figura*. En el Antiguo Testamento hay *typoi*, o sea figuras del Nuevo Testamento. Por ejemplo, Isaac que carga en sus hombros la leña para su mismo sacrificio; los Padres lo entienden como *typos* del futuro Cristo que cargará sobre sus mismas espaldas el madero de la cruz. No es una opción teológica sobrepuesta a la Escritura por los teólogos sino que la misma Escritura habla de esta tipología. San Pablo en Romanos 5,14 habla de Adán como *typos tou mellontos* "figura de aquel que debía venir", o sea figura de Cristo.

Sobre la necesidad de mantener la mirada abierta al sentido espiritual de la Escritura, se ha pronunciado también Benedicto XVI, que en la Exhortación *Verbum Domini* escribe:

> Los Padres sinodales han afirmado con razón que el fruto positivo del uso de la investigación histórico-crítica moderna es innegable. Sin embargo, mientras la exégesis académica actual, también la católica, trabaja a un gran nivel en cuanto se refiere a la metodología histórico-crítica, también con sus más recientes integraciones, es preciso exigir un estudio análogo de la dimensión teológica de los textos bíblicos, con el fin de que progrese la profundización, de acuerdo a los tres elementos indicados por la Constitución dogmática *Dei Verbum* [unidad de la Escritura, tradición viva de la Iglesia; analogía de la fe]. (n. 34)

> La tradición patrística y medieval sabía reconocer los diversos sentidos de la Escritura, comenzando por el literal, ... Santo Tomás de Aquino, por ejemplo, afirma: "Todos los sentidos de la sagrada Escritura se basan en el sentido literal". Pero se ha de recordar que en la época patrística y medieval cualquier forma de exégesis, también la literal, se hacía basándose en la fe y no había necesariamente distinción entre *sentido literal* y *sentido espiritual*. (n. 37)

> Para restablecer la articulación entre los diferentes sentidos escriturísticos es decisivo comprender *el paso de la letra al espíritu*. No se trata de un paso automático y espontáneo; se necesita más bien trascender la letra: "De hecho, la Palabra de Dios nunca está presente en la simple literalidad del texto ...". (n. 38)

De todo lo dicho siguen al menos dos puntos principales a nivel de método:

**A.** Vamos a profundizar teológicamente el misterio eucarístico: solo lo podemos hacer si ya creemos en él. La Eucaristía es un misterio sobrenatural. No podemos suspender el asentimiento de la fe y decir: "voy a creer si el teólogo me convence con sus reflexiones". Esto sería racionalismo. La teología es ciencia, sí, pero ciencia *de la fe*. Entonces si no hay fe previamente, no hay teología. La teología profundiza racionalmente la fe, no la crea, sino que la presupone. Así que nosotros los católicos creemos firmemente en la Eucaristía y no estamos esperando que algún teólogo con sus escritos, o algún papa mediante un documento, nos convenza para creer en ella. Creemos basándonos en Dios, teniendo confianza en Dios. Dado que Cristo, Dios y hombre, dijo: "esto es mi cuerpo dado por ustedes", "esta es mi sangre derramada por ustedes y por muchos" –a Él le vamos a creer, porque Dios no miente.

**B.** Empezaremos enseguida un recorrido bíblico en el cual respetaremos el sentido literal con atención. Esto porque, como recuerda Santo Tomás de Aquino, todo sentido espiritual se basa en el literal. Entonces, siempre hay que buscar el sentido literal para evitar el riesgo de caer en el alegorismo bíblico (o sea en una interpretación arbitraria). Sin embargo, no nos detendremos solamente en el sentido literal o histórico. Buscaremos también el sentido teológico, que revela el misterio sobrenatural de la Eucaristía.

### 8.

En efecto, hay una relación muy estrecha entre Palabra de Dios y Eucaristía. La primera cosa que se notamos es que la Eucaristía se hace, se realiza, pronunciando las palabras de Cristo en el Cenáculo, palabras que encontramos en los Evangelios sinópticos (Marcos, Mateo y Lucas) y en San Pablo. Entonces, la celebración es posible, y es válida, cuando la Palabra de Cristo se une a los elementos de pan y vino.

La relación de la Eucaristía con la Palabra se encuentra también en *Dei Verbum* 21, donde leemos: «La Iglesia ha venerado siempre las Sagradas Escrituras al igual que el mismo Cuerpo del Señor, no dejando de tomar de la mesa y de distribuir a los fieles el pan de vida, tanto de la Palabra de Dios como del Cuerpo de Cristo, sobre todo en la Sagrada Liturgia». No hay que entender estas palabras como si significaran que hay que darle el mismo nivel de adoración a la Escritura que a la Eucaristía. Son tipos de presencia de Cristo muy distintos y es claro que la presencia eucarística es superior a la que se da a través de la Palabra bíblica. Lo que el Vaticano II quiere decir es que venerar las Escrituras es parte de la vida de la Iglesia desde los primeros momentos, así como lo es adorar la Eucaristía. El mensaje del Concilio no pretende equiparar adoración eucarística y veneración de la Biblia, sino que afirma que son dos pilares en la vida de la Iglesia desde siempre.

Así se ve que Palabra y Eucaristía tienen una relación muy estrecha, como se entiende también por el hecho de que la celebración de la Misa siempre tiene dos partes inseparables, la Liturgia de la Palabra y la Liturgia Eucarística (cf. *Sacrosanctum Concilium* 56). La unidad de estas dos partes se encuentra particularmente en el ministro celebrante, que tiene la tarea de proclamar y explicar el Evangelio y la de cumplir el santo Sacrificio. Se entiende que el culmen no es la predicación de la Palabra, sino el Sacrificio de Cristo en el altar. En efecto, nuevamente el Vaticano II, esta vez en *Presbyterorum Ordinis* 5, recuerda que la Eucaristía es fuente y culmen de toda la evangelización. Esto implica que la proclamación y explicación de la Palabra (a todos los niveles: no solo en la Liturgia misma, sino en la catequesis, etc.) es un fruto de la Misa y llega a su culmen en la Misa misma. Esto habla claramente de una jerarquía que no disminuye la importancia de la Palabra y de la evangelización, pero sí enfatiza la Eucaristía sobre cualquier otra realidad. Así, *Presbyterorum Ordinis* 13 enseña que en la celebración de la Misa los sacerdotes "desempeñan su función principal". Nótese que no se dice su función *única*, porque hay varias, pero sí se dice *principal*. Es decir: para un sacerdote, no hay nada que sea más importante de la celebración de la Misa.

## Capítulo 2

## La Eucaristía en el Antiguo Testamento

¿Existe una enseñanza eucarística en el Antiguo Testamento? Sí y no. Es obvio que, si hablamos de una enseñanza explícita, esta no existe y no puede existir, puesto que Cristo instituyó la Eucaristía en el Nuevo Testamento. Sin embargo, retomando lo que hemos dicho en el precedente capítulo, podemos decir que sí hay semejante enseñanza en términos de tipología.

Antes de ver un cierto número de ejemplos, hay que recordar que una de las razones por las cuales el Antiguo Testamento puede ya hablar de la Eucaristía de forma indirecta e implícita es que, de por sí, la Eucaristía –siendo Cristo– es el centro y el fin de la historia humana. Toda la historia camina hacia Cristo, que es centro y fin de la historia. La Eucaristía es Cristo, entonces la historia camina hacia la Eucaristía. Así que el Antiguo Testamento, siendo preparación al futuro Cristo, es preparación a la futura Eucaristía.

Hay otro elemento. Hemos dicho que toda la historia camina hacia la Eucaristía. Entonces no solo la historia sagrada del Antiguo Testamento, sino toda la historia humana camina hacia Él. Claramente, esto no significa que hay que leer las religiones no cristianas como una preparación al Evangelio. Muchas veces, tales religiones representan más bien un obstáculo al Evangelio, razón por la cual San Pablo las llama cultos de demonios (cf. 1Cor 10,19-22). Pero en la historia humana fuera de la Revelación, no están solo las religiones, sino la razón, sea en forma de filosofía desarrollada, sea en forma de filosofía implícita; es decir, en la forma que asume en el sentido común del hombre natural. Ahora bien, forma parte de este sentido común que el hombre tenga una dimensión de apertura a lo divino, al transcendente. Esto se concreta en los cultos religiosos creados por los hombres, pero tiene una raíz pre-religiosa, en la razón. Es parte del sentido común homenajear a los dueños y superiores, ofreciéndoles dones. Esta dinámica está debajo, como un fundamento, también de la práctica sacrificial de las religiones. Estas prácticas son muchas veces idolátricas y hasta pueden en algunos casos contener elementos horrorosos. Cuando se concretizan en formas religiosas paganas, estos sacrificios no tienen ninguna relación con el Sacrificio del Nuevo Testamento, el Sacrificio de Cristo. Ellos son cultos de demonios, que alejan de la verdad y de Dios, más que preparar a estos (véase Benedicto XVI en el citado *Discurso a Aparecida*, donde el Papa recuerda que no hay razón de reavivar las religiones precolombinas en América Latina, como algunos proponen). Pero la subyacente mentalidad de ofrecer algo a la majestad divina es una orientación positiva del alma humana y esa sí prepara a recibir el verdadero Culto, el verdadero Sacrificio eucarístico, cuando sea revelado e instituido por Cristo.

Así que toda la historia humana, no en los sacrificios de las religiones paganas, sino en el deseo natural de los hombres de adorar a la divinidad con un sacrificio, es historia que tiende al verdadero Sacrificio; así que la Eucaristía es el centro y el fin de la historia humana y no solo de la bíblica. San Agustín dice que los reyes magos llevaron a Cristo oro, incienso y mirra: elementos creados por Dios y ahora ofrecidos al mismo Dios en su estado de Encarnación. El Doctor hiponate dice que, precedentemente, los reyes ofrecían estas mismas cosas a sus dioses paganos y, haciéndolo, ellos pecaban de idolatría. Pero ahora las ofrecen al Creador y Redentor en la verdadera religión, la religión que adora a Cristo. Esos dones eran símbolos cristológicos, y por esto Cristo permitió que se los ofreciera. Así se entiende, concluye San Agustín, que con el Nuevo Testamento las cosas cambian, entonces no se puede seguir haciendo lo que se hacía antes, sea entre los paganos, sea entre los judíos. Cuando llega el Sacrificio perfecto, el imperfecto debe acabar (cf. San Agustín, *Sermo 374 augm.*, 18).

Hay un rastro de lo que vamos diciendo en el mismo Antiguo Testamento y más precisamente en el profeta Malaquías 1,11; un pasaje que los Padres de la Iglesia han leído en clave eucarística. Dice así: «Pues desde el sol levante hasta el poniente, grande es mi Nombre entre las naciones, y en todo lugar se ofrece a mi Nombre un sacrificio de incienso y una oblación pura. Pues grande es mi Nombre entre las naciones, dice Yahveh Sebaot» (citaremos la Escritura en la versión de la *Biblia de Jerusalén*). Se dice aquí que, de alguna forma, se glorifica a Dios, antes de la llegada de Cristo, a través de los sacrificios que se ofrecen en las religiones en todo el mundo (esto debe entenderse según hemos aclarado). Pero el mismo Antiguo

Testamento, con referencia particular al culto judío, dice que vendrá un tiempo en el cual habrá una nueva alianza y por esto la antigua (celebrada con los ritos del templo de Jerusalén) deberá acabar. «He aquí que días vienen –oráculo de Yahveh– en que yo pactaré con la casa de Israel (y con la casa de Judá) una nueva alianza» (Jeremías 31,31). Recuérdese que la expresión "nueva alianza" será utilizada por el Señor Jesús (en las palabras sobre el cáliz) al instituir la Eucaristía.

Así que: **i.** Se prepara la llegada de la futura Eucaristía tanto en los ritos paganos (no en sí, sino en lo que ellos expresan a nivel antropológico), cuanto, y sobre todo, en la religión revelada del Antiguo Testamento. Sin embargo, todo esto es provisional. **ii.** Cuando llega la Nueva Alianza, ya no puede quedarse lo que era preparación a ella. Si hasta la Antigua Alianza pactada por el verdadero Dios tiene que dejar el paso a la nueva, ¿que será de los ritos paganos? Por esto, en clave bíblica no se puede entender, como algunos pretenden hoy, volver a los ritos precolombinos o transformar la Liturgia cristiana mezclándola con rituales paganos. Si el glorioso culto del templo de Jerusalén, instituido por Dios mismo, tuvo que dejar el paso al nuevo Culto cristiano, ¿cómo pensar que ahora el Culto perfecto que nos dio Jesucristo necesita integración con las creencias paganas e idolátricas?

Esto considerado, veamos ahora la preparación más directa a la Eucaristía, que consiste obviamente en la Revelación veterotestamentaria.

### 1.

*Éxodo 12.* Los israelitas deben celebrar la cena pascual antes de salir de Egipto. Deben comer un cordero sin defecto (cf. Éx 12,5) y derramar su sangre sobre las puertas para evitar la muerte. En el v. 14 se lee que este día será un memorial –un aspecto, el del *zikkaron*, muy valorado por la teología del siglo XX, como veremos.

Tipología: **i.** La cena prepara el éxodo hacia la tierra prometida – la Eucaristía es el pan del camino (*cibus viatorum*) de los cristianos hacia el Cielo; **ii.** Se consuma un cordero – Cristo eucarístico es el Cordero de Dios, el verdadero (cf. Juan 1,29); **iii.** La sangre derramada sobre las puertas salva los que están en la casa – la sangre de Cristo derramada sobre la casa Iglesia salva a los que pertenecen a ella; **iv.** El cordero debe ser sin defecto – 1Pd 1,19 llama a Cristo «cordero sin tacha y sin mancilla»; **v.** La cena judaica es "memorial" – también la Eucaristía lo es, si bien más perfectamente, como diremos.

## 2.

*Éxodo 16.* Aquí está el milagro de las codornices y del maná. Los israelitas tienen hambre y Moisés dice: «Yahveh os dará esta tarde carne para comer, y por la mañana pan en abundancia» (v. 8). Y el mismo Dios dice a Moisés: «Mira, yo haré llover sobre vosotros pan del cielo» (v. 4).

Tipología: **i.** Esta comida viene del cielo – por esto, en Juan 6 Jesús dirá que el maná era un signo del verdadero pan celeste, que es Él mismo y también la Eucaristía; **ii.** El maná tiene origen sobrenatural, por esto el hombre no lo conoce a nivel de experiencia de lo natural: los hebreos dicen en arameo *man hu* («¿qué cosa es?») – la Eucaristía no es un pan común sino comida sobrenatural, que no se puede conocer si no es revelada (no es un ritual social humano). Por esto en el Padre Nuestro Jesús lo llama pan "sobresustancial" (cf. *infra*); **iii.** Los israelitas tenían que recoger el maná para los de su tienda, exactamente como era la cena pascual en Egipto: significa que esta comida diaria del maná se relaciona con el evento originario de la cena pascual hebrea – la celebración de la Misa en cada pequeña comunidad está en relación íntima con el Cenáculo y con el Gólgota; **iv.** El maná se come junto con los codornices: pan y carne – en la Eucaristía recibimos la apariencia de un pan que en realidad contiene la carne, el cuerpo de Cristo; **v.** Los hebreos no conocían el maná antes, mientras que conocían a las codornices – los hombres conocían de antemano la carne humana (o sea como está hecho un cuerpo de hombre), y también se conocía el cuerpo físico de Jesús antes de la institución del Sacramento, mientras que no se conocía la presencia de su cuerpo dentro la apariencia del pan, antes que esto nos fuese revelado; **vi.** A quien recogía poco maná no le faltaba y a quien recogía mucho no le sobraba, signo que esta comida nutre de por sí y no por su cantidad – lo mismo para la Eucaristía, en la cual quien recibe una hostia magna no recibe más Cristo de quien solo recibe un fragmento pequeño; **vii.** El maná no se encontraba en día de sábado (signo de la eternidad, descanso de Dios) y desapareció completamente cuando el pueblo llegó a la tierra prometida – la Eucaristía solo se celebra y recibe en la tierra, como los demás sacramentos: cuando lleguemos al Cielo no habrá la Misa; **viii.** Moisés ordenó a Aarón: «Toma una vasija, pon en ella un gomor lleno de maná, y colócalo ante Yahveh, a fin de conservarlo para vuestros descendientes» (v. 33), entonces se guardó el maná en el tabernáculo de la tienda – la Eucaristía se guarda en el tabernáculo de nuestras iglesias que son la tienda donde encontramos a Dios.

La tradición del maná como pan del cielo o de los ángeles claramente prepara el Nuevo Testamento. Se encuentra también en otros lugares del Antiguo Testamento, como por ejemplo el Sal 78,24-25: Dios «hizo llover sobre ellos maná para comer, les dio el trigo de los cielos; pan de Fuertes comió el hombre, les mandó provisión hasta la hartura». "Pan de Fuertes" (hebreo *lechem abbirim*) se puede traducir también "Pan de los ángeles".

### 3.

*Éxodo 17.* El agua de la roca es un episodio negativo del Antiguo Testamento, episodio que habla de falta de confianza de parte del pueblo, y del mismo Moisés, hacia Dios.

Tipología: es menos evidente que en otros pasajes, pero es consistente. **i.** Dios cumple este milagro no tanto para calmar la sed sino más bien para mostrar Su presencia. Es la respuesta divina a la pregunta del v. 7: «¿Está Yahveh entre nosotros o no?» – la Eucaristía tiene por efecto que Cristo siempre esté en medio de nosotros; **ii.** San Pablo interpreta el episodio de Masa y Meribá tipológicamente en 1Cor 10,1-6 diciendo que esa roca era Cristo. Entonces la "bebida espiritual", como él llama esa agua, brotaba desde Cristo, la Roca – en la Eucaristía tenemos el cáliz que contiene la sangre que salió del costado de Cristo. Y nótese que el soldado romano golpeó la Roca Jesús, así como Moisés hizo con la roca en el desierto; **iii.** En el Evangelio de San Juan (el mismo texto que refiere el detalle del soldado romano), Jesús habla del agua viva que sale de su cuerpo (cf. Jn 7,38). Además, en el capítulo 19, no se habla solo del soldado, sino que se precisa también que a Jesús no le rompieron ningún hueso. Y esto nos reconecta de nuevo con el cordero pascual judaico. Juan mismo cita Éxodo 12,46: «...ni le quebraréis ningún hueso». El Evangelista cita también otro pasaje del Antiguo Testamento, Zacarías 12,10: «Mirarán a mí, a aquél a quien traspasaron» (adaptación de la traducción de la *BJ*).

### 4.

*Éxodo 24.* Aquí se celebra la alianza entre Dios y el pueblo en el Sinaí. Particularmente importante es el tema de la sangre de la alianza. Moisés construye un altar con doce estelas, por las doce tribus de Israel (v. 4) y allí se ofrecen holocaustos y sacrificios. La sangre de los animales la reparte así: mitad la echa en vasijas y la otra mitad la derrama sobre el altar (v. 6). Luego, Moisés lee el libro de la alianza y rocía con la sangre a los israelitas diciendo las palabras: «Esta es la sangre de la Alianza que Yahveh ha hecho con vosotros, según todas estas palabras» (v. 8).

Tipología: **i.** Hay una liturgia sacrificial – la Misa cristiana es Sacrificio ritual; **ii.** La sangre sirve para celebrar la alianza antigua – lo mismo será para la nueva; **iii.** Moisés dice: «Esta es la sangre de la Alianza» – Cristo dice en el cenáculo palabras parecidas; **iv.** El rito se efectúa en el altar con las doce estelas símbolo del antiguo pueblo de Dios – Cristo instituyó la Misa en presencia de los doce apóstoles, pilares de la Iglesia; además la Eucaristía se realiza en el altar de nuestras iglesias, edificios sagrados que son símbolo de la Iglesia, nuevo pueblo de Dios; **v.** Hay dos momentos: sacrificio y lectura de la Escritura – lo mismo acontece en la Misa cristiana.

### 5.

Los sacrificios del Antiguo Testamento. En conexión con la sangre de la alianza, en el Antiguo Testamento se celebran muchos sacrificios. La reglamentación se encuentra en Levítico 1–7. Los capítulos 1 a 5 hablan sobre el holocausto (*olah*), la oblación (*minhah*), el sacrificio de comunión (*zoebah*), el sacrificio expiatorio (*hatta't*) y el de reparación (*asham*). Los capítulos 6 y 7 añaden unas reglas celebrativas adicionales.

**A.** Más allá de la reglamentación litúrgica, el Antiguo Testamento habla sobre el sacrificio muchas veces. Podemos resumir los puntos principales que salen del análisis de los varios textos: **i.** La víctima que se ofrece debe ser pura (cf. Gén 8,20); **ii.** Algo que se consiguió de manera ilegal no se puede sacrificar a Dios (cf. Dt 23,19); **iii.** Dentro de lo que el hombre posee legítimamente, debe elegir lo mejor para ofrecer (cf. Lev 1,3); **iv.** Es absolutamente prohibido el sacrificio humano en Israel; **v.** Además de animales, se podían ofrecer otras cosas como incienso, aceite, vino, etc.; **vi.** En el sacrificio de animales, el sacerdote derrama la sangre de la víctima en los lados del altar (cf. Lev 1; 3 etc.); **vii.** Muchos sacrificios (no todos) contemplaban también comer partes del animal inmolado; **viii.** A diferencia de las religiones paganas, el sacrificio hebreo no tiene finalidad de hacer un intercambio con Dios (*do ut des*) y menos aún se considera una obra mágica que obtiene un efecto por un poder oculto de la obra misma. El sacrificio se realiza con el fin de unir el hombre con Dios, reconstruyendo la comunión con Dios si ha sido interrumpida por el pecado, o fortaleciéndola si ya existe.

**B.** En el Antiguo Testamento también existe una línea profética que parece contraponerse a estos textos de carácter más sacerdotal. Los libros proféticos contienen varios textos en los cuales parece que el culto ritual del templo queda rechazado, ¡hasta por Dios mismo! En realidad, lo que los profetas quisieron hacer es llamar la atención del pueblo sobre el verdadero sentido y el correcto espíritu con los cuales hay que celebrar los sacrificios. El texto más conocido entre estos es Oseas 6,6: «Yo quiero amor, no sacrificio, conocimiento de Dios, más que holocaustos». La razón es que Cristo mismo lo cita dos veces en el Evangelio de Mateo (9,13 y 12,7). Y Jesús aprueba a aquel escriba que dice: «amarle [a Dios] con todo el corazón, con toda la inteligencia y con todas las fuerzas, y amar al prójimo como a sí mismo vale más que todos los holocaustos y sacrificios» (Mc 12,33). Tanto en Oseas como en este texto, se utiliza la palabra "más"; entonces, no es una contraposición total: o se ama a Dios y al prójimo, o se celebran los sacrificios. El sentido más bien es el siguiente: si celebras el sacrificio sin amar a Dios y al prójimo, ¿para que sirve? Pero si amas, ahí sí que el sacrificio tiene su valor: por esto Dios mandó celebrarlo. Jesús confirma esta línea profética: Cristo purifica el templo, no lo destruye; y en Mateo 5,23 ss. dice que, luego de reconciliarte con tu hermano, hay que llevar tu don al templo (no dice: "ya no es necesario ir al templo porqué has amado a tu prójimo"). Esto nos ayuda para entender la corriente profética del Antiguo Testamento: no es un rechazo del sacrificio, sino del sacrificio sin amor. Hay que ofrecer el sacrificio con manos y corazones puros.

## 6.

*Otros textos.* Hay otros textos en el Antiguo Testamento que también se pueden entender como prefiguración de la futura Eucaristía. **i.** Pensemos por ejemplo en Melquisedec que era rey y sacerdote, el cual, en Génesis 14 ofrece pan y vino. La Carta a los Hebreos (cf. cap. 7) claramente habla de él como figura del futuro Cristo, Sumo Sacerdote. **ii.** Otro texto es el de Génesis 18, donde Dios se aparece a Abraham en la encina de Mambré: muchos Padres de la Iglesia han interpretado el pasaje no solo con relación a la Trinidad sino también a la Eucaristía ya que Dios (Cristo) se "sienta" con nosotros cuando celebramos la Misa, como lo hizo con Abraham en esa ocasión. Sobre esto, véase el conocido ícono de la Trinidad de Rublëv, en el cual las Tres Personas están sentadas alrededor de un altar y la figura presenta tres cálices, uno visible y dos escondidos, símbolo claro de la Eucaristía.

La lectura tipológica, que aquí hemos solo esbozado, puede fácilmente dejar lugar a dudas: ¿es verdad que lo que hemos dicho está en el texto bíblico? ¿no es una superposición ilegítima? Es frecuente escuchar hoy este tipo de preguntas porque, como decíamos, estamos acostumbrados a leer la Biblia solo históricamente. Al respecto, resultará útil leer el documento de la Pontificia Comisión Bíblica de 1993: *La interpretación de la Biblia en la Iglesia*. En ese documento, escrito por exégetas contemporáneos muy expertos, se recuerda la importancia de leer el texto bíblico con seriedad histórica, utilizando los métodos modernos. Pero también se recuerda que hay que leer los distintos niveles del texto, el teológico-spiritual incluido. El documento enfatiza que la Biblia hay que leerla teniendo en cuenta su unidad interna, entonces debe haber una conexión entre lo que leemos en el Antiguo y en el Nuevo Testamento.

Si leemos el texto en su unidad como Palabra de Dios, se presentan claramente figuras del Nuevo Testamento dentro del Antiguo Testamento. Claro que tenemos plena inteligencia de esas figuras a la luz del Nuevo Testamento. Esos *typoi* veterotestamentarios quedan misteriosos hasta la llegada del Nuevo Testamento. Respetando de manera responsable el sentido literal de texto, no será una superposición hacer lo que hemos propuesto aquí (aunque muy brevemente); es decir, revelar la potencialidad escondida en los textos del Antiguo Testamento. La misma Biblia lo hace, como recuerda el citado documento. Ya en el Antiguo Testamento hay textos posteriores que ofrecen una interpretación más completa de textos más antiguos. Y, en el Nuevo Testamento, muchas veces se cita y se interpreta el Antiguo aplicando sus textos a Cristo y a la Iglesia. Por esto al revelar la unidad y la tipología, nosotros no hacemos otra cosa que respetar una dinámica que está presente en el mismo texto bíblico.

Es cierto que los israelitas no podían tener idea que el maná era figura de la Eucaristía, y (probablemente) tampoco la tenía el hagiógrafo que escribió el relato. Sin embargo, una de las características del sentido espiritual de la Escritura es que es inspirado por Dios, es un sentido del texto entendido por Dios y no se necesita que cada vez el autor humano tenga conciencia de ello. A la luz de Cristo, podemos entender mejor el Antiguo Testamento porque podemos ver un sentido cristológico que queda escondido para quienes no han aceptado o no conocen a Cristo. Esta es la razón por la cual el hebreo Saulo de Tarso, convertido en San Pablo, escribió: «Teniendo, pues, esta esperanza, hablamos con toda valentía, y no como Moisés, que se ponía un velo sobre su rostro para impedir que los israelitas vieran el fin de lo que era pasajero... Pero se embotaron sus inteligencias. En efecto, hasta el día de hoy perdura ese mismo velo en la lectura del Antiguo Testamento. El velo no se ha levantado, pues sólo en Cristo desaparece. Hasta el día de hoy, siempre que se lee a Moisés, un velo está puesto sobre sus corazones. Y cuando se convierte al Señor, se arranca el velo» (2Cor 3,12-16).

Nosotros no debemos tener hacia el Antiguo Testamento la actitud de los hebreos de los cuales escribió San Pablo, sino la de los Padres de la Iglesia, nuestros primeros maestros de exégesis. Los Padres no dudaron en buscar el sentido tipológico y espiritual del

Antiguo Testamento. Cito solo una expresión de San Agustín, que dice: «El templo que Salomón edificó para el Señor era tipo y figura de la futura Iglesia, que es el cuerpo del Señor» (*Salomon aedificaverat templum Domino, in typo quidem et in figura futurae Ecclesiae et corporis Domini* [*Enarrationes in Psalmos*, CXXVI, 2]). San Agustín lo afirma sin dudar, como cosa evidente: el templo que Salomón edificó en el Antiguo Testamento era "tipo y figura" del futuro cuerpo de Cristo. Es importante, con la debida prudencia, retomar este espíritu exegético de los Padres de la Iglesia, que bien valora la unidad, en el canon bíblico de toda la Escritura.

Con esto, podemos pasar a ver lo que enseña el Nuevo Testamento sobre la Eucaristía.

## Capítulo 3

## La Eucaristía en el Nuevo Testamento / 1

**1.**

Veamos primero cuáles son los nombres principales de la Eucaristía en el Nuevo Testamento.

**A.** Es preciso decir que la palabra *Eucaristía* como substantivo no se encuentra en el Nuevo Testamento mismo, sino que la encontramos por primera vez en los Padres Apostólicos San Ignacio de Antioquía y San Justino. Pero en el Nuevo Testamento se encuentra el verbo *eucharistein*, agradecer. Este verbo se encuentra, como veremos, también en los relatos de la institución del Sacramento.

**B.** *Cena del Señor.* Este nombre lo encontramos en un pasaje de San Pablo que, según muchos exégetas actuales, es el relato más antiguo de la institución eucarística en el Nuevo Testamento. El pasaje es 1Cor 11. Notemos solamente que en el v. 20 San Pablo habla del *kyriakon deipnon*, la "comida señorial"; y en el v. 27 habla del *poterion kyriou*, del "cáliz del Señor". Es un lenguaje de tipo convival: comida y cáliz, comer y tomar. Sin embargo, hay que notar algunas cosas: **i.** San Pablo habla de la comida y del cáliz "señorial" o "del Señor": esto implica que no son una comida o una bebida comunes. **ii.** En el pasaje citado, San Pablo compara la comida que se hacía en ocasión de la reunión eucarística (*agape*) y la cena del Señor (la Eucaristía). En efecto, había una comida en común, llamado *agape*, que se tenía cuando la comunidad se reunía para la liturgia. San Pablo denuncia que la coexistencia de dos comidas tan distintas en una misma ocasión es causa de confusión y de división en la comunidad «porque cada uno come primero su propia cena, y mientras uno pasa hambre, otro se embriaga» (v. 21). Por esto el Apóstol pide que se cambie de costumbre y se separen las dos comidas: «¿No tenéis casas para comer y beber? ¿O es que despreciáis a la Iglesia de Dios y avergonzáis a los que no tienen? ¿Qué voy a deciros? ¿Alabaros? ¡En eso no los alabo!» (v. 22). Esto porque la comida del Señor es de tal transcendencia si se compara con una comida común, que hay que evitar toda ocasión de confusión doctrinal y de escándalo práctico, cuando se celebra la cena señorial. Beber del cáliz del Señor es cosa muy distinta del tomar un vino común. Con el vino común uno puede hasta embriagarse, mientras que el cáliz del Señor hay que recibirlo con reverencia y con fe. Por esto el Apóstol dice que quien no distingue bien las dos comidas peca gravemente: «Quien coma el pan o beba la copa del Señor indignamente, será reo del Cuerpo y de la Sangre del Señor» (v. 27). **iii.** La confusión doctrinal y práctica que conlleva el lenguaje convival tuvo como consecuencia que semejante lenguaje pronto se pusiera en segundo plano, favoreciendo otras maneras, más claras, de llamar la Eucaristía. Solo en las últimas décadas muchos han empezado a utilizar de nuevo un lenguaje fuertemente convival para referirse a la Santa Misa y, como es comprensible, al insistir en este lenguaje también se ha difundido una comprensión principalmente convival de la celebración. Hay que decir que no es incorrecto utilizar términos convivales, porque la Eucaristía es también un banquete. Sin embargo, es banquete sagrado y esto hay que enfatizarlo bien y a menudo. San Pablo, que utiliza este lenguaje, precisa que es comida *señorial* y cáliz *del Señor*. Y, en el capítulo precedente de su carta, había hablado de *pneumatikon broma*, "comida espiritual", de *pneumatikon poma*, "bebida espiritual" (1Cor 10,3-4) y de *trapezes kyriou*, la "mesa del Señor" (v. 21).

**C.** *Comunión*. En 1Cor 10,16 se habla del *poterion tes eulogias* ("cáliz de la bendición") y del *arton hon klomen* ("pan que nosotros partimos"). Del cáliz se dice que es comunión con la sangre de Cristo, y del pan que es comunión con el cuerpo de Cristo. El término "comunión" en griego es *koinonia*. Es una palabra que el Nuevo Testamento utiliza también para hablar de la Iglesia. Así se entiende claramente que, la palabra comunión, implica una dimensión cristológica y, al mismo tiempo, una dimensión eclesiológica de la Eucaristía. Cristológica, porque la Eucaristía es comunión con el cuerpo y la sangre de Cristo. Eclesiológica, porque, entrando en comunión con el cuerpo sacramental de Cristo, también se fortalece la comunión con el cuerpo místico que es la Iglesia. Lo dice San Pablo en el v. 17: «Aun siendo muchos, un solo pan y un solo cuerpo somos, pues todos participamos de un solo pan». Es importante remarcar que la Eucaristía como comunión hay que entenderla con hondura teológica. No es simplemente una comunión que realizamos desde nuestra propia iniciativa. La comunión eclesial se realiza por la potencia del Espíritu Santo, que nos convoca a la asamblea litúrgica y nos inserta en Cristo. La Misa es expresión y causa de una comunión eclesial que no es fruto de nuestros esfuerzos, sino que es obra de Dios. Y la asamblea litúrgica, siendo imagen viva de la Iglesia, es convocación sagrada, no realización humana. La misma palabra griega *ekklesia* hace referencia al verbo *kaleo*, "llamar".

**D.** *Pan de vida, pan celestial.* En Juan 6,48-51, se habla también del "pan de la vida" (*artos tes zoes*) y del "pan celestial" (*artos ho ek tou ouranou*). Veremos este pasaje de San Juan más adelante.

**E.** *Fracción del pan.* Este nombre de la Eucaristía es muy antiguo, de época protoapostólica. Se encuentra en los Hechos de los Apóstoles 2,42: los fieles «acudían asiduamente a la enseñanza de los apóstoles, a la comunión, a la fracción del pan [*klasis tou artou*] y a las oraciones». Hay distintas hipótesis sobre el sentido de la expresión, pero lo más probable es que se refiera a la celebración eucarística, como dice también San Juan Pablo II en *Mane Nobiscum Domine* 3. Este gesto de partir el pan consagrado, que todavía cumplimos en la Santa Misa, es la raíz de esta manera muy antigua de referirse a la celebración de la Eucaristía, o sea precisamente a su aspecto ritual, hecho de costumbres y reglas establecidas por la Iglesia. Es como decir que, ya desde el Nuevo Testamento, se sabe que, si se quiere celebrar Misa, habrá que hacerlo siguiendo la costumbre apostólica, o sea la manera de celebrar de la Iglesia. Se "parte el pan" eucarístico, así como lo hicieron los apóstoles y sigue haciéndolo la Iglesia en continuidad con ellos. Este gesto también puede tener muchos aspectos simbólicos, sea en relación a Cristo (la Pasión y Muerte, el Sacrificio), sea a la Iglesia (que ahora se encuentra partida en peregrina, purgante y celeste), sea en relación a la caridad cristiana (partir el pan natural con los necesitados).

**F.** *Altar.* Finalmente está la palabra "altar", que indica el lugar del sacrificio. Retomemos de nuevo 1Cor 10. En los vv. 18-21, leemos: «Fijaos en el Israel según la carne. Los que comen de las víctimas ¿no están acaso en comunión con el altar? ¿Qué digo, pues? ¿Que lo inmolado a los ídolos es algo? O ¿que los ídolos son algo? Pero si lo que inmolan los gentiles, –¡lo inmolan a los demonios y no a Dios!– Y yo no quiero que entréis en comunión con los demonios. No podéis beber de la copa del Señor y de la copa de los demonios. No podéis participar de la mesa del Señor y de la mesa de los demonios». Se habla aquí del altar del templo de Jerusalén y se dice: los judíos que comen las víctimas de ese altar están en comunión con ese altar, ese templo, esa alianza, o sea la antigua. Lo mismo vale para los paganos que comen sus sacrificios, que sin embargo son sacrificios idolátricos, ofrecidos a los demonios y no a Dios. La idea es que el cristiano, al recibir la Comunión eucarística, está en comunión con el altar de la Iglesia, o sea con Cristo y con la nueva y eterna alianza. Por esto también en nuestra religión hay un altar. Y, donde se dice altar, se dice víctima. Por esto, al hablar del altar en contexto eucarístico, se habla de la Misa como Sacrificio de una víctima (y sabemos en este caso quién es la Víctima). Nótese también que San Pablo termina esta cita diciendo: «No podéis participar de la mesa del Señor y de la mesa de los demonios». Es evidente que al hablar aquí de "mesa" se refiere al altar. "Mesa" es un término convival mientras que "altar" es una palabra sacrificial. Pero San Pablo utiliza mesa en modo sacrificial porque, de nuevo, no es una mesa cualquiera, sino la mesa del Señor. Por esto, la tradición cristiana ha utilizado ambas palabras. En el pasado se prefería más "altar" mientras que hoy muchos prefieren "mesa". Siempre hay que recordar, sin embargo, que esta mesa es el altar sacrificial de la Víctima Jesucristo, verdadero Dios y verdadero hombre.

Otro pasaje relevante está en la Carta a los Hebreos 13,10: «Tenemos nosotros un altar del cual no tienen derecho a comer los que dan culto en la Tienda». Compárese también con los capp. 9 y 10 de la misma carta en los cuales se describe el triduo pascual de Cristo con relación a la liturgia sacrificial del *yom ha kippurim*. Basándose en estas enseñanzas bíblicas, San Agustín creó la expresión «Sacramento del altar» (*Sermo 59*, 3,6), que utilizamos normalmente para referirnos a la Eucaristía.

## 2.

En segundo lugar, hay que estudiar los relatos de la institución eucarística, que son cuatro: tres en los Evangelios sinópticos y uno en San Pablo.

| Marcos 14,22-26 | Mateo 26,26-30 | Lucas 22,14.18-20.39 | 1Cor 11,23-25 |
|---|---|---|---|
| **22.** Y mientras estaban comiendo, | **26.** Mientras estaban comiendo, | **14.** Cuando llegó la hora, se puso a la mesa con los apóstoles; | **23.** El Señor Jesús, la noche en que fue entregado, |
| tomó pan, lo bendijo [*eulogesas*], lo partió y se lo dio y dijo: | tomó Jesús pan y lo bendijo [*eulogesas*], lo partió y, dándoselo a sus discípulos, dijo: | **19.** Tomó luego pan, y, dadas las gracias [*eucharistesas*], lo partió y se lo dio diciendo: | tomó pan, **24.** y después de dar gracias [*eucharistesas*], lo partió y dijo: |
| «Tomad, este es mi cuerpo.» | «Tomad, comed, éste es mi cuerpo.» | Este es mi cuerpo que es entregado por vosotros [*hyper hymon*]; haced esto en recuerdo mío.» | «Este es mi cuerpo que se da por vosotros [*hyper hymon*]; haced esto en recuerdo de mí.» |
| **23.** Tomó luego una copa y, dadas las gracias [*eucharistesas*], se la dio, y bebieron todos de ella. **24.** Y les dijo: «Esta es mi | **27.** Tomó luego una copa y, dadas las gracias [*eucharistesas*], se la dio diciendo: «Bebed de ella todos, | **20.** De igual modo [o sea, "dando gracias": *eucharistesas*], después de cenar, la copa, diciendo: | **25.** Asimismo [o sea, "dando gracias": *eucharistesas*] también la copa después de cenar diciendo: «Esta copa es la Nueva |

| | | | |
|---|---|---|---|
| sangre de la Alianza, que es derramada por muchos [*hyper pollon*]. | 28. porque ésta es mi sangre de la Alianza, que es derramada por muchos [*peri pollon*] para perdón de los pecados. | «Esta copa es la Nueva Alianza en mi sangre, que es derramada por vosotros [*hyper hymon*]. | Alianza en mi sangre. |
| 25. Yo os aseguro que ya no beberé del producto de la vid hasta el día en que lo beba nuevo en el Reino de Dios.» | 29. Y os digo que desde ahora no beberé de este producto de la vid hasta el día aquel en que lo beba con vosotros, nuevo, en el Reino de mi Padre.» | 29. …porque os digo que, a partir de este momento, no beberé del producto de la vid hasta que llegue el Reino de Dios.» | Cuantas veces la bebiereis, hacedlo en recuerdo de mí.» |
| 26. Y cantados los himnos, salieron hacia el monte de los Olivos. | 30. Y cantados los himnos, salieron hacia el monte de los Olivos | 39. Salió y, como de costumbre, fue al monte de los Olivos, y los discípulos le siguieron. | |

**A.** *Contexto literario*. El contexto del pasaje paulino (1Cor 11) ya se mencionó: hay desórdenes en la comunidad cristiana de Corinto con motivo de malinterpretaciones de la Eucaristía. Entonces, San Pablo les recuerda que la Misa no es una cena cualquiera sino que es el memorial de la Eucaristía instituida por Cristo "en la noche en que fue entregado". Es decir: la Eucaristía –dice San Pablo– es cosa muy seria. El Señor la instituyó en vistas a Su Pasión y Muerte. Y dijo que cada vez que nosotros la celebremos, debemos hacerlo en su memoria, en memoria Suya y de esa Pasión y Muerte.

El mismo contenido se entiende al considerar el contexto de los relatos evangélicos. Los tres Sinópticos colocan las narraciones de la institución eucarística como primer relato de la parte dedicada a la Pasión del Señor. Esto implica que la Eucaristía no es el último acto antes de la Pasión, sino que es el primer acto de la misma y por esto se debe considerar en esta perspectiva: no es principalmente una comida, aún si Cristo la instituyó durante una cena. La Eucaristía se entiende mejor a la luz del tema sacrificial, como las mismas palabras sobre el pan y el cáliz muestran (cf. *infra*).

**B.** *Líneas redaccionales y concordancia.* Los exégetas individúan dos líneas de redacción fundándose en detalles literarios de los textos. Hay una línea petrina y una paulina. Marcos y Mateo representan la petrina; Lucas y Pablo la paulina. No nos detenemos aquí sobre estos detalles. En su conjunto, los cuatro relatos son prácticamente idénticos, y particularmente las palabras de la institución son casi iguales en los cuatro textos: "esto es mi cuerpo" es igual en todos los cuatro, mientras que hay mínimas diferencias con relación a las palabras sobre el cáliz.

**C.** *Las palabras de la institución.* No hay duda de que las palabras sobre el pan y el cáliz son de Cristo mismo (*ipsissima verba Iesu* [mismísimas palabras de Jesús], o al menos *ipsissima vox Iesu* [mismísima voz de Jesús]). No es necesario identificar exactamente cada palabra dicha por la boca de Cristo en esa ocasión: solo es necesario utilizar la esencia de la formulación del Señor. Tal esencia es, sin duda, "este es mi cuerpo" sobre el pan. Sobre el cáliz, la esencia coincide con decir que lo que está en el cáliz es sangre de Cristo, o que el cáliz contiene su sangre, es el cáliz de la sangre para la nueva alianza. No es necesario conocer cada palabra exactamente; por otro lado, el Evangelio está escrito en griego y es poco probable que Cristo utilizara esa lengua en el cenáculo. Es mucho más probable que haya utilizado el arameo. Hay algunos teólogos que tratan de individuar las palabras arameas utilizadas por Cristo. Esta tentativa es interesante y puede ser útil, pero no es necesario a nivel dogmático y litúrgico. Es esencial más bien respetar las palabras de Cristo, no utilizar materialmente el idioma que Él utilizó. Por eso se puede celebrar Misa válidamente en latín, español, italiano, inglés, etc. La lengua no es un problema si se respetan las palabras de Cristo. Se puede cambiar el idioma, no se pueden cambiar las palabras.

Veamos mejor las palabras en las distintas versiones:

| *Marcos:* | *Mateo:* | *Lucas:* | *Pablo:* |
|---|---|---|---|
| Tomad, este es mi cuerpo. | Tomad, comed, éste es mi cuerpo. | Este es mi cuerpo que es entregado por vosotros [*hyper hymon*]; haced esto en recuerdo de mí. | Este es mi cuerpo que se da por vosotros [*hyper hymon*]; haced esto en recuerdo de mí. |
| Esta es mi sangre de la Alianza, que es derramada por muchos [*hyper pollon*]. | Bebed de ella todos, porque ésta es mi sangre de la Alianza, que es derramada por muchos [*peri pollon*] para perdón de los pecados. | Esta copa es la Nueva Alianza en mi sangre, que es derramada por vosotros [*hyper hymon*]. | Esta copa es la Nueva Alianza en mi sangre. Cuantas veces la bebiereis, hacedlo en recuerdo de mí. |

En el centro de estas palabras se encuentra el cuerpo y la sangre de Cristo, no el pan y vino. Se dice: "este es mi cuerpo", "esta es mi sangre". No se dice "este pan es mi cuerpo", "este vino es mi sangre". Para Jesús, en ese momento, pan y vino ya no existen. Lo que tiene en sus manos y distribuye a los apóstoles es cuerpo y sangre, no pan y vino.

El elemento de comida o convival se expresa con el comer y beber (forma imperativa "comed", "bebed"). Pero no se come pan y no se toma vino, sino cuerpo y sangre. El aspecto sacrificial en cambio es enfatizado por las palabras que califican ese cuerpo y esa sangre. El cuerpo es "dado" y la sangre es "derramada". La terminología que Jesús utiliza es sacrificial, típica del Antiguo Testamento. Recordemos la sangre derramada a los lados del altar en los sacrificios del templo. Claramente, Jesús identifica la víctima del sacrificio de la "nueva alianza": la Víctima es Él, que se da con su cuerpo y su sangre. Importante: no solo se dona con el cuerpo y sangre (hoy decimos

"Presencia Real") sino cuerpo "dado" y sangre "derramada", o sea su presencia es presencia sacrificial, de Víctima. Cristo se da en la Misa en estado de Víctima y no solo en presencia. Exactamente por esto, la Misa es algo distinto de la preservación del Sacramento en el Tabernáculo. En este último hay sin duda una Presencia Real, pero en la Misa está la Presencia Real en estado de Víctima. Algo distinto acontece durante la Eucaristía que no es solo la transubstanciación. Por esto, sería insuficiente hablar de la celebración eucarística simplemente en términos de "Cristo resucitado que se hace presente en medio de nosotros". Esto es verdad, pero no es todo. Si fuese todo, no habría distinción entre la Misa y, por ejemplo, la adoración al Santísimo. En la Misa se realiza también algo distinto: hay un sacrificio y una Víctima, aspectos sobre los cuales volveremos en otro momento. Las palabras de Cristo diciendo cuerpo *dado* y sangre *derramada* hacen claro este aspecto.

**D.** *Contexto ritual.* La institución de la Eucaristía tuvo lugar en el contexto ritual de una cena judía. Se debe tratar de determinar mejor de qué tipo de cena se trató, para entender mejor también, a nivel teológico, el sentido que Cristo dio a la Eucaristía que celebró por primera vez esa noche.

i. *Cronología.* Hay un debate sobre el día en el cual se celebró la cena. Existe una discrepancia entre el Evangelio de San Juan y los Sinópticos. La discrepancia se refiere a la costumbre de los judíos de celebrar su cena pascual siempre el mismo día, o sea el 14 del mes de Nisán. La pascua judía era el día siguiente, 15 de Nisán. Ahora, para los Sinópticos, ese año el 14 de Nisán era un jueves, y por esto la cena judía se celebró el jueves y la pascua judía fue el viernes. En San Juan, en cambio, el 14 de Nisán es viernes, día de la cena judía. Por esto, la pascua ese año sería sábado. Como no hay duda de que Jesús no fue crucificado un sábado sino un viernes; según San Juan, Jesús fue crucificado el viernes 14 de Nisán, mientras que para los Sinópticos el Señor fue crucificado el viernes 15 de Nisán. La diferencia es que cambia la fecha de la cena. Para los Sinópticos, la última cena de Jesús coincide con la cena judía (14 de Nisán, y al día siguiente Jesús es crucificado), mientras que para Juan la última cena de Jesús acontece el día precedente a la cena judía (13 de Nisán).

Una fecha diferente puede cambiar también la comprensión teológica de la Eucaristía cristiana. No podemos hablar aquí detenidamente sobre la cuestión que es compleja. Solo proponemos las conclusiones de nuestras búsquedas al respecto: α. la cronología más exacta es la de San Juan, entonces Jesús celebró la última cena un día antes de la cena judía; β. por consiguiente, Jesús fue crucificado en el mismo momento (viernes, 14 de Nisán) en que en el templo se inmolaban los corderos para la cena judía de esa noche: así se muestra a Jesús como el verdadero Cordero de la nueva alianza, que declara cumplida la alianza antigua con sus rituales, e inaugura la nueva alianza con el nuevo rito eucarístico, que es el memorial de su Pasión y Muerte en la cruz, en caminoa la Resurrección. γ. la cena de Jesús no fue una cena judía con respecto al calendario litúrgico (porque se celebró un día antes, lo que no estaba contemplado), pero fue una cena con los elementos rituales judíos (mencionados por los evangelistas: el pan ácimo, las hierbas amargas, las cuatro copas...). Según los especialistas, Jesús consagró el pan ácimo, o sea el pan que se utilizaba en la cena judía, y consagró la tercera de las cuatro copas previstas en el ritual de los hebreos. Nótese, sin embargo, que, primero, no hay cordero; y, segundo, no hay cuarta copa después de la tercera consagrada por Cristo: el rito se interrumpe porque, cantado el himno, salieron del cenáculo. Ese himno, sin embargo, no era la última parte del rito de la cena judía (algunos opinan que en la época de Jesús las copas solo eran tres: una cuarta siendo añadida en tiempos posteriores –pero la mayoría de los expertos mantiene que sí había cuatro copas).

En resumen: Cristo utilizó elementos y oraciones de la cena judía, pero de manera original: no hubo cordero porque ahora Él mismo se hacía cordero-víctima bajo el signo exterior del pan; no hubo cuarta copa y conclusión del rito porque, desde el momento en el cual se instituye la Eucaristía cristiana, o sea el perfecto Sacrificio, ya no habrá que seguir ofreciendo los ritos de la antigua alianza. Las figuras dejan el paso a la realidad (*figura transit in veritatem*). Este paso, sin embargo, se hizo en continuidad entre Antiguo y Nuevo Testamento; Cristo hizo florecer la Eucaristía desde el suelo de los ritos antiguotestamentarios. No hay una ruptura total, sino una novedad grandísima dentro de una continuidad. El Dios del Antiguo y del Nuevo Testamento es el mismo Dios. No hay ruptura. Pero ahora este Dios se hace conocer perfectamente y salva al hombre perfectamente en Cristo. Una novedad tan grande requiere una nueva alianza y un nuevo Sacrificio de esta alianza.

ii. Al contemplar estos aspectos, Santo Tomás de Aquino (cf. *Super Matthaeum*, XXVI, lectio 3) reflexiona sobre el motivo por el cual el Señor instituyó la Eucaristía durante una cena pascual judía, y porqué, acabando la Eucaristía, salió de inmediato para enfrentar la Pasión. El Doctor Angélico escribe que el Señor se comportó de esta forma por tres razones: α. la figura precede la verdad: el cordero de la cena judía era figura de Cristo, entonces estaba bien instituir la Eucaristía a partir de ese contexto; β. la Misa es memorial de la Pasión de Cristo, por eso fue oportuno que, inmediatamente luego de instituir la Eucaristía, Cristo empezara su Pasión; γ. este Sacramento debía imprimirse muy bien en la mente de los discípulos, que luego tendrán que repetirlo: por esto el Señor instituyó la Eucaristía inmediatamente antes de padecer y morir (y no precedentemente, durante el ministerio público); la Eucaristía fue como el gran testamento de Quien iba a morir y así lo recordaron mejor y más precisamente los apóstoles.

iii. Partiendo del contexto de la ritualidad judía, se entiende mejor también el sentido que Cristo dio a la Eucaristía. La cena pascual hebrea era un *zikkaron*, un memorial, o sea un recuerdo actualizador. Un recuerdo porque se recordaban los grandes acontecimientos salvíficos del pasado (el niño más joven tenía que preguntar al padre: "¿por qué esta noche es distinta de las demás noches?"; y el padre contestaba recordando las grandes obras de Dios por su pueblo). El *zikkaron* sin embargo no es solo recuerdo, sino recuerdo actualizador: de alguna forma el rito hace presente los eventos históricos del pasado. La cena pascual de cada año repite simbólicamente la primera cena, la que tuvo lugar en Egipto antes de salir para empezar el éxodo hacia la tierra prometida. El *zikkaron* es un recuerdo mental, mnemónico, y también una actualización ritual, simbólica.

Jesús retoma esta "teología" y la perfecciona. La retoma porque dice que la Eucaristía se debe hacer, cada vez que se celebra, en *anamnesis*, en memoria o memorial; pero la eleva y perfecciona, porque la actualización que acontece en la Eucaristía cristiana no será solo simbólica. Sin embargo, será también simbólica, porque los elementos de pan y vino, y los gestos y palabras utilizados por los sacerdotes son los mismos del Señor y además tienen también valor simbólico. Hay una dimensión de actualización en los símbolos. Pero hay algo más. Jesús dice: hagan esto en *anamnesis*, o sea en memoria/memorial "*de mí*". Ahora el memorial no es solo de gestos del pasado, sino que *el memorial es el de la Persona de Jesús* porque en la Eucaristía cristiana está la presencia de la Persona de Jesús. Volveremos a hablar mejor sobre este aspecto del memorial en otro momento. Por ahora, hay que notar la continuidad con el *zikkaron*, pero también la transcendencia de la Eucaristía-*anamnesis* sobre el *zikkaron* hebreo. El motivo de la transcendencia es –otra vez– que la Eucaristía tiene un valor de memorial no solo mnemónico y simbólico, sino también real, o podemos decir "ontológico", ligado a la Presencia Real de Cristo en ella. No es solo recuerdo de los eventos salvíficos de la vida terrenal de Cristo (es esto también). La Eucaristía literalmente actualiza esos eventos porque Jesús está presente, es decir la Persona que los cumplió (lo que no sucedía en la cena judía).

**iv.** Por último hay que evidenciar, siempre en relación al trasfondo de la cena pascual de los judíos, que, decidiendo instituir la Eucaristía en el contexto de una comida ritual, Cristo acentúa el carácter sacrificial de la comida litúrgica. Siempre es comida, banquete, pero "sagrado" porque en el centro está el Cordero de Dios; porque lo que se come es cuerpo *inmolado* y lo que se toma es sangre *derramada*: ambos en sacrificio de redención. *El centro y sentido del banquete es el Sacrificio*. Esto se mantiene en la celebración de la Misa (¡y no podría no mantenerse!). Podemos concluir citando al papa Benedicto XVI:

> En el Misterio pascual se ha realizado verdaderamente nuestra liberación del mal y de la muerte. En la institución de la Eucaristía, Jesús mismo habló de la «nueva y eterna alianza», estipulada en su sangre derramada (cf. *Mt* 26,28; *Mc* 14,24; *Lc* 22,20). Esta meta última de su misión era ya bastante evidente al comienzo de su vida pública. En efecto, cuando a orillas del Jordán Juan Bautista ve venir a Jesús, exclama: «Éste es el *Cordero de Dios*, que quita el pecado del mundo» (*Jn* 1,19). Es significativo que la misma expresión se repita cada vez que celebramos la Santa Misa, con la invitación del sacerdote para acercarse a comulgar: «Éste es el *Cordero de Dios*, que quita el pecado del mundo. Dichosos los invitados a la cena del Señor». Jesús es el *verdadero* cordero pascual que se ha ofrecido espontáneamente a sí mismo en sacrificio por

nosotros, realizando así la nueva y eterna alianza. La Eucaristía contiene en sí esta novedad radical, que se nos propone de nuevo en cada celebración. (*Sacramentum Caritatis*, n. 9).

## Capítulo 4

## La Eucaristía en el Nuevo Testamento / 2

En esta segunda parte del recorrido neotestamentario, vamos a considerar algunos otros textos que, aún si no relatan la institución de la Eucaristía, tienen algún elemento revelado que nos ayuda a entender mejor el Misterio Eucarístico.

### 1.

*La multiplicación de los panes.* Este es técnicamente un milagro, lo que, siempre a nivel técnico, no es la Eucaristía. En efecto, a nivel teológico se llama "milagro" a un acontecimiento sobrenatural que conlleva uno o más efectos visibles, efectos que no se pueden explicar con las leyes naturales. La Eucaristía sin duda es un acontecimiento sobrenatural, pero en ella no se ve externamente ningún efecto particular: las especies consagradas parecen lo mismo de lo que eran antes de la consagración (por esto, cuando excepcionalmente se realiza un cambio visible en las especies consagradas, como cuando las especies de pan se convierten en un trozo de carne humana, allí sí se habla de "milagro eucarístico"). En cambio, la multiplicación de los panes y los peces fue un milagro en sentido teológico.

Este milagro se encuentra en todos los cuatro Evangelios; y, en Marcos y Mateo, se encuentra no uno, sino dos relatos de la multiplicación (se puede discutir sobre si estos Evangelios relatan dos veces el mismo milagro o si se trató de dos multiplicaciones distintas). Los textos son: Mc 6,30-44; 8,1-9; Mt 14,13-21; 15,32-38; Lc 9,10-17; Jn 6,1-15. Hay muchos elementos que se pueden estudiar en estos pasajes, por ejemplo la simbología del número de panes y peces, como también el número de canastos que contienen los trozos sobrados. No nos detendremos sobre estos aspectos, sino que vamos a notar solo lo siguiente:

**i.** El Señor realiza gestos que son parecidos a los que Él hará en la última cena: son parecidos, pero no iguales. Cristo tomó, bendijo, partió y dio el pan. Muy importante: no hay cáliz y en cambio están los peces, de los cuales no se habla en la última cena. Además, Cristo bendice estos alimentos, pero no los consagra: no hay palabras específicas sobre esos panes y peces, como en cambio habrá en el cenáculo. Entonces, esta multiplicación no es una Eucaristía, es un gesto que prepara su institución, pero todavía no lo es. Es importante notar que falta completamente la dimensión sacrificial, que será en cambio la dimensión principal de la Eucaristía. Esta no es simplemente distribución de pan bendito (como en cambio es la multiplicación). Hay mucho más en el Sacramento, que no hay en este milagro de la multiplicación.

**ii.** Otro elemento que conecta los dos relatos (la multiplicación y la institución) es la centralidad del pan en el caso de la multiplicación. Es verdad que están también los peces, pero la narración resalta más el pan. Un detalle que confirma esto es que —con la única posible excepción de Mc 6,43— los trozos de los peces que sobran no se recogen: solo los trozos de pan (el más preciso al respecto es Juan 6,13). Otro elemento es que los gestos por así decir "eucarísticos" se realizan sobre los panes, mientras que de los peces se dice solamente que los repartió.

**iii.** Distinguiendo bien, como hicimos, los relatos de institución y de multiplicación, sí se puede y se debe notar que unos elementos de estos últimos nos dan útiles detalles para la comprensión teológica y hasta para la celebración litúrgica de la Misa. Son cuatro elementos:

**α.** Cristo dice que la muchedumbre se debe sentar. Esto implica un gesto que Él va a comenzar, que requiere tiempo y atención. Una actividad rápida se puede hacer de pie, pero una cosa que requiere tiempo y atención se realiza sentado. La Misa no se puede apurar. Además, antes de hacer el milagro, Cristo organiza la asamblea. Esto nos dice que la celebración hay que prepararla antes y luego realizarla.

**β.** Cristo manda que la muchedumbre no se quede sentada toda unida, sino que manda a los apóstoles que organicen que la gente se siente en grupos pequeños. Lo que van a hacer es importante y hay que vivirlo bien. Un grupo muy grande no facilita, o hasta no permite la atmósfera necesaria para recibir este pan milagroso. Más aún tendríamos nosotros que reflexionar bien sobre la consistencia numérica máxima que debe tener una asamblea litúrgica adecuada.

**γ.** El pan multiplicado se distribuye a la gente por mano de los apóstoles. Si se permite la expresión, no es un *self-service*. Los apóstoles son encargados de distribuir ese pan. Es un pan que viene de Cristo y que llega a nosotros a través de la mano apostólica. **8.** Los panes distribuidos son miles, pero vienen todos de los cinco que estuvieron en las manos de Cristo que los multiplicó. La Eucaristía se multiplica en billones de partículas en todo el mundo a través de la historia. Sin embargo, cada partícula siempre es aquel mismo pan que estuvo en las manos de Cristo durante la última cena.

**2.**

*Cena en Emaús.* Otro texto de "sabor" eucarístico es Lucas 24,30-35. Se podría pensar que aquí Cristo resucitado celebró la Misa con los dos discípulos que se alejaban de Jerusalén. En efecto, Cristo realiza los mismos gestos de la multiplicación y del cenáculo: «tomó pan, pronunció la bendición, lo partió y se lo iba dando» (v. 30). Nosotros dudamos mucho que Cristo celebró una verdadera Misa en Emaús. Y esto por varios motivos: **i.** en la mesa de Emaús falta el cáliz; **ii.** tampoco hay palabras de consagración; **iii.** cuando Cristo instituyó la Eucaristía, encomendó a los apóstoles la tarea de celebrarla («haced esto en memoria de mí») entonces no es Cristo que celebra, sino los apóstoles. Es obvio que Cristo tiene el poder de celebrar Misa, al ser Él mismo quien la instituyó, pero el Señor decidió no celebrar la Misa, sino que lo hagan sus ministros. Recuérdese, por corroborar ulteriormente este punto, que en el Evangelio de Juan 3,22 se dice que Cristo bautizaba; sin embargo, en 4,2 se precisa que de verdad no era Él en persona quien bautizaba sino sus discípulos. Las dos cosas son verdad: Jesús bautiza porque Él es al Autor del Bautismo, pero Él bautiza a través de sus apóstoles. Así podemos decir que Cristo es el Sumo Sacerdote que celebra cada Eucaristía de la Iglesia; sin embargo, no celebra Él directamente, sino que encarga a sus ministros a celebrar el Santo Sacrificio del altar (y por esto es poco probable que Cristo celebró Misa en Emaús).

Con estas precisiones, entendemos que la cena en Emaús no fue una celebración eucarística. Pero el pasaje sí tiene aspectos que iluminan nuestra comprensión teológica de la Eucaristía. Esto ha sido confirmado por San Juan Pablo II en la *Mane nobiscum Domine*, una carta apostólica del año 2004 en la cual, sin decir nunca que la cena en Emaús fue una Santa Misa, el Papa se inspira en el relato de San Lucas para meditar sobre varios aspectos de la Eucaristía. Los gestos cumplidos por Cristo en esa cena claramente tienen una relación con el cenáculo. Es interesante que estos tres relatos (la multiplicación, el cenáculo, la cena en Emaús) se conecten exactamente en razón de estos gestos. Podemos decir que Cristo es el mismo y actúa en la misma manera ya sea antes, durante, o después de su Triduo pascual. Hay una continuidad; siempre es el mismo Señor, aún si es en momentos distintos y hasta en condiciones distintas: antes de la Pasión (multiplicación), durante la Pasión (Eucaristía en el cenáculo), y luego ya resucitado (cena en Emaús). Aquí también se ve cómo no se debe contraponer un Jesús terrenal al Cristo resucitado de la fe. Cristo es el mismo, ayer hoy y siempre.

El elemento más importante del relato de Lucas es el v. 31: «Entonces se les abrieron los ojos y le reconocieron, pero Él desapareció de su lado». El relato nos invita a concentrarnos en este aspecto: hay que aprender a reconocer la presencia de Cristo bajo el signo del pan bendecido y ofrecido por sus manos. Es obvio que es una enseñanza eucarística. La primera comunidad, en cuyo contexto este relato se transmitía oralmente (y luego fue escrito por San Lucas), entendía muy bien semejante sentido, al estar acostumbrada a participar en el culto celebrado por los apóstoles. La Iglesia primitiva tenía la experiencia del reconocer la presencia del Señor resucitado bajo el signo del pan eucarístico. El sentido principal de la cena de Emaús, entonces, es la de confirmar otra vez que, desde la Resurrección, quienes quieren encontrar a Cristo, lo encuentran en la Comunidad eclesial que está bajo la guía de los apóstoles, y particularmente lo encuentran escondido bajo el signo del pan consagrado. Los dos discípulos ya no ven a Jesús, porque ahora saben dónde deben encontrarlo. Por eso vuelven a la Iglesia, a Jerusalén. Recuérdese que los dos se estaban alejando, afligidos porque pensaban que Jesús no era el Mesías, que ahora ya estaba muerto. Cristo les enseña que Él no está muerto, solo que ahora habrá que encontrarlo de una forma nueva: la forma eucarística. Cuando lo reconocen, desaparece porque ahora saben dónde lo deben encontrar. Y allí van: van y se juntan nuevamente con la Iglesia de los apóstoles.

Veamos en síntesis los elementos de este pasaje en clave de teología eucarística: **i.** La Eucaristía es la respuesta al hambre espiritual del hombre (vv. 13-24: los dos se van insatisfechos y tristes ... ¿buscando otro mesías?; vv. 32-35: llenos de alegría ya tienen la respuesta a sus afanes. ¿Qué ha pasado en los vv. 25-31? ¡El signo del pan!); **ii.** La Eucaristía es experiencia de la centralidad de Cristo: ¡nótese bien, porqué esto es muy importante! La Eucaristía es Eucaristía eclesial pero el centro no está en la Iglesia, la comunidad, nosotros. Está en el Señor. Los discípulos vuelven a la Iglesia exactamente porque han aprendido la centralidad de Cristo (recuérdese el pensamiento eclesiológico de von Balthasar y Ratzinger: la Iglesia existe para orientar a los hombres hacia Cristo y para llevarlos a Él). Cuanto más la Iglesia es cristocéntrica, más atrae. En cambio, cuanto más se concentra en sí misma, menos se vuelve atractiva. **iii.** La Eucaristía es el *cibus viatorum*, el pan del camino. En efecto, Cristo se acerca a los dos discípulos en camino y los acompaña. Nótese también el estilo de acompañamiento de Cristo. No se trata de acompañar por acompañar. No es simplemente un estar juntos. Cristo acompaña instruyéndolos sobre la verdad. Esto es el estilo correcto de acompañamiento pastoral. Estamos cerca de los hombres, pero no solamente como compañeros: estamos como ministros de Cristo para compartir la verdad evangélica y cooperar a la conversión de los corazones a Cristo. **iv.** La Eucaristía es la presencia permanente del Resucitado con los suyos. La frase clásica que resume este aspecto está en el v. 29: «Quédate con nosotros», que es también el título de la mencionada carta apostólica *Mane nobiscum Domine*. **v.** Sin embargo, hay que añadir algo que es muy importante: esta presencia es seguramente la del Resucitado, pero la del Crucificado que ha Resucitado. Nótese la instrucción que le hace Cristo a los dos discípulos: «¿No era necesario que el Cristo padeciera eso y entrara así en su gloria?» (v. 26). No hay Cristo glorioso sin Cristo sufriente. No hay, ni puede haber, Resucitado si no está primero el Cristo que sufre y muere. En la comprensión de la Misa se enfatiza a menudo hoy en día solo un aspecto. Se dice que la Misa es la experiencia del Resucitado entre nosotros. No es falso, pero es parcial. No se olvide que Cristo viene como Resucitado, pero también como Víctima que cumple el Sacrificio en la forma sacramental. Volveremos más adelante sobre esto; **vi.** La Eucaristía fomenta la unidad de la Iglesia: como hemos dicho, los dos se estaban alejando de la Iglesia, pero luego de la cena con Cristo vuelven a la comunidad apostólica. La relación entre Eucaristía e Iglesia ha sido muy desarrollada por los Padres y Doctores y se encuentra recientemente en la Encíclica *Ecclesia de Eucharistia* (2003) de San Juan Pablo II.

### 3.

*Juan 6*. Como se sabe, el Evangelio de San Juan no presenta un relato de la institución eucarística. La razón de esto es probablemente que, siendo el evangelista que escribió último, tiene la tendencia a no repetir lo que ya se encuentra en los Sinópticos, sino a integrar con relatos que no están en los primeros tres Evangelios. Obviamente, hay algunas sobreposiciones, como el mismo relato de la multiplicación, que San Juan también tiene, además de otras partes. Pero en general nos damos cuenta de que esta regla se verifica a menudo, al comparar el cuarto Evangelio con los Sinópticos. Así que no nos sorprende que, escribiendo sobre la última noche de Jesús, San Juan deje de lado la Eucaristía y hable de otros aspectos no revelados por los Sinópticos.

Esto no significa que no haya nada relevante a nivel eucarístico en su Evangelio, porque tenemos el capítulo 6, que nos da elementos fundamentales en cuanto Jesús mismo habla de la futura Eucaristía que Él instituirá. Es un capítulo largo y que se divide en varias partes.

**A.** *La multiplicación de los panes* ocupa los vv. 1-15. Como ya nos hemos detenido sobre este milagro, vamos a notar solo un aspecto del cual no hemos hablado antes. En el v. 12 leemos: «Recoged los trozos sobrantes para que nada se pierda». El verbo "perder" es traducción del griego *apoletai*, forma del verbo *apollymi* que significa "arruinar, hacer perecer, llevar a ruina, perder, dejar corromper". Encontramos por segunda vez este verbo en el mismo capítulo 6, más adelante en el v. 39, donde Cristo dice: «Y esta es la voluntad del que me ha enviado; que no pierda nada de lo que Él me ha dado, sino que lo resucite el último día». Al decir "que no pierda nada", Cristo utiliza el mismo verbo *apollymi* que ha utilizado cuando mandó que no se pierdan los trozos de pan. Hay una relación evidente entre los dos pasajes, al ser ellos además parte del mismo capítulo. La misma palabra se utiliza sea en relación a los trozos de pan como a los seres humanos entregados a Cristo por el Padre. Hay que guardar, salvar los trozos del pan bendecido por Cristo, así como Cristo tiene que guardar y salvar a los hombres confiados a Él. Aquí aparece de nuevo la relación Eucaristía-Iglesia, donde el pan representa una imagen simbólica del cuerpo eclesial. No hay que permitir que de este pan, todo unido, caigan y se pierdan trozos, fragmentos. Hay que cuidar de ellos también, y no solo del pan entero, como lo hace Cristo que es (de nuevo en el Evangelio de San Juan, cap. 10) el Buen Pastor y por esto va buscando en el desierto la oveja que se alejó de la grey. Hay aquí una lección litúrgica y pastoral al mismo tiempo. El sacerdote debe cuidar bien el pan eucarístico, hasta en sus fragmentos. Y así, cultivando semejante atención litúrgica, cultivará también su celo pastoral para buscar a las ovejas que se alejan. Ciertamente es una aplicación de naturaleza espiritual, que no podemos pretender esté literalmente en el texto. Pero sí es una interpretación con base en el sentido literal.

**B.** *El pan que viene del cielo.* En los vv. 16-21 se narra el milagro de Cristo que camina sobre el mar, que no tenemos que examinar aquí. Este relato nos recuerda que Cristo es omnipotente, tiene poder divino. Esto implícitamente explica por qué Cristo tiene un poder más grande del de Moisés, que dio un pan para comer desde el cielo, y que sin embargo no llegaba a la perfección del verdadero pan del cielo, que solo Jesús puede dar. Los vv. 22-25 describen la búsqueda de Jesús hecha por la gente.

En esta parte (vv. 26-46) hay un largo discurso de Cristo sobre el pan celestial. Nuevamente, la ambientación es de Revelación eucarística porque Cristo mismo conecta esta parte con la multiplicación de los panes: «Vosotros me buscáis, no porque habéis visto señales, sino porque habéis comido de los panes y os habéis saciado» (v. 26). El Señor de inmediato eleva la mirada de la gente a otro nivel que el del pan material: «Obrad, no por el alimento perecedero, sino por el alimento que permanece para vida eterna, el que os dará el Hijo del hombre» (v. 27). Enseñanza eucarística muy importante: para entender la Eucaristía hay que elevar la mirada a un nivel superior. No hace falta teólogos que traten de explicar la Eucaristía en clave sociológica, psicológica, o puramente ritual. Puede haber algo o hasta muchas cosas verdaderas en estas visiones, pero solas no bastan. Este Sacramento es pan que viene del cielo, no de la tierra. No se explica en base a nuestra cultura, nuestra sociedad, nuestra comunidad... Primero hay que entender este Sacramento como un don que llega desde lo alto, sobrenatural.

Este versículo 27 habrá que ponerlo en relación a Jn 4,14 donde leemos: «El que beba del agua que yo le dé, no tendrá sed jamás, sino que el agua que yo le dé se convertirá en él en fuente de agua que brota para vida eterna». En ambos textos se habla de la vida eterna: el pan celestial y esta agua especial que Cristo da permanecen para la vida eterna, para siempre. Por esto, este pan sacia y esta agua satisface la sed no temporalmente, como pan y agua comunes, sino perpetuamente, sin cesar. De nuevo, la perspectiva es muy elevada. Los dos aspectos de hambre y sed se encuentran otra vez en nuestro capítulo 6, v. 35: «Yo soy el pan de la vida. El que venga a mí, no tendrá hambre, y el que crea en mí, no tendrá nunca sed».

Para entender lo que Cristo está diciendo hay que citar también el v. 29: «La obra de Dios es que creáis en quien Él ha enviado». Esto nos da la posibilidad de hablar del contexto general de este capítulo 6. Usualmente se dice que es un capítulo eucarístico, y lo es. Pero, antes que nada y sobre todo es un capítulo cristológico. El objeto principal de Jn 6 no es la Eucaristía, aún si se habla también de ella. El objeto principal es la Revelación de Cristo como enviado del Padre y como eterna Sabiduría que desde el cielo ha bajado a la tierra y se ofrece a los hombres. Este tema sapiencial es importante en el Evangelio de San Juan. El mismo Prólogo inicial (Jn 1) está estructurado con motivos sapienciales del Antiguo Testamento. En el Antiguo Testamento se habla de la Sabiduría divina que vive desde siempre en la presencia de Dios, crea el universo junto con Dios, recorre incesantemente toda la extensión del mundo y, finalmente, baja desde el cielo por orden de Dios para poner su morada en Israel. Sabemos que el Prólogo de Juan habla exactamente de todo esto, solo que no utiliza la palabra *Sofía*, que sería el correspondiente del hebreo *Hokmah*, Sabiduría. Juan allí utiliza *Logos* ("Razón", o "Palabra"), pero el Prólogo se entiende perfectamente en el trasfondo de motivos sapienciales del Antiguo Testamento. Ahora, en el capítulo 6 esta perspectiva es confirmada por la boca misma de Cristo. Él mismo es Aquel que ha bajado del cielo, el pan celeste dado a los hombres. Inicialmente, no habrá que entender esto en términos eucarísticos, sino sapienciales: es decir de esa Sabiduría eterna, el *Logos*, que bajando a la tierra pone su morada entre los justos. Donde la palabra "entre" indica sea "en medio de", es decir en medio del pueblo elegido, sea "dentro de", en la interioridad de los creyentes. El pan celestial de Juan 6 es antes que nada Cristo mismo, Sabiduría eterna encarnada, que habita con su gracia en el corazón de los justos, y también pone su morada en medio de su nuevo pueblo, la Iglesia, el nuevo y definitivo Israel.

Por esto en el v. 30 los judíos se rebelan: nuestros padres ya comieron en el desierto el pan del cielo, el maná que Moisés nos obtuvo. ¿Por qué ahora necesitaríamos otro? ¿el maná no era suficiente? ¿crees tú ser más grande que Moisés? – Como se ve, el enfoque es cristológico: ¿quién eres tú? ¡comprueba tu identidad! «Ellos entonces le dijeron: "¿Qué señal haces para que viéndola creamos en ti? ¿Qué obra realizas? Nuestros padres comieron el maná en el desierto, según está escrito: Pan del cielo les dio a comer"» (vv. 30-31). En realidad, Cristo había cumplido un gran signo anteriormente: la multiplicación. Pero el Señor mismo dice: «Vosotros me buscáis, no porque habéis visto señales, sino porque habéis comido de los panes y os habéis saciado» (v. 26). En efecto, si los judíos hubiesen visto de verdad la señal, ahora no pedirían otra. Sea como sea, Jesús responde cristológicamente. Ustedes –dice Cristo– quieren saber quién soy yo y aquí va la respuesta: «No fue Moisés quien os dio el pan del cielo; es mi Padre el que os da el verdadero pan del cielo; porque el pan de Dios es el que baja del cielo y da la vida al mundo» (vv. 32-33). El maná solo era una figura del futuro, verdadero pan del cielo: Moisés no les dio el pan del cielo, solo les dio una prefiguración. El pan del cielo (que ahora llama "pan de Dios") verdadero es aquel que baja del cielo y da la vida al mundo. De nuevo, se trata de una cristología de tipo sapiencial.

Frente a esto los judíos dicen: «Señor, danos siempre de ese pan» (v. 34). Precedentemente, hemos notado la presencia de una conexión del capítulo 6 con el 4, el de la samaritana. Aquí la vemos nuevamente. Lo que los judíos dicen en relación al pan, la samaritana lo había dicho en relación al agua viva: «Señor, dame de esa agua, para que no tenga más sed y no tenga que venir aquí a sacarla» (4,15). En ambos casos estas peticiones se pueden entender en diversos modos: **i.** petición sincera, que corresponde al haber entendido la naturaleza de este pan y esta agua; **ii.** observación irónica: "si de verdad puedes hacer esto, hazlo, veamos si puedes" (sería semejante a la ironía de aquellos que se burlaron de él al pie de la cruz: "¡sálvate a ti mismo, si eres Hijo de Dios, y baja de la cruz!": Mt 27,40); **iii.** actitud pesimista: "sería bueno si de verdad pudieras hacer esto" – puede haber junto a esto también la tentación de la vida cómoda: "ya no tendría que procurarme pan y agua si este rabí me diese el pan y el agua que satisfagan mi hambre y sed para siempre".

Sea como sea, el Señor se mantiene a nivel de alta cristología: «Yo soy el pan de la vida. El que venga a mí, no tendrá hambre, y el que crea en mí, no tendrá nunca sed» (v. 35). Cristo satisface el hambre y la sed espirituales. En sustancia, el hambre de verdad y la sed de amor que todo hombre percibe, solo se satisfacen en Cristo. Aquí también hay otro versículo del Evangelio de Juan por citar: «Soy Rey. Yo para esto he nacido y para esto he venido al mundo: para dar testimonio de la verdad. Todo el que es de la verdad, escucha mi voz» (Jn 18,37);. También se puede citar el Antiguo Testamento: «Tiene mi alma sed de Dios, del Dios vivo; ¿cuándo podré ir a ver la faz de Dios?» (Sal 42,2).

**C.** Una tercera parte de este capítulo es la de los vv. 47-58. Jesús continúa el discurso sobre el pan de la vida que viene del cielo, pero ahora añade otra palabra: *carne*. Esta es la parte propiamente eucarística del capítulo 6. «El pan que yo le voy a dar, es mi carne por la vida del mundo» (v. 51). La palabra griega es *sarx*, la misma que San Juan utiliza en el Prólogo al hablar de la Encarnación (cf. Jn 1,14). De esta forma, el tema cristológico y el eucarístico están ligados. Cristo es el *Logos* (o Sabiduría) hecho *sarx*. Ahora Él nos dona su *sarx* bajo la apariencia de pan. Hasta aquí Cristo había hablado de comida y bebida. Ahora habla de carne y sangre. Muy significativo: la parte más propiamente eucarística de este capítulo es aquella en la que se introduce un lenguaje sacrificial. Carne y sangre eran parte de los sacrificios del Antiguo Testamento. Y en el Nuevo Testamento se dice que Cristo padeció en su cuerpo y que derramó su sangre. Como vimos, Él mismo habla de cuerpo *dado* y sangre *derramada* al instituir la Eucaristía. Otra vez: la Eucaristía no se entiende solamente como comida o bebida espiritual. Esto es cierto, pero no es todo ni lo más importante. La Eucaristía se entiende siempre en relación al lenguaje victimario y sacrificial. No se entiende la Eucaristía si se olvida esta referencia privilegiada. «Si no coméis la carne del Hijo del hombre, y no bebéis su sangre, no tenéis vida en vosotros» (v. 53). Comer la carne de un sacrificio era algo que se hacía como parte de muchos rituales en el Antiguo Testamento. La sangre, sin embargo, no se tomaba. Aquí Cristo aumenta la visión sacrificial del Antiguo Testamento.

«El que come mi carne y bebe mi sangre, tiene vida eterna, y yo le resucitaré el último día» (v. 54). Comulgando a la Eucaristía, se recibe una participación a los méritos de la Pasión redentora de Cristo y por esto se tiene la vida eterna. Quien muere teniendo la vida eterna dentro suyo, la vida comunicada recibiendo la Eucaristía, será resucitado en el último día. Esto va contextualizado siempre en el capítulo que estamos comentando, donde Cristo decía en el fundamental v. 29: «La obra de Dios es que creáis en quien Él ha enviado». También la Eucaristía, siendo Cristo mismo, hay que recibirla con fe. Entonces el v. 54, en el contexto de todo el capítulo, se entiende así: quien recibe *con fe* la carne y la sangre de Cristo, tiene vida sobrenatural y Cristo lo resucitará el último día. Además del aspecto objetivo de transmisión de la gracia, el Señor también habla de lo que hoy llamamos aspecto personalístico: «El que come mi carne y bebe mi sangre, permanece en mí, y yo en él» (v. 56). Recibir con fe la Eucaristía no da solo objetivamente la gracia, sino que también establece una relación personal, de Tu-y-Yo, entre el creyente y Cristo. Es una relación de mutua inhabitación: Cristo mora en nosotros y nosotros en Él. Es una imagen imperfecta de la perfectísima *circuminsessio* (inhabitación recíproca) de las Personas trinitarias. Recordemos al respecto, siempre en el cuarto Evangelio, el capítulo 14: «Yo estoy en el Padre y el Padre está en mí» (v. 11); «Aquel día comprenderéis que yo estoy en mi Padre y vosotros en mí y yo en vosotros» (v. 20); «Si alguno me ama, guardará mi Palabra, y mi Padre le amará, y vendremos a él, y haremos morada en él» (v. 23).

**D.** El capítulo termina otra vez con el mismo tema: el de la *fe*. En los vv. 59-71 se habla de las distintas reacciones de los oyentes. Una primera reacción es: «Muchos de sus discípulos, al oírle, dijeron: "Es duro este lenguaje. ¿Quién puede escucharlo?"» (v. 60). Efectivamente, no es fácil entender y creer el Misterio Eucarístico. En cierto sentido, es el misterio más difícil de creer. Claro, está la Trinidad, la Encarnación, el parto virginal de María... todos misterios incomprensibles. Pero que bajo un pedacito de apariencia de pan se encuentre la presencia personal de Jesucristo Dios y hombre, ¡esto es de verdad difícil de creer! Entonces no hay que maravillarse que tantos no crean. Es probable que hasta dentro del clero haya algunos que no creen de verdad en la Presencia Real. No la niegan, esto no. ¿Pero creen de verdad? Frente a la Eucaristía, hoy como ayer, hay muchos que dicen: "Es duro este lenguaje. ¿Quién puede escucharlo?". Y en efecto esta interpretación no es malévola siendo Cristo mismo quien constata: «Hay entre vosotros algunos que no creen» (v. 64). Lamentablemente, Cristo continúa constatando esta falta de fe también hoy, hasta en el interior del círculo de sus colaboradores más cercanos.

Pero está Pedro, que de nuevo (como en el día de su confesión cristológica reportada en Mateo 16) habla bajo inspiración divina: «Señor, ¿dónde quién vamos a ir? Tú tienes palabras de vida eterna, y nosotros creemos y sabemos que tú eres el Santo de Dios» (v. 68-69). Esto está muy bien dicho porque al final solo hay una razón para creer en la Eucaristía, es decir: creer en la palabra de Cristo. ¿Dónde vamos a ir, a quien vamos a dar confianza? Tu solo, Señor, tienes palabras de vida eterna. Tu eres el Santo de Dios, y el Santo de Dios no dice mentiras. Cristo dijo: "Este es mi cuerpo…"; y Él no miente. Así es. La fe consiste en aceptar la palabra de Cristo como verdadera. Y esto es razonable.

### 4.

Podemos concluir la exposición sobre el Nuevo Testamento presentando un último texto: Mt 6,11 (paralelo: Lc 11,3). Se trata de la oración del Padre Nuestro donde Cristo nos enseña a rezar diciendo: «Danos hoy nuestro pan de cada día». Lo que queda traducido con "cada día" o "cotidiano", en griego es *epiousion*. Literalmente, esta palabra griega está conformada por la partícula *epi* y el sustantivo *ousia*. A nivel filológico, habría que traducir literalmente con *super-substantialis* en latín, o sea "sobresustancial". En efecto, San Jerónimo, componiendo la traducción latina de la Biblia (*Vulgata*) tradujo Mateo 6,11 así: «*Panem nostrum supersubstantialem da nobis hodie*» ("Danos hoy nuestro pan sobresustancial"). En cambio, al traducir Lucas 11,3, el mismo Santo propuso el texto en esta forma: «*Panem nostrum cotidianum da nobis cotidie*» ("Danos cada día nuestro pan cotidiano"). La razón para traducir el mismo término *epiousion* de dos formas tan distintas es que, en efecto, la palabra se puede entender de ambas maneras: **i.** literalmente, como sobresustancial; **ii.** según un sentido amplio, se puede traducir "necesario" o "cotidiano" porqué *epiousion* es también lo que está "en favor de la esencia", lo que mantiene y preserva la esencia. En este sentido, como tenemos que alimentarnos todos los días para mantener nuestra buena salud, entonces el pan *epiousion* puede también entenderse como "pan necesario" o "pan cotidiano".

Los dos sentidos no se contraponen: en el sentido final del texto griego del Evangelio se puede apreciar exactamente esta ambivalencia positiva en el Padre Nuestro. Debemos, en efecto, rezar sea para recibir a menudo, posiblemente cada día, el pan espiritual de la Eucaristía (el "pan" que supera la esencia de pan natural); y también necesitamos rezar para recibir de la mano de Dios el pan de la mesa para sustentarnos. El problema hoy es que el primer sentido, que es el más literal, ha desaparecido de la conciencia eclesial. Se piensa que Cristo solo nos enseñó a rezar por el pan común, la comida. Sería necesario mantener los dos sentidos, como hizo San Jerónimo traduciendo ambos. Una propuesta podría ser la de recitar el Padre Nuestro diciendo "pan sobresustancial" cuando se reza en la Misa, manteniendo en cambio "pan cotidiano" cuando el Padre Nuestro se reza a laudes, vísperas y en otras ocasiones.

# Capítulo 5

## La Eucaristía en los Padres de la Iglesia / 1

Como sabemos, para nosotros los católicos, la Palabra de Dios no se encuentra solo en la Sagrada Escritura, sino también en la Tradición apostólica. La Tradición tiene fundamentalmente forma oral, sin embargo, la podemos encontrar en varias fuentes escritas: los Padres de la Iglesia, los textos litúrgicos, el derecho canónico, el Magisterio. Es obvio que esto no significa que estos textos coincidan totalmente con la Tradición, sino que en su interior habrá que buscar la Tradición. Hay criterios que los teólogos conocen para hacer semejante búsqueda. Sin pretender aquí proponer una visión completa de lo que enseña la Tradición apostólica sobre la Eucaristía, veamos simplemente unos rasgos de la teología eucarística de los Padres, testigos privilegiados de la Tradición.

### 1. Los primeros tres siglos

**A.** Uno de los primeros textos patrísticos es el de la *Didaché* (100-150 d.C.). Un texto muy conocido de esta obra es el siguiente:

> Acerca de la acción de gracias, den gracias de esta manera:
> Primero sobre la copa:
> Te damos gracias, Padre nuestro, por la santa viña de David, tu siervo, la que nos diste a conocer a nosotros por medio de Jesús, tu siervo. A ti la gloria por los siglos.
> Y después del partimiento (del pan)
> Te damos gracias, ¡Padre nuestro!, por la vida y el conocimiento que nos diste a conocer por medio de Jesús tu siervo. ¡A ti la gloria por los siglos!
> De la misma manera que este pan, que partimos, estaba disperso sobre los montes, y reunido se hizo uno, así sea reunida tu Iglesia de los confines de la tierra en tu reino. Porque tuya es la gloria y el poder, por Jesucristo, por los siglos.
> Que nadie coma ni beba de esta acción de gracias, sino los bautizados en el nombre del Señor, pues sobre esto dijo el Señor: No den lo santo a los perros. (9,1-5)

Notemos primero la conclusión: "No den lo santo a los perros". Es una expresión utilizada por Cristo con la mujer cananea: «No está bien tomar el pan de los hijos y echárselo a los perritos» (Mt 15,26). Hay otra expresión del Señor que dice: «No deis a los perros lo que es santo, ni echéis vuestras perlas delante de los puercos» (Mt 7,6). Como se ve, Cristo es a veces mucho más directo de lo que se piensa. La Iglesia desde el inicio aplicó estas palabras a la disciplina sacramental: los sacramentos no se echan a los perros ni a los puercos. Utilizar las expresiones "perros" y "puercos" para llamar a los pecadores parece ofensivo, pero estas son las palabras que Jesús utilizó. San Pablo llama a los pecadores «enemigos» de Dios (cf. Rm 5,10). La Iglesia antigua sabía que el pecado es grave, que con el pecado nos volvemos enemigos de Dios y de Cristo y, espiritualmente hablando, nos volvemos perros y puercos. Por eso no se puede dar la Santísima Eucaristía al pecador. *Sancta sancte custodiant* ("las cosas santas hay que guardarlas santamente"): es un principio clásico del catolicismo. Es por eso que la *Didaché* dice «Que nadie coma ni beba de esta acción de gracias, sino los bautizados en el nombre del Señor, pues sobre esto dijo el Señor: No den lo santo a los perros». Desde la más antigua Tradición patrística, la Iglesia observó esta disciplina: que no se puede dar la Eucaristía a los pecadores. Esta no fue simplemente una regla eclesiástica, sino que representó la fidelidad de la Iglesia a lo que dijo el Señor: «No deis a los perros lo que es santo, ni echéis vuestras perlas delante de los puercos». También San Pablo, hablando específicamente sobre la Eucaristía, escribió: «No podéis beber de la copa del Señor y de la copa de los demonios» (1Cor 10,21); y más claramente aún: «Quien coma el pan o beba la copa del Señor indignamente, será reo del Cuerpo y de la Sangre del Señor. Examínese, pues, cada cual, y coma así el pan y beba de la copa. Pues quien come y bebe sin discernir el Cuerpo, come y bebe su propio castigo. Por eso hay entre vosotros muchos enfermos y muchos débiles, y mueren no pocos» (1Cor 11,27-30). Hoy en día se tiene una sensibilidad especial por no excluir a nadie de la Santa Comunión. Algunos dicen (de manera más o menos directa) que los pecadores impenitentes pueden recibir a Cristo eucarístico; también los no católicos (por ejemplo, los protestantes) si asisten a nuestras liturgias, podrían comulgar. No faltan sacerdotes (particularmente en Europa y Norteamérica) que al momento de distribuir la Comunión invitan a todos los presentes, sin ninguna diferencia, a comulgar... Todo esto corresponde quizás a una de las sensibilidades culturales de hoy, pero seguramente no corresponde a la Escritura y a la Tradición, así como es presentada por los Padres.

Volvamos al texto de la *Didaché*. La parte más conocida del texto dice: «De la misma manera que este pan, que partimos, estaba disperso sobre los montes, y reunido se hizo uno, así sea reunida tu Iglesia de los confines de la tierra en tu reino». Se trata de una metáfora famosa, que será retomada muchísimas veces por otros Padres y también por los teólogos posteriores. Esta imagen puede haber sido inspirada por 1Cor 10,17: «Aun siendo muchos, un solo pan y un solo cuerpo somos, pues todos participamos de un solo pan». Es la tipología (o figuración) eclesial de la Eucaristía: como hay un solo pan, hay también una sola Iglesia. Por lo tanto, ya en San Pablo está implícitamente establecida la relación entre los dos cuerpos de Cristo: el cuerpo eucarístico y el cuerpo eclesial. Ambos son presentados como un cuerpo único, conformado por muchas partes. San Pablo habla de la Iglesia que es una a imagen del único pan: «Aun siendo muchos, hay un solo pan y un solo cuerpo». Esta enseñanza es trasmitida por la *Didaché* mediante la metáfora citada: como el pan está conformado por harina, que precedentemente estaba en forma de trigo, o sea de granos separados, así la Iglesia está conformada por individuos, una vez bautizados. La relación Eucaristía-Iglesia, que se encuentra ya en este texto primitivo, es una de las dimensiones de la teología eucarística que será desarrollada en toda época; y en el presente ha sido nuevamente enfatizada.

Hay que notar, sin embargo, otro aspecto; es decir, el acento escatológico del texto de *Didaché*, que dice: como el pan estaba antes disperso en los montes y ahora está aquí en su forma unitaria, «así sea reunida tu Iglesia de los confines de la tierra en tu reino». Se nota la inserción del futuro final: el reino eterno de Dios, en el cual la Iglesia – así se espera y se reza – será reunida. Aquí hay que notar unos aspectos: **i.** Están las tres dimensiones del tiempo: pasado, presente, futuro. Esta lectura histórico-salvífica se encuentra en la Tradición muchas veces y la utilizará también Santo Tomás de Aquino. El Angélico dirá (cf. *Summa Theologiae* III, 60, 3) que la Eucaristía es signo anamnético del pasado (la Pasión de Cristo), signo demostrativo del presente (la gracia de Cristo ofrecida en el Sacramento) y signo prognóstico o prenunciativo del futuro (el banquete eterno); **ii.** Al mencionar la dimensión escatológica, la *Didaché* habla de la Eucaristía como pan de vida eterna, en relación con Juan 6; **iii.** El texto ofrece una visión profundamente teológica de la Misa, que no se entiende simplemente como expresión de la Iglesia peregrina, como celebración del "aquí y ahora" de la comunidad terrenal. La Misa acontece *hic et nunc*, pero tiene su orientación fundamental hacia el *alibi et tunc* ("en otro lugar y otro tiempo"), o sea la vida eterna. La orientación escatológica de la Eucaristía es otro aspecto de suma importancia a nivel teológico y litúrgico y esto también se encuentra desde la época más antigua de la literatura patrística.

Finalmente, en la *Didaché* se encuentra la identificación de la Misa como Sacrificio. En 14,1.3, leemos: «En el día del Señor reúnanse y partan el pan, y den gracias, después de haber confesado sus pecados, a fin de que su Sacrificio sea puro»; y: «Este es el Sacrificio del que dijo el Señor: "En todo lugar y tiempo se me ofrece un sacrificio puro..." (Mal 1,11)». Como se ve, se ofrece una lectura tipológica del texto que nosotros ya mencionamos de Malaquías, y se llama a la Misa Sacrificio.

**B.** El tema sacrificial se encuentra de nuevo en nuestro segundo testigo de la era patrística, San Ignacio de Antioquía (m. 108). Él llama a la Iglesia, en griego, *thusiasterion* (*IgnEph* 5,2; *IgnTrall* 7,2; *IgnPhil* 4). *Thusia* significa "sacrificio"; por lo tanto, la Iglesia es llamada "lugar del sacrificio". Muy célebre es su definición de la Eucaristía como «fármaco de inmortalidad» (*IgnEph* 20,2) que es otra manera de traducir la expresión "pan de vida eterna" de Jn 6,51. Aquí también se enfatiza que la Eucaristía da la vida inmortal, la vida del Cielo escatológico. Este es el sentido propio de la expresión de San Ignacio. La Eucaristía nos da la gracia sobrenatural de Cristo, es decir, el germen de la futura resurrección. Esta teología eucarística, típicamente joánica, es común en esa época especialmente en Siria y en la actual Turquía. Veremos que esta visión se encuentra de nuevo en San Ireneo. Esa zona había sido influida mucho por el Apóstol San Juan (según la Tradición, él vivió en Éfeso con la Virgen María).

Ignacio también enfatiza otro contenido clásico, que la Eucaristía mantiene la Iglesia unida, lo que conlleva nuestra responsabilidad: «Sed cuidadosos, pues, observando una Eucaristía (porque hay una carne de nuestro Señor Jesucristo y una copa en unión en su sangre; hay un altar, y hay un obispo, junto con el presbiterio y los diáconos mis consiervos), para que todo lo que hagáis sea según Dios» (*IgnPhil* 4).

El carácter joánico de su teología se ve muy bien en el realismo con el cual habla de la carne eucarística de Cristo en la *Carta a los Esmirneanos* 6: «Observad bien a los que sostienen doctrina extraña respecto a la gracia de Jesucristo que vino a vosotros, que éstos son contrarios a la mente de Dios. [...] Se abstienen de la Eucaristía y de la oración, porque ellos no admiten que la Eucaristía sea la carne de nuestro Salvador Jesucristo, cuya carne sufrió por nuestros pecados, y a quien el Padre resucitó por su bondad». Se está hablando aquí de herejes en la Iglesia antigua que ya no reconocían la Eucaristía como carne de Cristo. En nuestro lenguaje, diríamos que negaban la Presencia Real y también el Sacrificio, porque Ignacio no habla solo de carne (presencia) sino de la carne que sufrió por nuestros pecados (sacrificio expiatorio). Ignacio reconoce el realismo eucarístico: la Eucaristía es la carne de Cristo, la real presencia de la Víctima que padeció y que luego fue resucitada. Y este Padre termina diciendo: «Así pues, los que contradicen el buen don de Dios perecen por ponerlo en duda» (7). Negar la verdad eucarística es, según Ignacio, peligroso. Como toda herejía, esta pone en peligro a aquellos que la profesan. Quien no cree en la realidad de la Eucaristía «perece por ponerlo en duda».

**C.** San Justino (m. 165) confirma la disciplina de acceso a la Comunión, escribiendo: «Este alimento se llama entre nosotros Eucaristía, de la que a nadie es lícito participar, sino al que cree ser verdaderas nuestras enseñanzas y se ha lavado en el baño que da la remisión de los pecados y la regeneración, y vive conforme a lo que Cristo nos enseñó».

Es interesante considerar la razón en la que San Justino apoya esta disciplina: este pan y esta bebida reciben una transformación obrada por la omnipotencia divina. Podemos decir que, quien cree de verdad que pan y vino se transforman en Cristo, igualmente buscará custodiar bien el acceso al Sacramento. En cambio, quien no cree, tenderá a dejar que muchos accedan a la Comunión, sin preocuparse suficientemente de la disciplina sacramental. Veamos lo que dice San Justino:

Porque no tomamos estas cosas como pan común ni bebida ordinaria, sino que –a la manera de Jesucristo, nuestro Salvador hecho carne– por virtud de la oración al Verbo que de Dios procede, el alimento sobre que fue dicha la acción de gracias –alimento de que, por transformación, se nutren nuestra sangre y nuestras carnes– es la carne y la sangre de Aquel mismo Jesús encarnado. Y es así que los apóstoles en los recuerdos por ellos escritos, que se llaman evangelios, nos transmitieron que así les fue a ellos mandado, cuando Jesús, tomando el pan y dando gracias, dijo: "Haced esto en memoria de mí, éste es mi cuerpo". E igualmente, tomando el cáliz y dando gracias, dijo: "Ésta es mi sangre", y que sólo a ellos les dio parte. (*I Apología*, 66,1-3)

Observemos: **i.** Se dice que el pan y el vino consagrados (= "sobre que fue dicha la acción de gracias", es decir, fueron "eucaristizados") son carne y sangre de Cristo, que es el Verbo encarnado; **ii.** Pan y vino son carne y sangre de Cristo por virtud de la oración hecha al Verbo: es interesante que no se hable de una oración hecha al Espíritu Santo; **iii.** Utiliza el término "transformación", por lo tanto no es una atribución extrínseca, un simbolismo que nosotros imponemos a los alimentos: objetivamente ellos mismos se transforman; **iv.** La Eucaristía fue instituida por Cristo (y no por la Iglesia) en el cenáculo y, en el centro de tal institución, están las palabras de consagración; **v.** Finalmente, dice que solo a los apóstoles les dio parte: esto significa; primero, que sólo pueden celebrar la Eucaristía aquellos a los cuales Cristo la encomendó, como hizo con los apóstoles; segundo, que es una referencia a la Comunión que Cristo les dio en el cenáculo. Es clásica la opinión por la cual no había otras personas en el cenáculo con Cristo, más allá de los Doce. Recientemente, se ha hablado de otros discípulos presentes, entre los cuales estaría la Virgen María. La Tradición, representada aquí por San Justino, afirma que sólo estaban los apóstoles («sólo a ellos les dio parte», escribe). En el momento en el cual Cristo instituyó la Eucaristía, era necesario evitar toda confusión para que quedara claro que sólo los apóstoles eran encargados de repetir en adelante ese gesto en memoria de Cristo. Si hubiesen estado otras personas atendiendo la última cena, se hubiera podido entender que el "haced esto en memoria de mí" se aplicaba a cada discípulo y entonces que cada bautizado pudiese celebrar la Misa.

Famosa es también la breve presentación de una celebración eucarística que el mismo San Justino nos propone:

> El día que se llama del sol [domingo] se celebra una reunión de todos los que moran en las ciudades o en los campos, y allí se leen, en cuanto el tiempo lo permite, los recuerdos de los apóstoles o los escritos de los profetas. Luego, cuando el lector termina, el presidente, de palabra, hace una exhortación e invitación a que imitemos estos bellos ejemplos. Seguidamente nos levantamos todos a una y elevamos nuestras preces, y éstas terminadas, [...] se ofrece pan y vino y agua, y el presidente, según sus fuerzas, hace igualmente subir a Dios sus preces y acciones de gracias, y todo el pueblo exclama diciendo "amen". Ahora viene la distribución y participación, que se hace a cada uno, de los alimentos consagrados por la acción de gracias y su envío por medio de los diáconos a los ausentes (*I Apología*, 67).

Se puede notar que, desde la antigüedad, la Misa está compuesta por dos pilares fundamentales: la Liturgia de la Palabra y la Liturgia Eucarística. Se observan también unos detalles más: **i.** la mención del agua que se junta al vino; **ii.** el "prefacio libre", o sea el celebrante reza según sus fuerzas; pero muy pronto la Iglesia antigua introducirá prefacios fijos y obligatorios; **iii.** el "amen" final, que ciertamente hace referencia a la doxología "Por Cristo, con Él y en Él..."; **iv.** se menciona la práctica de enviar la Comunión a los ausentes, lo que se debe entender como enfermos; sin embargo, lo hacen los diáconos y no se habla de laicos ministros de la Comunión.

También en este texto se enfatiza el rol del día domingo, y San Justino habla también de ello a continuación en el mismo texto, ofreciéndonos un breve tratado de "teología del domingo": «Celebramos esta reunión general el día del sol, por ser el primero, en que Dios, transformando las tinieblas y la materia, hizo el mundo; y también porque es el día en que Jesucristo, Nuestro Salvador, resucitó de entre los muertos» (*ibidem*). Por ahora, notemos sólo que la teología del domingo comprende tanto el ámbito de la creación originaria como aquel de la nueva creación (redención). El símbolo del sol también es importante litúrgicamente, porque hace referencia a la orientación en la oración litúrgica, tema que volveremos a mencionar más adelante.

**D.** San Ireneo (m. ca. 200) es otro representante de la línea joánica, en cuanto discípulo de San Policarpo que, a su vez, cuando era muy joven, escuchó predicar el Evangelio al apóstol San Juan en persona. Así, no sorprenderá que San Ireneo enfatice muchísimo el realismo eucarístico: quien come la carne de Cristo, ya pone las bases por su propia resurrección futura. San Ireneo también resalta las palabras de consagración y las pone en relación al tema sacrificial. Estas palabras de Cristo sobre el pan y el cáliz enseñan que la Eucaristía es la «oblación [o sea el Sacrificio] del Nuevo Testamento» (*Adversus haereses* IV, 17,5). Luego cita el texto clásico de Malaquías 1,11 y lo interpreta así: «Con estas palabras, [Malaquías] indicó claramente que el pueblo antiguo dejaría de ofrecer a Dios; y que en todo lugar se le habría de ofrecer el Sacrificio puro» (*ibidem*).

Luego, en polémica con los gnósticos, quienes negaban la verdadera Encarnación redentora del Verbo al negar nuestra salvación completa, carne incluida; San Ireneo enfatiza el realismo eucarístico:

> ¿Cómo dicen que se corrompe y no puede participar de la vida, la carne alimentada con el cuerpo y la sangre del Señor? Cambien, pues, de parecer, o dejen de ofrecer estas cosas. Por el contrario, para nosotros concuerdan lo que creemos y la Eucaristía y, a su vez, la Eucaristía da solidez a lo que creemos. Le ofrecemos lo que le pertenece, y proclamamos de manera concorde la unión y comunidad entre la carne y el espíritu. Porque, así como el pan que brota de la tierra, una vez que se pronuncia sobre él la invocación (*epíklesis*) de Dios, ya no es pan común, sino que es la Eucaristía compuesta de dos elementos, terreno y celestial, de modo semejante también nuestros cuerpos, al participar de la Eucaristía, ya no son corruptibles, sino que tienen la esperanza de resucitar para siempre (*Adversus haereses* IV, 18,5).

> Están enteramente locos quienes rechazan toda la Economía de Dios, al negar la salvación de la carne y despreciar su nuevo nacimiento, pues dicen que ella no es capaz de ser incorruptible. Pues si ésta no se salva, entonces ni el Señor nos redimió con su sangre, ni el cáliz de la Eucaristía es comunión con su sangre, ni el pan que partimos es comunión con su cuerpo. (*ibidem* V, 2,2)

> En consecuencia, si el cáliz mezclado [con agua] y el pan fabricado reciben la palabra de Dios para convertirse en Eucaristía de la sangre y

el cuerpo de Cristo, y por medio de éstos crece y se desarrolla la carne de nuestro ser, ¿cómo pueden ellos negar que la carne sea capaz de recibir el don de Dios que es la vida eterna, ya que se ha nutrido con la sangre y el cuerpo de Cristo, y se ha convertido en miembro suyo? (*ibidem* V, 2,3)

Más allá de varios temas que hemos ya encontrado en San Ignacio y San Justino, y que aquí Ireneo confirma, se aprecia esta visión típicamente ireneana: que nuestra carne natural es nutrida espiritualmente por la carne eucarística y que así recibe el principio de la inmortalidad. Nuestra carne va a resucitar al final de los tiempos porque ha recibido el germen de la vida eterna durante esta vida, recibiendo la Comunión. Varios teólogos contemporáneos han retomado esta visión para contraponerla a la de Santo Tomás y la Escolástica en general, que habla más bien en términos de los "efectos" de la Eucaristía y del mérito moral de la Pasión de Cristo que se transmite por la Comunión (siendo suficiente la Comunión espiritual; la Comunión sacramental no sería en sentido estricto absolutamente necesaria). Es verdad que las dos teologías son distintas y esto es normal porque siempre hay un desarrollo teológico a través de los siglos. Hay que notar que el actual nuevo interés por aquello que dice San Ireneo es debido al uso que se le da al interior de algunas corrientes de la teología actual. Hoy no faltan teólogos que quieren abrir el acceso a la Comunión sacramental con cierta facilidad, basados en que la Eucaristía es medicina y por lo tanto, sana. El pecador, según esta visión, podría acercarse a recibir la Eucaristía porque de ella recibiría sanación; por consiguiente, no se necesitaría estar en gracia para comulgar.

Más allá de que esta visión declara el Sacramento de la Confesión superfluo, hay que notar que esta interpretación no encaja en el pensamiento de los Padres en su conjunto. En efecto, ellos sí hablan del poder sanador y divinizador de la Eucaristía; pero al mismo tiempo enfatizan que solo a los santos se les puede dar las cosas santas. Ireneo, al evidenciar el poder de la carne de Cristo sobre nuestra carne, también dice que el Sacrificio no debe ser sólo ofrecido sino también aceptado por Dios porque, si así no fuese, la Eucaristía no traería beneficio para nosotros.

**E.** El mártir San Cipriano (m. 258) nos dio el primer escrito dedicado exclusivamente a la Eucaristía antes del Concilio de Nicea. Se trata de su *Carta 72* sobre el tema del «sacramento del cáliz del Señor». En esta carta, citando muchísimos textos bíblicos, el santo rechaza la herejía de aquellos que celebraban la Misa utilizando un cáliz lleno de agua, en vez de un cáliz de vino mezclado con un poco de agua. El tratado, en forma epistolar, acentúa mucho el aspecto sacrificial de la Misa.

San Cipriano dice que no se puede utilizar el agua para la Misa porque Cristo no lo hizo así, los apóstoles no lo enseñaron de esta manera y el agua no puede ser símbolo de la sangre de Cristo. También propone un paralelismo interesante entre el vino común y el vino eucarístico:

> Así como con el vino usual se alegra el corazón, se regocijan los espíritus, y se quita la tristeza, del mismo modo, después de haber bebido de la saludable copa de la sangre del Señor, se desvanece la funesta memoria del hombre viejo, se echa en olvido la anterior criminal vida, se dilata el corazón, que estaba triste y atormentado de agudos escozores que causan los pecados, con cierta sobrenatural alegría que da la esperanza del perdón, y que sólo puede conseguir quien le bebe en la Iglesia de Jesucristo, bebiéndole en la forma que le bebió el mismo Jesucristo.

Este tema será retomado por otros, incluyendo el Aquinate, que hablará de los efectos de la Comunión en el alma, comparándolos con los efectos del pan y vino comunes en el cuerpo.

Por otro lado, hay un pasaje muy importante, tanto en el aspecto dogmático como en el litúrgico.

> Si Jesucristo Dios y Señor nuestro es el Sumo Sacerdote de Dios Padre; si se ofreció en Sacrificio al mismo Dios Padre, y mandó a los demás que continuasen ofreciéndole en memoria suya este mismo Sacrificio, aquel será el verdadero sacerdote, y hará legítimamente las veces de Jesucristo, el cual imite y haga lo que hizo Jesucristo; y aquel se dirá que ofrece en la Iglesia a Dios Padre el debido Sacrificio, el cual le ofrece según que le ofreció Jesucristo mismo. Lo demás será desbaratar toda la religión y la verdadera disciplina, si no se observase lo que tan estrechamente se nos está encargado. (14)

Aquí tenemos expuesto el llamado *"principio mimético" de la Liturgia*. El sacerdote no es creador del rito, sino que debe imitar lo que hizo Cristo como Él mismo lo encomendó y la Iglesia lo prescribe. San Cipriano propone una aplicación interesante, siempre refiriéndose a la cuestión del cáliz lleno de sola agua –sin embargo, el principio vale en general–: «Así es que ya los hermanos empiezan a cobrar miedo de imitarle en su Pasión, cuando se ven perseguidos, lo mismo que aprenden a correrse de beber su sangre en los Sacrificios». La idea es que, si uno toma agua en vez de vino, no toma la sangre del Señor, o sea no repite el gesto de Cristo en el cenáculo, sino que hace otra cosa. Y al no imitarlo en la Liturgia, el fiel (¡y el sacerdote!) ya no sabe imitar a Cristo en la Pasión, o sea durante las persecuciones. Muchas veces, nuestra actitud en "crear" la Liturgia nos acostumbra a desobedecer, a poner nuestro querer, nuestra preferencia, por encima de cualquier cosa. Por eso, cuando alguna persecución llega en nuestra vida, ya no estamos acostumbrados a obedecer y padecer y por lo tanto, se huye. Insiste San Cipriano: «Así siempre que ofrecemos el cáliz en memoria del Señor, y su Pasión, hagamos lo que sabemos haber hecho el mismo Señor». Principio importante, particularmente hoy en día, cuando hay corrientes muy fuertes en la Iglesia que hasta proponen introducir elementos culturales paganos en la Liturgia. Pero la Liturgia no es el astillero donde se crea el culto. El principio mimético es el gran principio: "Haced esto en memoria de mí" – Haced esto, esto que yo se les he mostrado, no otra cosa. Dice San Cipriano: «Nadie se aparte de lo que ordenó y obró Jesucristo».

## Capítulo 6

## La Eucaristía en los Padres de la Iglesia / 2

Proseguimos nuestra mirada a la enseñanza eucarística de los Padres, en la cual habla la voz viva de la Tradición apostólica. Estábamos considerando las enseñanzas de los Padres de los primeros tres siglos; faltan todavía algunos.

**F.** San Clemente de Alejandría (m. 215), como San Cipriano y, antes de él, San Ireneo, se opone a los "aguarianos", aquellos que celebraban la Misa solo con agua y sin vino. En la obra *Stromata*, San Clemente repite que, al celebrar, hay que observar los "*kanona tes ekklesias*", es decir las normas de la Iglesia. Igual que otros autores que ya hemos citado, Clemente invoca el ejemplo de figuras veterotestamentarias. Afirma que Melquisedec ofreció pan y vino «como figura [*typos*] de la Eucaristía» (IV, 25). Ireneo, por ejemplo, había mencionado a Abel que ofreció un sacrificio agradable a Dios. Estos ejemplos, como se sabe, confluyeron en el Canon Romano, hoy llamado también "Plegaria Eucarística I". En ella rezamos así: «Mira con ojos de bondad esta ofrenda y acéptala, como aceptaste los dones del justo Abel, el sacrificio de Abrahán, nuestro padre en la fe, y la oblación pura de tu sumo sacerdote Melquisedec». Joseph Ratzinger (cf. *Fe, verdad y tolerancia*, Sígueme, Salamanca 2005) recuerda que esta oración «provocó la ira de Lutero y fue duramente criticada en los círculos del movimiento litúrgico como un equívoco del culto cristiano, como una "recaída" en el Antiguo Testamento, pre-cristiano"».

En efecto, cuando rezamos estas palabras, el Cuerpo de Cristo ya está sobre el altar porque esta fórmula se dice después de la consagración. Entonces, ¿qué sentido tiene esta oración? ¿Cómo podemos pedirle a Dios que acepte esta ofrenda, o sea Jesucristo mismo en la Eucaristía, así como Dios aceptó la ofrenda de Abel y Melquisedec? Seguramente nuestra ofrenda es muy superior y además es su Hijo amado: ¿de verdad se necesita que Dios acepte la ofrenda? La respuesta consiste en retomar lo que decían los Padres, como San Ireneo que en libro IV del *Adversus haereses* menciona Abel y otros, hablando del sacrificio aceptable. Lo que hace el sacrificio aceptable no es tanto, o no es solo lo que se ofrece, sino también y sobre todo, el corazón, la actitud personal del oferente. Así dice Ratzinger (*ibidem*): «Se trata de que nosotros tengamos los mismos sentimientos que Abel, Abrahán e Isaac, y así nos acerquemos a Cristo, penetremos en sus sentimientos para ser uno con Él, así como Abel, Abrahán, Isaac, Melquisedec fueron figura de Cristo, su presencia anticipada en la historia». Este aspecto también será explicado bien por Santo Tomás de Aquino. Por lo tanto, la Misa no solo debe ser ofrecida, sino también se necesita, para nuestro beneficio, que Dios acepte nuestra ofrenda. Claro que esto no se refiere ni a Cristo que es el Oferente y Sacerdote principal, ni a la cosa ofrecida, que igualmente es Cristo. Se refiere a la intención y a la santidad con las cuales nosotros ofrecemos. Es por eso que el Canon Romano reza estas palabras de sabor patrístico, estando Cristo ya presente en el altar. El sentido es: "en el momento en el cual tu Hijo, o Dios, está aquí, haz que su Sacrificio se vuelva para nuestro beneficio. Que podamos ofrecerte, Dios, esta Misa en santidad de vida y con el corazón limpio, como te ofrecieron sus sacrificios Abel, Abrahán y Melquisedec".

**G.** Orígenes de Alejandría (m. 253) brilla más por otros aspectos que por el tema eucarístico; sin embargo, confirma los elementos de doctrina de los demás Padres. Por ejemplo, escribe que el pan, a través de la oración, se convierte en el cuerpo santo de Cristo, que santifica a aquellos que lo reciben con buenas disposiciones (cf. *Contra Celsum*, 8,33). Orígenes es testigo también de otro aspecto enfatizado por muchos Padres: hay que cuidar muy bien las especies consagradas, con respeto, veneración y toda atención. Escribe: «Sabéis, vosotros que soléis estar presentes en los misterios divinos, cómo, cuándo recibís el cuerpo del Señor, lo conserváis con toda cautela y veneración, para que no caiga la mínima parte de él, para que no se pierda nada del don consagrado. Os consideráis culpables, y con razón, si cae algo por negligencia» (*Homilías sobre el Éxodo* XIII, 3. Añade en seguida que hay que cuidar también la Palabra de Dios, para que no dejemos caer ni una). En efecto muchos Padres exhortan a los fieles a que ningún fragmento de la Sagrada Hostia caiga al suelo.

**H.** San Hipólito Romano, muerto mártir en 235, ha escrito la obra *Tradición Apostólica* que, junto con la *Didaché*, se considera la más antigua e importante constitución de la Iglesia de los primeros siglos. En esta obra se encuentra una Plegaria Eucarística completa. Varios especialistas contemporáneos opinan que este texto es más reciente y ha sido añadido posteriormente a la obra hipolitea. Sin embargo, el texto (que sea o no de Hipólito) contiene los elementos de la Tradición litúrgica romana del siglo II. En esta Plegaria se inspiraron los liturgistas que crearon lo que hoy llamamos "Plegaria Eucarística II" en el Misal de Pablo VI. Hay que reconocer, sin embargo, que la referencia a la Plegaria de Hipólito es más ideal que textual, porque ésta última contiene muchos elementos que desaparecieron en la Plegaria Eucarística II. Este es el texto hipoliteo:

> El Señor esté con vosotros
> Y contigo
> Levantemos los corazones
> Los tenemos en el Señor
> Demos gracias al Señor, Dios nuestro
> Es cosa digna y justa

Gracias os damos, ¡oh, Dios! Por medio de vuestro amado Hijo Jesucristo, a quien nos enviasteis en estos últimos tiempos como Salvador, Redentor y Nuncio de vuestra voluntad, el cual es vuestro Verbo inseparable, por quien Vos hicisteis todas las cosas, y en quien pusisteis vuestras complacencias.

Lo enviasteis del cielo al seno de una Virgen, donde tomó carne por obra del Espíritu Santo, nació de la Virgen y se reveló como vuestro Hijo.

Él cumplió vuestra voluntad y os conquistó un pueblo santo; y para librar del castigo a los que en Vos creyeron, extendió los brazos al padecer.

El cual, al salir espontáneamente al encuentro de su Pasión, a fin de desatar los lazos de la muerte y de romper las cadenas del diablo, de aplastar al infierno, de llevar luz a los justos, de dar el último complemento a la creación y de revelar el misterio de la Resurrección…

"tomando el pan y dándoos gracias dijo: Tomad y comed: *esto es mi cuerpo que por vosotros será quebrantado.*

Del mismo modo, tomó el cáliz diciendo: *esta es mi sangre que por vosotros es derramada*; cuando esto hiciereis, hacedlo en memoria de mí"

Acordándonos pues, de su muerte y resurrección, os ofrecemos el pan y el cáliz, dándoos gracias por habernos hecho dignos de estar en vuestra presencia y de servir.

Os rogamos pues, que enviéis vuestro Espíritu Santo sobre la oblación de la Santa Iglesia. Reuniéndolos como en un solo cuerpo, conceded a todos vuestros santos que sean confirmados en la fe verdadera, a fin de que os alabemos y glorifiquemos por medio de vuestro Hijo Jesucristo, por el cual es dada gloria a Vos, Padre, Hijo con el Espíritu Santo, en vuestra Santa Iglesia ahora y por los siglos de los siglos. Amén.

Se aprecian consonancias con nuestra Plegaria Eucarística II, como el pasaje: «dándoos gracias por habernos hecho dignos de estar en vuestra presencia y de servir» (*astare coram te et tibi ministrare*, dice el Misal de Pablo VI). Sin embargo, son muchas más las partes que cayeron en la formulación posconciliar, por ejemplo: «…a fin de desatar los lazos de la muerte y de romper las cadenas del diablo, de aplastar al infierno…»; en la Plegaria Eucarística II solo se habla de «destruir la muerte» y nada más. También en el caso de la frase: «Él cumplió vuestra voluntad y os conquistó un pueblo santo; y para librar del castigo a los que en Vos creyeron, extendió los brazos al padecer»; en la actual Plegaria II se ha eliminado la referencia al castigo.

Lo que nos interesa aquí es que encontramos en este texto la Tradición litúrgica romana muy bien establecida ya en el siglo II, como algo que obviamente proviene de tradiciones más antiguas y, finalmente, se remonta a la época apostólica. Esta es la Plegaria Eucarística *completa* más antigua. Nótese que están todos los elementos. Las palabras de consagración tienen un lugar central y fundamental.

**I.** Podemos concluir la exposición sobre los primeros tres siglos, mencionando a Tertuliano (m. ca. 220). Como se sabe, era un jurista y por eso prestaba atención a los términos. En efecto, Tertuliano ha creado el vocabulario teológico occidental. A veces él mismo no entiende el alcance del uso de algunos términos que introduce. Sin embargo, a este autor se le debe la introducción de palabras como *Trinitas*, o el uso de *Persona* y *naturaleza* para distinguir bien estos aspectos en la Trinidad y en Cristo. A nivel de teología de los Sacramentos, también dio una importante contribución. En sus escritos encontramos expresiones como *eucharistia, eucharistiae sacramentum, dominica sollemnia, convivium dominicum, convivium Dei, coena Dei, panis et calicis sacramentum*.

Además de los términos, encontramos en sus escritos de forma explícita lo que todos los Padres anteriores han dicho de forma indirecta; es decir, que Cristo instituyó la Eucaristía diciendo las palabras consagratorias. Así dice en el *Contra Marcionem* IV, 40: «El pan que Cristo tomó y dio a sus discípulos, Él mismo lo hizo su cuerpo diciendo "Esto es mi cuerpo"».

## 2. Los siglos cuarto y quinto

Los grande autores del segundo periodo de la era patrística tuvieron que concentrarse sobre todo en profundizar los dogmas trinitarios y cristológicos, para enfrentar muchas herejías. Sin embargo, no dejaron de lado la reflexión eucarística que muchas veces se entrelaza con la cristología.

**A.** Autor de muchas catequesis, sean prebautismales o mistagógicas, San Cirilo de Jerusalén (m. 387) afirma la Presencia Real de Cristo en la Eucaristía con una claridad que no se había visto antes (lo que no implica que los Padres anteriores enseñaban algo distinto; solo que Cirilo es más preciso en su exposición —es un desarrollo teológico en continuidad).

> Si es Él [Cristo] el que ha exclamado y ha dicho acerca del pan: «Este es mi cuerpo», ¿quién se atreverá después a dudar? Y si Él es el que ha afirmado y dicho: «Esta es mi sangre», ¿quién podrá dudar jamás diciendo que no se trata de su sangre? (*Catequesis XXII [Mistagógica IV]*, 1)

En una ocasión, en Caná de Galilea, cambió el agua en vino (cf. Jn 2,1-10), que es afín a la sangre. ¿Y ahora creeremos que no es digno de fe al cambiar el vino en sangre? Invitado a unas bodas humanas, realizó aquel prodigio admirable. ¿No confesaremos mucho más que a los hijos del tálamo nupcial les dio para su disfrute su propio cuerpo y sangre? (*ibidem*, 2)

Por ello, tomémoslo, con convicción plena, como el cuerpo y la sangre de Cristo. Pues en la figura de pan se te da el cuerpo, y en la figura de vino se te da la sangre, para que, al tomar el cuerpo y la sangre de Cristo, te hagas partícipe de su mismo cuerpo y de su misma sangre. Así nos convertimos en portadores de Cristo, distribuyendo en nuestros miembros su cuerpo y su sangre. Así, según el bienaventurado Pedro, nos hacemos «partícipes de la naturaleza divina» (2 Pd 1,4). (*ibidem*, 3)

Por lo cual no debes considerar el pan y el vino como elementos sin mayor significación. Pues, según la afirmación del Señor, son el cuerpo y la sangre de Cristo. Cualquier cosa te sugieren los sentidos, la fe te otorga certidumbre y firmeza. No calibres las cosas por lo que percibes con el gusto, sino estate seguro por la fe, más allá de toda duda, de que has sido agraciado con el don del cuerpo y de la sangre de Cristo. (*ibidem*, 6)

Quédate con la idea y ten la fe certísima en que lo que se ve como pan no es pan, aunque tenga ese sabor, sino el cuerpo de Cristo; y que lo que se ve como vino no es vino, aunque a eso sepa, sino la sangre de Cristo. (*ibidem*, 9)

Santo Tomás de Aquino retomará estas enseñanzas cuando, en el *Adoro te devote*, cantará: «Al juzgar de Ti, se equivocan la vista, el tacto, el gusto; / pero basta el oído para creer con firmeza; / creo todo lo que ha dicho el Hijo de Dios: / nada es más verdadero que esta Palabra de verdad».

San Cirilo no solo atestigua la Presencia Real, sino que busca una explicación para tal presencia en el Sacramento y afirma que esta presencia está en virtud de una mutación de elementos. Como esta mutación no se percibe, porque –como ha dicho– los sentidos ven y gustan pan y vino; entonces, debe ser una mutación de la esencia invisible de las especies. Cirilo utiliza el verbo griego *metaballesthai*, que significa "cambiar, transformar, mudar". Subraya bien el rol del Espíritu Santo, que se invoca en la epíclesis para que con su omnipotencia opere la transformación (cf. *Catequesis XXIII [Mistagógica V]*, 7).

Por otro lado, San Cirilo desarrolla la reflexión sobre el valor sacrificial de la Misa y sobre el hecho que tal valor se pueda aplicar a vivos y muertos (otra vez, no es Cirilo que por primera vez habla del Sacrificio eucarístico, sino que estructura mejor la exposición al respecto). Dice que al cumplir el «Sacrificio espiritual, culto incruento sobre aquella Hostia de propiciación» (*ibidem*, 8) rogamos a Dios por las Iglesias, por el buen gobierno del mundo, por los amigos y los enfermos y por todos los necesitados. También se recuerdan los que ya durmieron, primero los patriarcas, profetas, apóstoles y mártires para que intercedan para que Dios acoja nuestra oración (cf. *ibidem*, 9). Finalmente, rezamos también por los difuntos:

> Quiero aclararos esto con un ejemplo, puesto que a muchos los he oído decir: ¿de qué le sirve a un alma salir de este mundo con o sin pecados si después se hace mención de ella en la oración? Supongamos, por ejemplo, que un rey envía al destierro a quienes le han ofendido, pero después sus parientes, afligidos por la pena, le ofrecen una corona: ¿Acaso no se lo agradecerá con una rebaja de los castigos? Del mismo modo, también nosotros presentamos súplicas a Dios por los difuntos, aunque sean pecadores. Y no ofrecemos una corona, sino que ofrecemos a Cristo muerto por nuestros pecados, pretendiendo que el Dios misericordioso se compadezca y sea propicio tanto con ellos como con nosotros. (*ibidem*, 10)

Aquí se entiende el fin propiciatorio de la Celebración Eucarística. Cirilo también habla de cómo recibir la Comunión: citaremos ese texto en otro momento.

**B.** Teodoro de Mopsuestia es un autor eclesiástico que será excomulgado después de su muerte (m. 428) por algunas de sus doctrinas cristológicas. Más allá de la discusión sobre su excomunión, que es compleja, su doctrina eucarística no presenta errores. Teodoro enfatiza el realismo eucarístico y hace una precisión importante: el pan y el vino (las especies) en el lenguaje patrístico se pueden llamar "figuras", y eso no significa que el cuerpo y la sangre de Cristo estén presentes de manera puramente simbólica:

> Es evidente que dando el pan [Cristo] no dijo: «Esta es la figura de mi cuerpo», sino: «Esto es mi cuerpo». Y del mismo modo, pasando el cáliz, no dijo: «Esta es la figura de mi sangre», sino: «Esta es mi sangre». Y esto porque quería que, habiendo [pan y vino] recibido la gracia y la llegada del Espíritu Santo, nosotros no miráramos a su naturaleza, si no los consideráramos como constituyentes el cuerpo y la sangre de Nuestro Señor. No debemos entonces [...] mirar como un trozo de pan y como un cáliz lo que nos es presentado, sino [profesar] que es el cuerpo y la sangre de Cristo. (*Homilías catequéticas* XV, 10-11)

**C.** San Juan Crisóstomo (m. 407), patriarca de Constantinopla, mereció el título de "boca de oro" por ser un gran predicador. En sus homilías, muchas veces habla de la Eucaristía con acentos de impresionante realismo. Por ejemplo, en un pasaje dice: «Lo que está en el cáliz es lo mismo que brotó desde el costado de Cristo» (*Homilía 24 sobre la Primera a los Corintios*, 1). En otro pasaje, es más fuerte aún porque afirma: «No solo veremos al Señor, sino que lo tomaremos en nuestras manos, lo comeremos, hundiremos nuestros dientes en su carne y nos uniremos muy íntimamente con Él» (*Homilía 46 sobre el Evangelio de Juan*, 3). «Lo que el Señor no toleró en la cruz [= la fractura de los huesos], lo tolera aquí en el Sacrificio [eucarístico] por amor vuestro: permite que se le parta a mordiscos para que todos sean saciados» (*Homilía 24 sobre la Primera a los Corintios*, 2). Si se les considera de manera literal, estas expresiones no suenan ortodoxas. Hay que entender que son expresiones homiléticas y que por lo tanto tienen el fin de encender los corazones de los oyentes hacia el realismo de la fe eucarística. En un tratado teológico, habría que expresarse de manera menos "fisicista".

Hablando de la conversión eucarística, el Crisóstomo utiliza el verbo griego *metaskeuazo*, que significa "transformar", y también el verbo *metarrythmizo* "cambiar". Este segundo verbo lo utiliza por ejemplo en este pasaje:

> El sacerdote dice "esto es mi cuerpo" y estas palabras cambian la naturaleza [*metarrythmizei*], la naturaleza de las ofrendas. La bendición del Señor "Sed fecundos y multiplicaos y henchid la tierra" (Gén 1,28),

aún si pronunciada una sola vez, dio a la naturaleza humana el poder de perpetuarse sin término. Así esta palabra del Salvador ["haced esto en memoria mía"], una vez pronunciada basta y bastará para obrar sobre la mesa de todas las iglesias el cumplimiento del más perfecto de los sacrificios; y esto empezando por la última pascua de Jesucristo, en nuestros días y hasta su retorno. (*Homilía 1 contra los hebreos*, 6)

Finalmente, el Crisóstomo ha dedicado un tratado clásico al tema del sacerdocio ministerial, cuya grandeza consiste exactamente en esto: que los sacerdotes consagran la Eucaristía, solo ellos lo pueden hacer.

Porque el sacerdocio se ejercita en la tierra, pero tiene la clase de las cosas celestiales, y con razón; porque no ha sido algún hombre, ni ángel, ni arcángel, ni alguna otra potestad creada, sino el mismo Paráclito el que ha instituido este ministerio, y el que nos ha persuadido, a que, permaneciendo aun en la carne, concibiésemos en el ánimo el ministerio de los ángeles. De aquí resulta, que el sacerdote debe ser tan puro, como si estuviera en los mismos cielos entre aquellas potestades. [...]

Porque cuando tú ves al Señor sacrificado y humilde, y el sacerdote que está orando sobre la víctima, y a todos teñidos de aquella preciosa sangre; ¿por ventura crees hallarte aún en la tierra entre los hombres, y no penetras inmediatamente sobre los cielos, y apartado de tu alma todo pensamiento carnal, con un alma desnuda, y con un pensamiento puro no registrar las cosas que hay en el cielo? (*De Sacerdotio*, III, 4)

Porque si alguno considerase atentamente lo que en sí es, el que un hombre envuelto aún en la carne y en la sangre, pueda acercarse a aquella feliz e inmortal naturaleza; se vería bien entonces, cuán grande es el honor que ha hecho a los sacerdotes la gracia del Espíritu Santo. Por medio, pues, de éstos se ejercen estas cosas y otras también nada inferiores, y que tocan a nuestra dignidad y a nuestra salud. Los que habitan en la tierra, y hacen en ella su mansión, tienen el encargo de administrar las cosas celestiales y han recibido una potestad que no concedió Dios a los ángeles ni a los arcángeles; porque no fue a estos a quienes les dijo: «Lo que atareis sobre la tierra, quedará también atado en el cielo, y lo que desatareis, quedará desatado». [...]

Y aquél que no come la carne del Señor, y no bebe su sangre, es excluido de la vida eterna. Ni todas estas cosas se hacen por medio de algún otro, sólo por aquellas santas manos; quiero decir, por las del sacerdote, ¿Cómo, pues, podrá alguno, sin estos, escapar del fuego del infierno, o llegar al logro de las coronas que están reservadas? (*ibidem*, 5)

**D.** En esta fase de la patrística, como acabamos de ver, se subraya bien la relación entre Eucaristía y sacerdocio ministerial. Testigo de esto es también San Ambrosio (m. 397), quien —como el mismo Crisóstomo— propone una comparación entre la celebración de la Misa hecha por el sacerdote y el milagro del profeta Elías, que (cf. 1Reyes 18,37-38) obtuvo el fuego celeste para quemar la víctima sobre el altar.

> Este sacramento que recibes se realiza por la palabra de Cristo. Y, si la palabra de Elías tuvo tanto poder que hizo bajar fuego del cielo, ¿no tendrá poder la palabra de Cristo para cambiar la naturaleza de los elementos? Respecto a la creación de todas las cosas, leemos que él lo dijo, y existieron, él lo mandó, y surgieron. Por tanto, si la palabra de Cristo pudo hacer de la nada lo que no existía, ¿no podrá cambiar en algo distinto lo que ya existe? Mayor poder supone dar el ser a lo que no existe, que dar un nuevo ser a lo que ya existe.
>
> Mas, ¿para qué usamos de argumentos? Atengámonos a lo que aconteció en su propia persona, y los misterios de su Encarnación nos servirán de base para afirmar la verdad del misterio. Cuando el Señor Jesús nació de María ¿por ventura lo hizo según el orden natural? El orden natural de la generación consiste en la unión de la mujer con el varón. Es evidente, pues, que la concepción virginal de Cristo fue algo por encima del orden natural. Y lo que nosotros hacemos presente es aquel cuerpo nacido de una virgen. ¿Por qué buscar el orden natural en el cuerpo de Cristo, si el mismo Señor Jesús nació de una virgen, fuera de las leyes naturales? Era real la carne de Cristo que fue crucificada y sepultada; es, por tanto, real el sacramento de su carne.
>
> El mismo Señor afirma: Esto es mi cuerpo. Antes de las palabras de la bendición, otra es la realidad que se nombra; después de la consagración, es significado el cuerpo de Cristo. Lo mismo podemos decir de su sangre. Antes de la consagración, otro es el nombre que recibe; después de la consagración, es sangre. Y tú dices: «Amén», que equivale a decir: «Así es». Que nuestra mente reconozca como verdadero lo que dice nuestra boca, que nuestro interior asienta a lo que profesamos externamente. (*De Mysteriis*, 52-54)

**E.** En la parte final del pasaje de Ambrosio, se introduce esta idea: una es la realidad que se nombra, pero otro es el verdadero sentido de las especies consagradas. Es decir: las especies consagradas parecen pan y vino, pero son cuerpo y sangre de Cristo. Esta idea ha sido expresada por el gran discípulo de San Ambrosio, San Agustín (m. 430). Es el más grande de los Padres de la Iglesia y su influjo sobre la teología y, en general, sobre la comprensión y práctica de la fe, ha sido incalculable. El principio de Ambrosio queda expresado por Agustín con la frase latina *aliud videtur, aliud intelligitur* – en el Sacramento se ve una cosa, pero se entiende otra (cf. *Discurso 272*, 1). Este principio se aplica a todos los Sacramentos. San Agustín enfatizó mucho la relación Eucaristía-Iglesia, retomando el tema de la Patrística más antigua. La Eucaristía es el Sacramento de la unidad eclesial. Esto no implica que el Hiponate haya disminuido el realismo eucarístico. Probablemente el texto más famoso es el siguiente, en el cual se dice también que, si se reconoce la realidad de la presencia, habrá que comulgar con respeto y devoción:

> Porque Él [Cristo] tomó la tierra de la tierra: la carne es de la tierra, y Él recibió su carne de la carne de María. Y como anduvo por el mundo en esa misma carne, y nos la dio en alimento [sacramentalmente] para nuestra salvación, y nadie come esta carne sin antes adorarla, […]; es más, no sólo no pecamos adorándolo, sino que pecaríamos si no lo adoráramos [*nemo autem illam carnem manducat, nisi prius adoraverit*; (…) *peccemus non adorando*]. (*Enarrationes in Psalmos*, 98,9; este texto ha sido citado con énfasis por Benedicto XVI en *Sacramentum Caritatis*, 66)

Otro texto muy famoso:

> En efecto, si quitas la palabra, no hay más que pan y vino; pronuncias la palabra, y ya hay otra cosa. Y esa otra cosa, ¿qué es? El cuerpo y la sangre de Cristo. Elimina, pues, la palabra: no hay sino pan y vino; añade la palabra, y se hace realidad el sacramento. A esto respondéis: Amén. Decir Amén equivale a suscribirlo. Amén equivale, en nuestra lengua, a «es verdad». (*Sermón 229*, 3)

Agustín también habla varias veces de la Eucaristía como Sacrificio. En las *Confesiones*, por ejemplo, la llama «Sacrificio de nuestro rescate» (IX, 12,32).

## 3. Conclusión

Los Padres han sido totalmente fieles tanto a la Sagrada Escritura como a la Tradición recibida desde la época apostólica. Cuando hablaban sobre la Eucaristía o sobre algún otro tema, no tenían otra preocupación que la de presentar la fe de la Iglesia. Fueron grandes teólogos porque reflexionaron sobre la fe de la Iglesia, sin preocuparse por crear doctrinas o prácticas originales y nuevas. Ellos consideraban un honor estar muy estrechamente ligados a la Tradición de los apóstoles.

En los últimos cien años aproximadamente, se ha desarrollado la idea según la cual hubo una traición en el paso entre Kerigma (anuncio de los apóstoles) y Dogma (formulación doctrinal de la Iglesia). La fe originaria, predicada en la Biblia (en el Kerigma), de tipo existencial y personalista, habría sido cambiada por los Padres, y sobre todo por los Concilios, pasando a ser una fe ontológica y no histórica en el Dogma. Claramente cada cultura tiene sus rasgos y es verdad que, en la transición de una cultura a otra, cambian las categorías intelectuales y el lenguaje. Sin embargo, esta traducción que se hizo en la Iglesia antigua era necesaria para preservar la esencia de la fe bíblica. Una traducción puede ser una traición pero no toda traducción es una traición. Es cierto que los Padres utilizaron un lenguaje nuevo, tomado de las culturas griega y latina. Pero lo que dijeron corresponde a la Escritura y a la Tradición apostólica. El Dogma no es la creación de una nueva religión fundamentada en la filosofía griega más que en la Revelación; sino la preservación de la religión cristiana revelada. Es curioso notar que en nuestra época siempre se hable de inculturación, pero al mismo tiempo se rechace la inculturación providencial que hicieron los Padres en la antigüedad.

## Capítulo 7

## Transustanciación y Presencia Real / 1

En el camino que hasta ahora hemos recorrido en estas páginas, vemos que tanto en el Nuevo Testamento como en los Padres de la Iglesia, encontramos un marcado realismo eucarístico: la Eucaristía es realmente el cuerpo y la sangre de Cristo. Nosotros llamamos a este hecho "Presencia Real", para distinguirla de otras formas de presencia de Cristo. **i.** Hablamos de presencia física, que es aquella que está en el lugar en el que se encuentra el cuerpo biológico de Jesucristo, o sea en Palestina hace dos mil años y ahora a la derecha del Padre en el Cielo. No es esta la presencia eucarística, como veremos. **ii.** Otro tipo de presencia es la omnipresencia que Cristo posee en cuanto es Dios: tampoco esta es la forma de presencia sacramental porque, sino no habría diferencia alguna entre la Hostia consagrada y un monte o un árbol, ya que Dios se hace presente en toda su creación a través de su providente gobierno. **iii.** Un tercer tipo es la presencia de gracia de Cristo, cuando Cristo habita en el alma del hombre justificado: no es esta la presencia de la cual hablamos, porque la presencia de gracia no implica una conversión substancial de la creatura. **iv.** Además, está la presencia simbólica de Cristo, de la cual habla *Sacrosanctum Concilium* 7: Cristo está presente en las lecturas de la Palabra, en el sacerdote celebrante, en la asamblea litúrgica etc. Es evidente que tampoco esta es la presencia eucarística; y esto se ve en los distintos gestos que la misma Liturgia prescribe: ante el libro de la Palabra, el altar, o los ministros, se hace una inclinación; mientras que la genuflexión y estar de rodillas se reserva solo para el culto de la Eucaristía. **v.** Existe también una presencia moral, por la que Cristo se identifica con el pobre y el sufriente. Aquí también queda claro que no se puede poner esta presencia moral en el mismo plano que la realidad eucarística porque el pobre o el sufriente no se han transubstanciado en Cristo; **vi.** Finalmente, hay que mencionar la presencia eclesial, por la cual Cristo se identifica con su Iglesia; sin embargo, es claro que el cuerpo místico y el eucarístico son distintos.

Se nota entonces que hay muchas formas de presencia de Cristo y todas ellas son apreciables e importantes. Sin embargo, ninguna de tales formas (excluyendo aquí la presencia física, dado que Jesús ya no está físicamente en la tierra) llega a la perfección de la presencia eucarística. Por eso se llama presencia "real". Como explica San Pablo VI:

> Tal presencia [la eucarística] se llama *real*, no por exclusión, como si las otras no fueran *reales*, sino por antonomasia, porque es también corporal y *substancial*, pues por ella ciertamente se hace presente Cristo, Dios y hombre, entero e íntegro. Falsamente explicaría esta manera de presencia quien se imaginara una naturaleza, como dicen, «pneumática» y omnipresente, o la redujera a los límites de un simbolismo, como si este augustísimo sacramento no consistiera sino tan sólo en un signo eficaz *de la presencia espiritual de Cristo y de su íntima unión con los fieles del cuerpo místico*. Verdad es que acerca del simbolismo eucarístico, sobre todo con referencia a la unidad de la Iglesia, han tratado mucho los Padres y Doctores escolásticos. [...] Pero si el simbolismo eucarístico nos hace comprender bien el efecto propio de este Sacramento, que es la unidad del Cuerpo místico, no explica, sin embargo, ni expresa la naturaleza del sacramento por la cual éste se distingue de los demás. Porque la perpetua instrucción impartida por la Iglesia a los catecúmenos, el sentido del pueblo cristiano, la doctrina definida por el Concilio de Trento, y las mismas palabras de Cristo, al instituir la santísima Eucaristía, nos obligan a profesar que *la Eucaristía es la carne de nuestro Salvador Jesucristo, que padeció por nuestros pecados, y al que el Padre, por su bondad, ha resucitado*. (*Mysterium Fidei*, n. 5)

El Papa aquí explica muy bien algunos puntos de gran relevancia: **i.** Hay muchas presencias "reales" de Cristo; **ii.** sin embargo, no las llamamos "reales" para evitar confusión con la presencia eucarística, que es la más alta y más perfecta forma de presencia de Cristo en la tierra; **iii.** la razón de transcendencia de la presencia sacramental sobre las demás es de carácter ontológico: solo en la Eucaristía está la presencia sustancial de Cristo, o sea está la sustancia de su cuerpo, sangre, alma y divinidad. **iv.** Es verdad que la Iglesia habla también de una presencia simbólica de Cristo en la Eucaristía; es decir, que las oblatas (pan y vino) significan simbólicamente el cuerpo místico de Cristo, la Iglesia, como hemos visto en los Padres; pero, **v.** al dar relevancia a semejante simbolismo, tenemos que ordenarlo a lo que es superior: al realismo eucarístico, que además es la razón por la cual también el simbolismo tiene consistencia.

Aquí ya tenemos los dos grandes temas que queremos esbozar en seguida: la Transustanciación y la Presencia Real. Los Padres de la Iglesia no han utilizado el término Transustanciación, pero han enseñado la doctrina que contiene. Como hemos precedentemente notado, los Padres utilizan verbos griegos que significan "cambiar, transformar", etc; por lo tanto, sí afirman que hay un cambio, una transformación de la esencia del pan y del vino, que es el concepto transmitido por el término "Transustanciación", como veremos.

## 1.

El citado pasaje de Pablo VI se entiende mejor en su contexto histórico. La encíclica *Mysterium Fidei* fue publicada en 1965, cuando algunos teólogos ponían en duda la presencia real de Cristo en el Sacramento del altar. Unos ejemplos:

**A.** Franz J. Leenhardt dice que hay que acercarse a la comprensión del Sacramento no en clave ontológica sino bíblica. Afirma que en la Biblia las cosas tienen valor no por lo que son en su esencia, sino por lo que significan en la historia de la salvación. La substancia, opina, no hay que entenderla a nivel físico u ontológico, sino religiosamente. Así el pan y vino de la Misa hay que entenderlos como signos religiosos en el contexto histórico-salvífico lo que implica que se puede superar la pregunta sobre el cambio de sustancia en las especies. Ellas pueden quedarse como pan y vino pero, en el rito eucarístico, adquieren un lugar nuevo en la historia de Dios con los hombres. En su libro de 1955 *Ceci est mon corps*, Leenhardt escribe: «El pan sigue siendo pan: esto es cierto» (lo dice con relación a la composición química del pan de la Misa). No hay ninguna transformación de la pura materia del pan, anota. Y Cristo eligió este pan como signo de su presencia. Por eso los que tienen fe pueden ver una "transformación" de ese pan, pues el creyente ahora entiende ese pan de manera muy distinta que antes. Se puede de alguna forma justificar la postura de Leenhardt al recordar que es protestante. Los autores que citaremos en seguida en cambio, son católicos.

**B.** Jean De Baciocchi (según la interpretación de su pensamiento hecha por C. Journet) dice que la realidad no se define en sí misma sino en relación a Cristo. La conversión eucarística entonces no es ontológica. Ella implica solo que pan y vino en la Misa adquieren una nueva relación con Cristo que utiliza esos signos para manifestar su auto-donación a la Iglesia.

**C.** Bernhard Welte introduce el término "trans-significación" como reemplazo de Transustanciación. Junto con A. Vanneste y otros, Welte mantiene que la Eucaristía no es un hecho natural sino sobrenatural (lo que es correcto) y por lo tanto, no se puede explicar con la filosofía o la ciencia. El punto, según él, no es estudiar el cambio químico o de esencia, sino entender qué sentido tienen el pan y el vino desde la perspectiva de Dios. Por este motivo, propone que no se hable de Transustanciación, sino de trans-significación: el pan y el vino no cambian en esencia sino en el sentido que tienen para Dios y para nosotros. Welte propone un ejemplo: si tengo tres trozos de tela de colores distintos separados uno de otros significan solo tres trozos de tela; pero si los coso en un cierto orden, significan otra cosa: una bandera, o sea el símbolo de un país. Ontológicamente no hay cambio: es tela. Pero hay un cambio de sentido.

**D.** Piet Schoonenberg y Edward Schillebeeckx se distinguen por el término "trans-finalización", una propuesta parecida a la precedente. Además de aceptar el cambio de sentido (trans-significación), estos autores añaden que también hay un cambio de finalidad: en la Misa, pan y vino adquieren un nuevo fin en el plan de Dios. Precedentemente, pan y vino tenían el fin de satisfacer el hambre y la sed; en la Misa tienen el fin de manifestar la presencia de Cristo entre los hombres. Schoonenberg distingue entre presencia local y una persona. La primera es que hay un ente en un lugar, la segunda es una relación de personas. Afirma que la Iglesia condena la idea según la cual Cristo está en el Sacramento de forma local (esto es verdad, como diremos); entonces, solo puede haber una presencia relacional. Según él, no se debe hablar de cambio ontológico, sino solo de cambio de sentido y de fin: por la celebración de la Misa, el creyente puede relacionarse con Jesús a través de los signos eucarísticos.

**E.** Estas y otras propuestas de los años cincuenta y sesenta tienen unos puntos en común: **i.** Sensibilidad ecuménica: siguiendo una de las interpretaciones que se han propuesto sobre cómo se debe entender y vivir el "ecumenismo católico", estos autores tratan de encontrar una relectura del dogma católico que sea aceptable específicamente para los protestantes. **ii.** Rechazo de la filosofía clásica (ontología): en estas propuestas solo se acepta el uso de filosofías modernas y contemporáneas, como la fenomenológica, la existencial y la personalista. Por eso no corresponde con la verdad lo que estos autores dicen cuando afirman que la Eucaristía, siendo misterio de fe, no se puede estudiar haciendo recurso a la ciencia o a la filosofía. En efecto, ellos quieren decir que no se puede estudiar con la filosofía *clásica*. En pocas palabras, se rechaza la metafísica, particularmente aquella de los escolásticos. **iii.** Aunque dicen que la Eucaristía no se puede estudiar con la ciencia, estos autores de hecho consideran las especies de pan y vino bajo la comprensión química y biológica: por eso Leenhardt decía "el pan sigue siendo pan" (si se analiza químicamente luego de la consagración). Para estos autores, pan y vino no se entienden ontológicamente y por eso no aceptan la categoría de "accidente" que se adhiere (o, en el caso de la Eucaristía, no se adhiere) a su sustancia. **iv.** Por consiguiente, la comprensión de la presencia de Cristo es presentada como subjetiva: estos autores dicen que hay una "objetividad" (= pan y vino cambian de sentido o fin en el plan de Dios); pero en realidad se trata más bien de un planteamiento subjetivo: la presencia de Cristo es reconocida por el creyente. No es presencia "real" sino "personal". Esto nos hace recordar a Lutero que afirmaba que Cristo está en el Sacramento "por ti".

## 2.

Gracias a este breve *excursus*, se entiende bien porqué San Pablo VI quiso publicar la encíclica *Mysterium Fidei*. En la misma carta, el Papa —entre otras cosas— responde directamente a las tesis de la trans-significación y trans-finalización, recordando que es verdad que pan y vino en la Misa cambian de sentido y de finalidad, pero esto sucede solo y exclusivamente porque cambia su naturaleza, pues ya no son (en la objetividad de su esencia) pan y vino. En el n. 2 el Pontífice escribe:

> En efecto, no se puede [...] insistir tanto en la naturaleza del signo sacramental como si el simbolismo, que ciertamente todos admiten en la sagrada Eucaristía, expresase exhaustivamente el modo de la presencia de Cristo en este Sacramento; ni tampoco discutir sobre el misterio de la Transustanciación sin referirse a la admirable conversión de toda la sustancia del pan en el cuerpo de Cristo y de toda la sustancia del vino en su sangre, conversión de la que habla el Concilio de Trento, de modo que se limitan ellos tan sólo a lo que llaman *transignificación y transfinalización*.

Y en el n. 6 profundiza:

> Realizada la *Transustanciación*, las especies del pan y del vino adquieren sin duda un nuevo significado y un nuevo fin, puesto que ya no son el pan ordinario y la ordinaria bebida, sino el signo de una cosa sagrada, y signo de un alimento espiritual; pero ya por ello adquieren un nuevo significado y un nuevo fin, puesto que contienen una nueva *realidad* que con razón denominamos *ontológica*. Porque bajo dichas especies ya no existe lo que antes había, sino una cosa completamente diversa; y esto no tan sólo por el juicio de la fe de la Iglesia, sino por la realidad objetiva.

Tres años más tarde, al promulgar el *Credo del Pueblo de Dios* (una solemne declaración de fe hecha inmediatamente después del Vaticano II, para confirmar que el Concilio no ha cambiado la doctrina de la fe), San Pablo VI volvió otra vez sobre el tema. En el *Credo* se proclama:

> Cristo no puede estar así presente en este Sacramento más que por la conversión de la realidad misma del pan en su cuerpo y por la conversión de la realidad misma del vino en su sangre, quedando solamente inmutadas las propiedades del pan y del vino, percibidas por nuestros sentidos. Este cambio misterioso es llamado por la Iglesia, de una manera muy apropiada, "Transustanciación". *Toda explicación teológica que intente buscar alguna inteligencia de este misterio, para estar de acuerdo con la fe católica debe mantener que en la realidad misma, independientemente de nuestro espíritu, el pan y el vino han dejado de existir después de la consagración*, de suerte que el cuerpo y la sangre adorables de Cristo Jesús son los que están desde ese momento

realmente delante de nosotros bajo las especies sacramentales del pan y del vino, como el Señor ha querido para darse a nosotros en alimento y para asociarnos en la unidad de su cuerpo místico.

De esta forma el Papa confirma (como es obvio) el dogma definido por el Concilio de Trento, que estableció la Transustanciación como dogma de fe. El Tridentino propuso una distinción entre la doctrina y el término utilizado. La doctrina es dogma de fe, la Iglesia cree como revelado por Dios que pan y vino se transmutan sustancialmente en cuerpo y sangre de Jesucristo. Quien niega o duda esto es hereje. En cambio, la palabra utilizada para indicar esta transmutación (o sea el término Transustanciación) no es definida dogmáticamente, pero se dice que la Iglesia la utiliza *aptissime*, es decir "de manera muy adecuada". Como consecuencia de esta distinción ningún católico puede negar la doctrina, pero sí es posible, en principio, *utilizar otras palabras si son de igual valor o mejores* (si son peores, ¿para qué cambiar?). Pero varios han malentendido lo que dice Trento. Ellos entienden así: ya que el Concilio de Trento ha dicho que "Transustanciación" es muy adecuado (pero no obligatorio), entonces la Transustanciación no es doctrina obligatoria y podemos mantener otra opinión. ¡No es así! Se puede utilizar otra palabra (¡solo esto es posible!), pero no se puede tener otra fe. *La profesión de fe en la Transustanciación es obligatoria; siendo dogma de fe, es vinculante para todo católico.* Se puede afirmar la misma doctrina con otra palabra, si es que existe una mejor o si es necesario por razones pastorales, pero no se puede tener una doctrina distinta.

Al confirmar la Transustanciación, San Pablo VI confirma implícitamente la condena de la tesis luterana de la consustanciación. Para Lutero, pan y vino siguen siendo tales mientras que a ellos se añade la presencia de Cristo en el momento de la Comunión (*in usu*). Trento condenó esta herejía que contrasta con la Transustanciación y con la Presencia Real, presencia que la Iglesia cree no transitoria, sino permanente (*ante usum, in usu, post usum*). Por eso, en nuestra praxis pastoral, debemos cuidar bien nuestro lenguaje para evitar utilizar expresiones que son más luteranas que católicas (no se pretende con esto faltar el respeto a los hermanos separados luteranos; solo preservar la integridad de la fe católica). Hoy en día tanto en publicaciones teológicas y pastorales, como en la predicación y catequesis, ha penetrado un lenguaje que expresa mucho más la consustanciación que la Transustanciación. Se habla por ejemplo de "Cristo que viene en el pan y vino"; de "Cristo que se hace pan y vino"; del hecho que en la Misa recibimos "el pan y vino en los cuales está Cristo" y otras expresiones parecidas. En cambio, hay que hablar del pan y vino que se convierten en Cristo; hay que decir "las *apariencias* de pan y vino" y otras expresiones exactas como ésta. No hay que extraviar la fe de nuestro pueblo con palabras equivocadas o ambiguas

### 3.

En los textos de *Mysterium Fidei* que hemos citado arriba, hay otro elemento que San Pablo VI evidencia. Retomemos esas expresiones. En el primer texto (n. 5 de la Encíclica), hemos leído: «Falsamente explicaría esta manera de presencia quien se imaginara una naturaleza, como dicen, "pneumática" y omnipresente, o la redujera a los límites de un simbolismo, como si este augustísimo Sacramento no consistiera sino tan sólo en un signo eficaz *de la presencia espiritual de Cristo y de su íntima unión con los fieles del cuerpo místico*». En el segundo texto citado (n. 2) encontramos palabras muy similares: «En efecto, no se puede [...] insistir tanto en la naturaleza del signo sacramental como si el simbolismo, que ciertamente todos admiten en la sagrada Eucaristía, expresase exhaustivamente el modo de la presencia de Cristo en este Sacramento». Esta insistencia se explica considerando el contexto teológico de ese entonces. Veamos a qué se refiere.

Como se sabe, en el Novecientos teológico se dio el llamado *ressourcement* ("retorno a las fuentes") que ha producido un largo estudio de los Padres de la Iglesia. A nivel de teología eucarística, esto ha llevado a que se redescubrieran algunos aspectos de la reflexión patrística que ya hemos considerado. Los Padres —como vimos— pensaban en términos de tipología y simbología, sin negar —como también hemos contemplado— el realismo eucarístico. Los escolásticos se basaban mucho en los Padres, pero los integraban en su propio sistema. Por eso, ciertamente los escolásticos hablaban de la relación Eucaristía-Iglesia, pero no lo hacían en términos simbólicos (neoplatónicos), sino tratando de los efectos del

Sacramento (impostación aristotélica). Decían los escolásticos que uno de los efectos de la Eucaristía es preservar la unidad de la Iglesia. De esta forma, mantenían la enseñanza patrística, pero dejaban en el trasfondo las metáforas y símbolos que la caracteriza.

Con el *ressourcement*, los teólogos del siglo XX vuelven a leer directamente las fuentes patrísticas redescubriendo esta dimensión simbólica como por ejemplo, el simbolismo del único pan formado de muchos granos y del único vino formado de varias uvas. Este tema de la relación Eucaristía-Iglesia ha sido desarrollado también con fines ecuménicos, porque los hermanos separados ortodoxos tienen una eclesiología en clave eucarística. Uno de los más conocidos autores católicos del *ressourcement* es Henri de Lubac. Puede leerse su estudio *Corpus Mysticum* en el cual reconstruye la historia de la expresión "cuerpo de Cristo" que originariamente se refiere a la Iglesia, y a la cual luego, en la Edad Media, se le añade el adjetivo "místico", para distinguir el cuerpo eclesial del cuerpo eucarístico. Del mismo autor es muy conocida la frase contenida en *Meditation sur l'Eglise*, según la cual «la Iglesia hace la Eucaristía y la Eucaristía hace la Iglesia». Muchos otros han escrito sobre la eclesiología eucarística, incluso Ratzinger que tiene un libro sobre la Iglesia Comunión entendida a la luz de la Eucaristía (es una *miscellanea* de escritos recogidos bajo el título *Weggemeinschaft des Glaubens: Kirche als Communio*).

Se trata de grandes teólogos, que saben revalorar estos temas patrísticos sin negar el valor positivo del desarrollo que se ha hecho después de los Padres. Al retomar los Padres, de Lubac y Ratzinger (y muchos otros) no rechazan los escolásticos. Sin embargo, otros teólogos, de gran erudición pero de menor equilibrio, en una visión de oposición; contraponen los Padres y los escolásticos. Según ellos, el *ressourcement* es un retorno a las fuentes para anular la Edad Media y el Concilio de Trento.

Se podría proponer el ejemplo de un teólogo italiano contemporáneo, especialista en la Eucaristía, que en sus escritos desarrolla exhaustivamente la comprensión de la Eucaristía con relación a la Iglesia, pero luego manifiesta una dificultad en aceptar la expresión "Presencia Real". Este teólogo, cada vez que escribe "Presencia Real", le añade el adjetivo "dinámica". No es capaz de escribir simplemente "Presencia Real", porque le parece un concepto "estático". Según esta visión, compartida por otros teólogos, la Eucaristía es "para la Iglesia", o sea la Eucaristía está finalizada a construir la Iglesia y mantener su unidad. Esta afirmación es cierta en sí misma; sin embargo, en dichos autores trae como consecuencia que se focalicen solo en la celebración eucarística como acto ritual y no en la Presencia Real. Es la celebración la que edifica la Iglesia, no la adoración. La adoración –dicen– es algo "estático"; solo la celebración sería "dinámica".

Recientemente, se publicó en Italia un libro sobre la Eucaristía escrito por un autor muy joven en el que escribe que la única manera digna de adoración eucarística es considerarla como adoración "*in fieri*". Es decir, el único sentido que tendría la adoración sería de la de llevarnos a la sucesiva celebración litúrgica "dinámica". Esta tesis, que sostiene que "Presencia Real" es un concepto estático, ha sido presentada muchas veces en la segunda mitad del siglo XX. Benedicto XVI en respuesta ha enseñado que

> La Eucaristía nos adentra en el acto oblativo de Jesús. No recibimos solamente de modo pasivo [*immobiliter*] el *Logos* encarnado, sino que nos implicamos en la dinámica de su entrega. La imagen de las nupcias entre Dios e Israel se hace realidad de un modo antes inconcebible: lo que antes era estar frente a Dios, se transforma ahora en unión por la participación en la entrega de Jesús, en su cuerpo y su sangre. La «mística» del Sacramento, que se basa en el abajamiento de Dios hacia nosotros, tiene otra dimensión de gran alcance y que lleva mucho más alto de lo que cualquier elevación mística del hombre podría alcanzar. (*Deus Caritas est*, n. 13)

En efecto, es difícil entender que se pueda hablar de la Presencia Real como de un concepto "estático". La Transustanciación es una conversión sustancial: no hay nada más dinámico que eso. Y la Presencia Real es presencia del Cristo vivo que nos acoge y nos ama en una relación personal: ¿acaso se puede considerar todo esto estático? Tanto desde la perspectiva ontológica como la personalista, hablar de "Presencia Real" como de un concepto estático, no tiene sentido. Hablando de la Transustanciación como acto sumamente dinámico, nuevamente Benedicto XVI escribe:

La conversión sustancial del pan y del vino en su cuerpo y en su sangre introduce en la creación el principio de un cambio radical, como una forma de «fisión nuclear», por usar una imagen bien conocida hoy por nosotros, que se produce en lo más íntimo del ser; un cambio destinado a suscitar un proceso de transformación de la realidad, cuyo término último será la transfiguración del mundo entero, el momento en que Dios será todo para todos (cf. *1 Cor* 15,28). (*Sacramentum Caritatis*, n. 11)

El Señor Jesús, que por nosotros se ha hecho alimento de verdad y de amor, hablando del don de su vida nos asegura que «quien coma de este pan vivirá para siempre» (*Jn* 6,51). Pero esta «vida eterna» se inicia en nosotros ya en este tiempo por el cambio que el don eucarístico realiza en nosotros: «El que me come vivirá por mí» (*Jn* 6,57). Estas palabras de Jesús nos permiten comprender cómo el misterio «creído» y «celebrado» contiene en sí un dinamismo que lo convierte en principio de vida nueva en nosotros y forma de la existencia cristiana. (*ibidem*, n. 70; cf. n. 85).

## 4.

Estas posturas teológicas (particularmente la que considera la Presencia Real algo "estático") se basan –probablemente contra sus intenciones– en la llamada "teología de los misterios" del benedictino alemán Odo Casel (m. 1948). Casel escribió durante la primera mitad del siglo XX y sus estudios han tenido un influjo muy grande tanto sobre teólogos como liturgistas. Casel compara el culto cristiano con los cultos paganos de la antigüedad. Dice que lo que hay en común entre estos cultos son los elementos del misterio y del memorial. Curiosamente, Casel opinaba que el concepto de memorial no existe en el Antiguo Testamento; por lo tanto, para entender la naturaleza del culto cristiano se le debe comparar con el paganismo. Los autores que posteriormente se inspiraron en Casel (por ej. Louis Bouyer) corrigieron a su maestro en este aspecto, diciendo que el concepto de memorial sí está en el Antiguo Testamento y que por eso se debe estudiar la Misa en continuidad con él, más que comparándola con los cultos paganos.

Casel afirma que la Liturgia cristiana se entiende como memorial (memoria actualizadora) de los eventos de la vida terrenal de Cristo. La Eucaristía es el memorial de la Pasión, Muerte y Resurrección de

Jesucristo. De forma misteriosa, cuando se celebra la Eucaristía, el Triduo Pascual de Cristo, entendido como acontecimiento histórico, se repite o se representa. Hay aspectos positivos en esta visión: **i.** Se enfatiza el cristocentrismo de la Liturgia. **ii.** Se evidencia mejor el aspecto del Cristo resucitado, que también tiene importancia en la Misa, junto con el del Cristo Víctima. **iii.** Se recupera una visión más histórico-salvífica.

Sin embargo, la teología de Casel también presenta problemas: **i.** El más relevante fue puesto a la luz por el teólogo y liturgista italiano Cipriano Vagaggini, en el libro *El sentido teológico de la liturgia.* Vagaggini notó que, siguiendo a Casel, uno termina atribuyendo a los acontecimientos históricos de la vida de Cristo un valor esencial, como si fuesen entes con una subsistencia propia, más que elementos históricos pasados, y por eso no se pueden repetir. El sistema de Casel se propone indirectamente sustituir la teología ontológica de Santo Tomás, aplicando a los acontecimientos históricos de la vida de Cristo los mismos razonamientos que el Aquinate aplicó a las sustancias de cuerpo y sangre de Cristo que están bajo las especies consagradas. Para Casel, bajo las especies sí viene Cristo (Casel no niega la Presencia Real) pero viene en/con su Triduo Pascual. **ii.** Casel pretende concentrarse en la Persona de Cristo, pero en realidad se concentra sobre los acontecimientos históricos de la vida de Cristo más que en la Persona misma. Santo Tomás enseñó que Cristo viene en Persona en la Eucaristía en la forma de *Christus passus*, el "Cristo que padeció" (en el pasado). Casel parece decir que Jesucristo viene como *Christus patiens*, "Cristo que padece" (en el presente), precisamente por el énfasis que este liturgista quiere dar a la representación en la Misa de los eventos histórico-salvíficos de la vida de Cristo, más que a la Persona que vivió esos eventos.

La impostación de Casel ofrece una visión más dinámica de la celebración, entendida como evento vivo del Triduo Pascual, pero se pierde de vista la Presencia Real ontológica. Además, los discípulos de Casel han ulteriormente polarizado la "teología de los misterios". Una de estas polarizaciones es la siguiente: Casel quiso volver a equilibrar el misterio del Cristo sufriente con el del Cristo resucitado. Sin embargo, muchos hablan hoy casi exclusivamente del Cristo glorioso y resucitado con el Cual nos encontramos en la Misa, y esconden completamente la dimensión sacrificial del Cristo Víctima.

Este breve recorrido nos ayuda en entender que hoy, al retomar el tema patrístico de la relación Eucaristía-Iglesia, se va mucho más allá de las intenciones de los Padres. La Misa a menudo se entiende como encuentro de la comunidad eclesial consigo misma y con Cristo resucitado, en el gozo y la alegría de una celebración festiva. Estos son aspectos verdaderos, pero no son los únicos ni lo más característico de la Liturgia Eucarística. Por eso Pablo VI recordó que no basta con retomar la simbología (patrística) del pan y vino, sino que en la comprensión (y celebración) de la Misa se debe considerar el cambio ontológico de la sustancia de pan y vino así como entener la celebración como memorial que reactualiza el Triduo Pascual como evento. Se debe también mantener la centralidad de la Persona de Cristo, que en la Misa viene como Víctima, como Aquel que padeció para los pecadores.

## Capítulo 8

## Transustanciación y Presencia Real / 2

De todo lo que hasta ahora hemos desarrollado, se entiende que es importante recuperar el estudio de los Padres así como la sensibilidad histórico-salvífica en teología. Sin embargo, no se trata de oponer el Kerigma al Dogma, la Biblia a la ontología, los Padres a los escolásticos. Los escolásticos siempre han valorado el aporte de los Padres, siguiendo su camino como llevados de la mano por ellos. No tenemos que rechazar la gran contribución de los escolásticos, sino acoger sus frutos y seguir adelante en el camino de la teología, considerando las nuevas cuestiones en continuidad con las antiguas y en armonía con el desarrollo teológico-doctrinal, que no procede por dialéctica, sino de continuas profundizaciones en la fe y la vida de la Iglesia.

Con este espíritu positivo, vamos ahora a considerar en qué forma los escolásticos han profundizado las enseñanzas patrísticas sobre la conversión de las especies en la Misa. Ya hemos mencionado que muchos reflexionaron sobre este punto; sin embargo, la teología más sólida y coherente la propone Santo Tomás de Aquino. Por eso vamos a recorrer muy brevemente los rasgos fundamentales de su teología de la Transustanciación. Antes de hacerlo, habrá que recordar el origen de este término.

Evidentemente, el término (¡la palabra, no la doctrina!) no se encuentra ni en la Biblia ni en los Padres. El término fue creado por los teólogos medievales, utilizando la filosofía de Aristóteles. El origen se remonta al siglo XII: probablemente el primer teólogo que lo utilizó fue Rolando Bandinelli, que luego será Papa con el nombre de Alejandro III (m. 1181). La palabra Transustanciación se difundió muy rápidamente, pues los teólogos vieron que era muy adecuada para expresar en forma ontológica y precisa lo que enseñaban los Padres respecto a la conversión eucarística. Pocos años más tarde, el término entra en el lenguaje magisterial, nada menos que en un concilio ecuménico. El Lateranense IV (año 1215) afirma que en la Misa pan y vino quedan transustanciados. La Iglesia enseña claramente que la conversión eucarística no acontece de manera puramente simbólica; tampoco es verdad que −como dirá Lutero más tarde− Cristo se añade al pan y vino que permanecerían en sus sustancias. Pan y vino, dice la Iglesia, en la consagración de la Misa se convierten ontológicamente en otra cosa, ya no son pan y vino. Parecen tales, pero no lo son. Sus sustancias se convierten en otras sustancias. De esta forma, la Iglesia confirmaba la condena, ya precedentemente hecha, del simbolismo de Berengario de Tours (m. 1088). Berengario negaba la presencia ontológica de Cristo por ser totalmente fiel a la filosofía aristotélica. Berengario recordaba que, según Aristóteles, los "accidentes" (o sea las apariencias y cualidades que caracterizan un ente) solo pueden estar presentes si está también su esencia propia. Es decir, si parece pan, huele como pan y tiene sabor de pan; en breve, si están los accidentes de pan, debe ser pan. Dado que seguimos percibiendo todas estas características tanto antes como después de la consagración, según Berengario no puede haber sucedido una conversión sustancial y por eso, a pesar de la consagración eucarística, el pan sigue siendo tal.

Uno de los muchos motivos por los cuales Santo Tomás es tan grande, es que contesta a Berengario utilizando la misma arma que él utiliza, es decir, la filosofía aristotélica. Santo Tomás, sin embargo, utiliza la filosofía como verdadero teólogo, y no de manera incorrecta. En efecto, muchas veces en la historia de la Iglesia los teólogos caen en errores por un uso metodológicamente errado de un sistema filosófico. La filosofía es de fundamental importancia ya sea como ciencia humana, como cuando se utiliza en teología. Pero el teólogo debe poner la filosofía al servicio de la fe, no viceversa. En el caso que estamos tratando, el aristotelismo es muy útil, y es mejor que el neoplatonismo de los Padres para entender el dogma eucarístico. Pero no se puede reducir lo sobrenatural para que entre de todas maneras en la "caja" de la reflexión filosófica, que de por sí se desarrolla estudiando objetos naturales. La lógica y la metafísica ayudan mucho, pero el contenido de la fe es superior al pensamiento humano. Es necesario utilizar las categorías de la buena filosofía para acrecentar, en cuanto sea posible, la inteligencia del misterio (= teología como *scientia fidei*); pero no hay que reducir el misterio sobrenatural a los límites de la razón natural.

Como Aristóteles bien anota, cuando en el mundo natural se encuentran accidentes de una cierta naturaleza, debe haber allí un "supósito" (= ente concreto) de esa naturaleza. Berengario trata de reducir el misterio eucarístico dentro de esta "caja" filosófica. Santo Tomás, en cambio, utiliza la ontología aristotélica para entender muchos aspectos de la Eucaristía; sin embargo, el Aquinate anota que la Transustanciación no es un proceso natural sino un acontecimiento sobrenatural, obrado directamente por Dios y que no cae bajo las leyes naturales que regulan la creación. Por eso, en el caso de la Transustanciación, es posible que los accidentes de pan y vino permanezcan, mientras que la sustancia de pan y vino se haya convertido en otra.

## 1.

Santo Tomás explica primero que Cristo está contenido en el Sacramento no solo simbólicamente sino *secundum veritatem* (de verdad). La presencia de Cristo no se percibe con los sentidos externos sino con la fe. Hay que precisar algo aquí: los teólogos del siglo XX que hemos mencionado anteriormente decían algo parecido: en el signo eucarístico no se ve a Cristo, entonces solamente los ojos del creyente (la "visión" dada por la fe) pueden reconocer a Cristo en la Eucaristía. Esto es cierto, porque la Eucaristía es misterio sobrenatural y los misterios sobrenaturales superan la capacidad de los sentidos del cuerpo que Dios nos dio para percibir las cosas naturales. La vista, el oído, el tacto etc., solo pueden percibir los accidentes externos de un ente, no su esencia. La diferencia, sin embargo, entre Santo Tomás y esos teólogos recientes no está en evidenciar el rol de la fe para reconocer a Cristo en la Hostia y en el Cáliz, sino en otro aspecto. Los teólogos recientes hablan en términos de una experiencia del sujeto creyente, mientras que el Angélico habla de una conversión ontológica. Según Santo Tomás, la fe sabe ver lo que objetivamente está bajo las especies consagradas, es decir: el cuerpo, la sangre, el alma y la divinidad de Jesucristo. La Hostia consagrada objetivamente contiene a Cristo, aún si es que ningún creyente reconociera la Presencia Real y la adorase. Por ejemplo, si se pierde una Hostia y se queda en un lugar desierto, en esa Hostia sigue estando objetivamente y ontológicamente Cristo. Es obvio que semejante presencia produce sus frutos en el hombre solo a través de la fe que acepta la gracia ofrecida (o sea, si se comulga, al menos espiritualmente, con fruto). Pero al faltar la fe que reconozca la presencia, igual está la presencia de Cristo, de verdad, ontológicamente.

**2.**

Con la consagración de la Misa, dice Santo Tomás, las apariencias (o accidentes) de pan y vino se quedan, y por eso las vemos, tocamos y gustamos, pero la sustancia cambia. Aquí el Aquinate profundiza el tema, notando que hay dos maneras en las cuales una cosa se hace presente donde antes no estaba: con un movimiento local (cambio de un lugar a otro), o con la transformación de algo en esa cosa. Santo Tomás explica que en la Eucaristía Cristo no está presente de manera local, como los cuerpos materiales que siempre ocupan un espacio delimitado. Esta postura ha sido confirmada tanto por el Concilio de Trento como por San Pablo VI en *Mysterium Fidei*. Cristo está verdaderamente presente bajo las especies consagradas, pero no está presente en ellas de manera local. Cuando Cristo vivió sobre la tierra, siempre se movía de un sitio a otro, caminaba, cambiaba de lugar. En un momento se encontraba en Judea y en otro en Galilea; en la mañana estaba en la casa y en la tarde en el templo. Su cuerpo humano, como todos, ocupa un espacio delimitado, entonces el cuerpo, considerado así, solo puede estar en un lugar y no en muchos al mismo tiempo. Cristo, en determinado momento, estaba en la casa o estaba en el templo. Y ahora ¿dónde está Cristo? Santo Tomás dice que, desde la Ascensión, Cristo está a la derecha del Padre y allí *quietum residet*, se queda tranquilo, sin moverse. El cuerpo de Cristo glorificado no cambia de lugar. Por lo tanto, en la Transustanciación no hay un movimiento local: no se explica diciendo que Cristo deja el Cielo y viene físicamente a la tierra. La presencia es real pero no local. Si fuese local, Cristo solo podría estar en un lugar y no en muchos. ¿Cómo se explicaría que está presente en miles y miles de tabernáculos en todo el mundo? Esto es posible precisamente porque su presencia no es la del cuerpo que ocupa solo un lugar a la vez (cf. *Summa Theologiae* III, 75,2).

Descartada la hipótesis de un movimiento (o mutación) local, solo queda la otra: Cristo se hace presente bajo las especies porque éstas se convierten en Él. Importante: *la Transustanciación no se explica diciendo "Cristo que viene en el pan y vino" (además porque, si es Cristo, ya no es pan y vino); sino que se explica afirmando "pan y vino que se convierten en Cristo".* Por eso, lo que no sucede con la Transustanciación es que Cristo deje su lugar en el Cielo para venir a morar físicamente en la tierra. Esto no implica que, a nivel pastoral, esté prohibido decir: "Cristo viene sobre nuestro altar", "Cristo viene a morar dentro nuestro tabernáculo" etc. Pero habrá que explicar el sentido de estas afirmaciones según el recto concepto de Transustanciación.

### 3.

Santo Tomás retoma a los Padres, pero presenta de manera más convincente, la razón principal por la cual nosotros creemos en algo que parece imposible (y, a nivel natural, lo es): es decir, que pan y vino se cambien en Cristo. El Angélico dice: estamos seguros de esto porque el Señor lo ha dicho muy claramente en el cenáculo. Como hemos enfatizado una y otra vez, la Eucaristía es misterio sobrenatural; si no es revelado, no lo podemos conocer. Cristo reveló la Transustanciación cuando, teniendo en sus manos pan y vino dijo "esto es mi cuerpo… esta es mi sangre". El Angélico anota que Cristo no dijo "*aquí está* mi cuerpo" sino "*esto es* mi cuerpo". Esto significa que ese ente que Cristo tenía en sus manos no era pan, sino que era su cuerpo. De esta forma, trescientos años antes de Lutero, Santo Tomás ya contesta la teoría luterana de la consustanciación. Si fuese verdad que el pan se queda pan y que la presencia de Cristo se une a la del pan (o sea, que la sustancia del cuerpo de Cristo estuviese presente juntamente con la sustancia del pan –lo que afirma la teoría de la consustanciación o "empanación"), Cristo habría dicho "aquí está mi cuerpo", o "dentro de este pan está mi cuerpo". Pero al decir "esto es mi cuerpo", Cristo identifica totalmente ese ente con su cuerpo. Por lo tanto, no es pan, aún si parece tal.

Cuando tratamos el Nuevo Testamento, decíamos que, para los relatos evangélicos de la última cena, el pan y el vino existían antes de las palabras de consagración: Cristo tomó el pan y el cáliz del vino. Antes de la consagración, Cristo tuvo en sus manos un trozo de pan ("tomó pan") y un cáliz con vino ("tomó una copa"). Sin embargo en el momento en que pronuncia las palabras, pan y vino ya no existen;

solo se habla de cuerpo y sangre. Cristo no dice: "este pan es mi cuerpo", o "en este pan está mi cuerpo". Tampoco dice "esto es el símbolo de mi cuerpo". Dice en cambio: "este es mi cuerpo". Nótese, entonces, que en vez de decir: "Cristo está presente bajo el pan y vino", habrá en cambio que decir: "bajo las apariencias de pan y vino", porque no son pan y vino. No hay que confundir a los fieles con un lenguaje inexacto, aún si en nuestra mente estuviese la doctrina correcta. Si tenemos la doctrina correcta, no hay razón para utilizar un lenguaje incorrecto o ambiguo.

El Concilio de Trento definió la Transustanciación como dogma de fe (cf. DS 1652). Hay que decirlo claramente: quien niega la Transustanciación, o duda de ella, peca de herejía. Hoy existen varios teólogos que niegan la Transustanciación. No lo hacen de manera directa sino indirecta, pero igualmente dañina para la fe. Por ejemplo, hace un par de años, un profesor, que dicta el curso sobre la Eucaristía y es también formador en un seminario en el Norte de Italia, escribió un artículo –como él mismo declaró en el texto– "no para contraponerse a la doctrina de la Transustanciación definida por el Concilio de Trento, sino para ir *más allá* de ella". Diciendo "no voy a contraponerme", ese profesor cree que puede evitar ser acusado de herejía, lo que no es cierto. Porque si un teólogo ofrece una explicación que contrasta con el dogma, aún sin proponer una negación explícita y directa del dogma, ya es –al menos materialmente– hereje. Y nótese bien que es suficiente solo dudar de una doctrina definida para ser considerado hereje: *Dubii in fide sunt haeretici, quia sunt infideles* ("Los que dudan de la fe son herejes, por ser infieles": Gregorio IX, *Decretales*, V, 7, 1).

Ese profesor del cual hablamos, para explicar la Presencia Real, proponía una reflexión de este tipo: si estoy enamorado de una muchacha y tomo el autobús para ir a encontrarla, guardaré el boleto del autobús por amor a ella porque ese boleto en el futuro me recordará el viaje que hice, ya que ese viaje me llevó donde estaba. Ese pequeño trozo de papel ya no significará para mí un recibo o boleto de viaje, sino será el símbolo del amor que me une a mi novia. Y concluye tal profesor: así es la Eucaristía; un pequeño trozo de pan (!) que ya tiene para mí otro sentido, es signo del amor que me une a Cristo. Es claro que esta es una "explicación" completamente subjetiva del signo eucarístico. No se dice una palabra acerca de un cambio ontológico del pan y del vino; por eso semejante explicación es incompatible con el dogma definido de la Transustanciación. Lo que apena aún más, es que este autor enseña en un seminario, donde también es formador. Es lícito preguntar de que nivel será la fe eucarística de los futuros sacerdotes de esa diócesis, dado que en los años de formación han recibido semejante escuela.

### 4.

Siguiendo su meditación sobre las palabras de Cristo, Santo Tomás añade que la Transustanciación no es un proceso progresivo sino inmediato. Cristo en efecto no dice: "esto se convierte/se está convirtiendo en mi cuerpo", sino "esto *es* mi cuerpo". Lo que implica que, en el momento mismo en el cual lo dice, acontece el cambio ontológico. Aquí el Angélico recuerda que es propio de la omnipotencia divina obrar inmediatamente todo lo que quiere. Leemos por ejemplo en el Génesis: «Dijo Dios: "Haya luz", y hubo luz» (Gen 1,3). Dios dice y las cosas suceden de inmediato. Así Cristo, que es Dios omnipotente además de verdadero hombre, dice: "Esto *es* mi cuerpo"; por lo tanto, eso es su cuerpo en el momento mismo que lo dice. La transformación es inmediata, apenas se pronuncien las palabras. Esta es una característica propia de la Palabra de Dios, característica que Benedicto XVI llama "performativa". No es una palabra solo "informativa" que comunica un contenido; sino es "performativa" porque realiza infaliblemente lo que dice:

> En la relación entre Palabra y gesto sacramental se muestra en forma litúrgica el actuar propio de Dios en la historia a través del *carácter performativo* de la Palabra misma. En efecto, en la historia de la salvación no hay separación entre lo que Dios *dice* y lo que *hace*; su Palabra misma se manifiesta como viva y eficaz (cf. *Hb* 4,12), como indica, por lo demás, el sentido mismo de la expresión hebrea *dabar*. Igualmente, en la acción litúrgica estamos ante su Palabra que realiza lo que dice. (*Verbum Domini*, n. 53)

Santo Tomás enseña que, cuando el sacerdote dice las palabras *in Persona Christi*, inmediatamente el pan se convierte en el cuerpo y el vino en la sangre del Señor Jesús. Las palabras esenciales son: "esto es mi cuerpo" y "este es el cáliz de mi sangre" (por falta de espacio, no podemos ofrecer aquí algunas precisiones sobre la postura exacta del Angélico respecto a las palabras sobre el cáliz). Cuando el sacerdote pronuncia la última sílaba da cada frase esencial de la consagración, de inmediato acontece la Transustanciación. Es necesario decir todas las palabras, hasta la última sílaba, porque antes de ella el sentido de la frase no está cumplido. En cambio cuando se pronuncia la última sílaba, el sentido es completo y no hay duda sobre lo que se quiere decir (y hacer). La conversión sustancial del pan acontece inmediatamente: para decirlo así, el pan "no espera", para transustanciarse, que se diga la frase sobre el cáliz. La Iglesia muestra esto mandando al sacerdote a hacer genuflexión a la Hostia consagrada antes de empezar la consagración del Cáliz (que también recibe luego su genuflexión). La genuflexión es signo de adoración, de *latría*. No se puede dar culto de *latría* sino a Dios. Por eso, al mandar la genuflexión, la Iglesia indica al sacerdote que adore la Hostia antes que consagre el vino. La Iglesia no podría mandar esto, si el pan esperara al vino para transustanciarse. En ese caso, el pan sería todavía una creatura y no se ofrece *latría* a una creatura.

Que la palabra de Cristo pronunciada por el ministro sea tan eficaz ya lo hemos dicho con San Agustín:

> En efecto, si quitas la palabra, no hay más que pan y vino; pronuncias la palabra, y ya hay otra cosa. Y esa otra cosa, ¿qué es? El cuerpo y la sangre de Cristo. Elimina, pues, la palabra: no hay sino pan y vino; añade la palabra, y se hace realidad el sacramento. (*Sermón 229*, 3)

### 5.

Es doctrina cierta e irreformable de la Iglesia que no hay Eucaristía si no se pronuncian las palabras de la consagración. Existen hoy teólogos y liturgistas que sostienen que las palabras mismas no tienen en sí la virtud de consagrar y que pan y vino se consagran mediante la entera Plegaria Eucarística, sin necesidad de determinar un momento preciso en el cual se produce el Sacramento. Hay varias observaciones que hacer al respecto:

**A.** Puede haber en algunos de estos autores una buena intención a nivel ecuménico: dado que los ortodoxos enfatizan mucho la epíclesis, disminuir la importancia de las palabras consagratorias permitiría dar más atención al conjunto de la Plegaria Eucarística y por lo tanto a la epíclesis, que es parte de ella. Sin embargo, para darle adecuada atención a la epíclesis, no es necesario negar la virtud consagratoria de las palabras. Tampoco se puede, como lo hizo no mucho tiempo atrás el autor de un artículo de la revista *La Civiltà Cattolica*, proponer que para la validez de la celebración se necesitan ambas la epíclesis y las palabras de la consagración. Obviamente no estamos a favor de evitar la epíclesis o de menospreciar la Plegaria Eucarística en su conjunto. Pero si se habla de los criterios de validez, una celebración sin epíclesis sería válida si se pronuncian las palabras de la consagración, mientras una celebración con epíclesis y sin las palabras no lo sería.

**B.** Aquí es necesario mencionar un caso controvertido del año 2001. El Pontificio Consejo para la Promoción de la Unidad de los Cristianos publicó un documento en el cual se declaraba válida la celebración hecha utilizando la antigua Plegaria Eucarística (o Anáfora) de Addai y Mari. La versión que tenemos de esta Anáfora no contiene las palabras de consagración. Al parecer, sería válido celebrar la Misa sin decir las palabras de Cristo sobre el pan y el cáliz. Evidentemente los teólogos y liturgistas que sostienen esta tesis se alegraron cuando apareció tal documento, y seguramente algunos de ellos contribuyeron en su redacción. Pero hay que notar algunas cosas: **i.** Dicho Pontificio Consejo no tiene autoridad ni competencia sobre materia dogmática y litúrgica, por lo tanto, lo que se dice sobre esta materia no representa la posición de la Santa Sede al respecto. Sobre esta materia son competentes la Congregación para la Doctrina de la Fe y la del Culto Divino. **ii.** El documento es de carácter ecuménico, por lo tanto, su intención era ir al encuentro de aquellas Iglesias separadas que utilizan la Anáfora de Addai y Mari (la cual, sea como sea, no se utiliza nunca en la Iglesia Latina). **iii.** El mismo documento afirma, de forma indirecta, que las palabras siguen siendo necesarias, porque afirma que tal Anáfora consagra válidamente porque las palabras del Señor, aún si no se encuentran de forma explícita, se encuentran esparcidas a lo largo de la Plegaria Eucarística. Esta postura no corresponde a lo que enseña la Iglesia al respecto, sin embargo, es una señal de que de alguna forma (insuficiente) el documento también afirma que las palabras deben estar presentes, de un modo u otro. **iv.** Hay liturgistas serios que desarrollan la hipótesis de que las palabras no están escritas pero los sacerdotes sí las pronunciaban al celebrar con la Anáfora de Addai y Mari. La razón para no escribirlas sería la *disciplina arcani* (= la Iglesia antigua trataba de tener muy reservado todo lo que era más sagrado y de difícil comprensión para los no cristianos). Esta opinión mantiene que, aún si no estaban escritas en la Anáfora, los sacerdotes pronunciaban las palabras consagratorias durante la celebración.

**C.** Todas estas razones nos indican que, más allá de cualquier uso que dogmáticos y liturgistas hagan de ese documento, la doctrina de la Iglesia sobre la necesidad de pronunciar las palabras de Cristo en la Misa no ha cambiado. No ha cambiado y no puede cambiar. No sorprende que los teólogos y liturgistas que tiene un parecer diferente, cuando celebran la Misa, no hagan genuflexión a la Hostia y al Cáliz al momento de la consagración (que ellos ya no llaman así, sino "relato de la institución"). Algunos de ellos realizan la genuflexión solo después de la doxología, porque –según dicen– la Plegaria Eucarística ya terminó y ahora ciertamente Cristo está presente bajo las especies. Esto implica que dudan o hasta niegan que Cristo esté ya presente cuando pronuncian las palabras de la consagración. En el fondo de esta postura hay nuevamente un rechazo de la metafísica y de la objetividad. Se tiene miedo a decir: "en este momento se da la Transustanciación y, por eso, desde este momento preciso está el Señor presente en el Sacramento". Pero la Iglesia sigue enseñando que la Transustanciación acontece precisamente cuando el sacerdote dice las palabras de Cristo sobre pan y vino. Y la Iglesia sigue mandando que el celebrante haga genuflexión, que adore a Cristo presente en ese momento. Quien hace algo distinto comete un abuso litúrgico y, en ciertos casos, lo hace porque, sobre este punto, no comparte la fe de la Iglesia y antepone a ella sus ideas personales.

*Excursus*: permítase ahora un pequeño recorrido sobre un tema que no es eucarístico, pero es importante y actual. Al hacer algunas precisiones sobre el documento del Pontificio Consejo para la Unidad de los Cristianos, podría parecer que no aceptamos las enseñanzas del Magisterio, o que, según nuestro parecer, aceptamos algunas y rechazamos otras. Como la cuestión es importante no solo para la teología sino también para la pastoral, es bueno hacer una breve referencia al tema.

Un teólogo católico digno de este título considera motivo de honor estudiar y conocer bien los textos del Magisterio, a los cuales ofrece su respeto filial como cualquier otro creyente. El teólogo no está encima de la Iglesia, sino que sirve a la Iglesia como miembro e hijo suyo, a través de su trabajo específico de desarrollar la *scientia Fidei* (ciencia de la fe). Es por eso que el teólogo necesita tener una actitud positiva hacia el Magisterio. La rebeldía no es una postura aceptable del teólogo católico.

Tampoco habrá que observar una escucha del Magisterio totalmente acrítica. Los textos magisteriales tienen una historia, un contexto que hay que conocer para entenderlos bien. También tienen una finalidad particular que igualmente habrá que considerar. Además, no todos los documentos magisteriales tienen el mismo valor. Hay unos muy solemnes en los cuales se define la doctrina, hay otros de nivel intermedio; y finalmente, hay algunos de nivel bajo. Todo esto es intencionalmente, es decir, por voluntad del Magisterio mismo. El Magisterio no quiere empeñar toda su autoridad en cada caso. Muchas veces el Magisterio toma una postura prudencial y no requiere de los fieles una obediencia absoluta. Por lo tanto, evaluar bien los documentos magisteriales es signo de fidelidad al Magisterio mismo, que ofrece sus enseñanzas utilizando una gradación de certeza y autoridad.

La "*Nota Explicativa Praevia*" de *Lumen Gentium* recuerda que los textos del Magisterio hay que interpretarlos utilizando la hermenéutica adecuada que los teólogos bien conocen, para distinguir lo que es definitivo, y que por lo tanto debe ser aceptado, y lo que es provisional o al menos perfectible.

Por ejemplo, antes del Concilio, el Santo Oficio emanó un decreto con el cual se declaraba que los fenómenos místicos atribuidos a la religiosa polaca Faustina Kowalska no eran de origen sobrenatural. Como sabemos, ese era un pronunciamiento provisional y no definitivo, pues años después Santa Faustina fue canonizada. Lo mismo pasó con el sacerdote Antonio Rosmini: unas tesis suyas fueron declaradas sospechosas y ahora Rosmini es un beato de la Iglesia y ha sido mencionado en la encíclica *Fides et Ratio* de San Juan Pablo II.

Esto no quiere decir que cada vez que leemos un documento magisterial tenemos que pensar: "algún día esto va a cambiar". No es así. Hay cosas que podrán cambiar y otras que nunca cambiarán. Se necesita saber evaluar los documentos, porque si no se cae en el minimalismo o en el maximalismo magisterial: todo o nada. Hay muchos católicos, incluso dentro del clero, que han caído en uno de estos dos extremos.

En el caso del Documento de 2001 que hemos citado, no es falta de respeto ni signo de infidelidad decir que el contenido expresa una postura particular de aquel momento por parte de dicho Pontificio Consejo (o más bien, de los líderes de ese entonces) y que lo que se dice allí no puede representar la fe de la Iglesia. Esto está claro porque el Magisterio –sea ordinario como extraordinario– ya ha aclarado, y repetidas veces, que son las palabras de Cristo dichas por el sacerdote las que realizan la Transustanciación. Si un documento de nivel inferior dice lo contrario (o sea, que se puede consagrar sin esas palabras) es evidente que no podemos aceptar tal enseñanza. El Concilio de Florencia y el de Trento definieron la necesidad de las palabras de Cristo para una válida celebración de la Misa (cf. DS 1352; 1640). Ambos concilios precisan además que la Transustanciación acontece inmediatamente [*mox*, dice Florencia] al pronunciar esas palabras. Es evidente entonces que: **i.** No se puede celebrar válidamente sin decir las palabras de la consagración; **ii.** no se consagran pan y vino si la Plegaria Eucarística no contiene tales palabras. Además, en el año 1341 el Papa Benedicto XII rechazó la opinión según la cual sería la epíclesis y no las palabras de Cristo las que consagran pan y vino en la Misa (cf. DS 1017).

### 6.

Para concluir, recordemos también que, para la validez de la consagración, además de las palabras (usualmente llamadas "forma" del Sacramento), se necesitan otras dos cosas: la materia y el ministro con la intención adecuada. Resumiendo en pocas palabras:

**A.** La materia del Sacramento es el pan de trigo y el vino de la vid. La Iglesia ha definido solemnemente que no se puede utilizar otra comida ni otra bebida más que éstas. La razón es la institución divina:

Cristo utilizó pan y vino. Como nadie puede cambiar la forma (las palabras) así nadie puede cambiar la materia eucarística.

**B.** El ministro necesario para la válida celebración es el sacerdote (obispo o presbítero) válidamente ordenado (cf. DS 802). Esta también es doctrina definida de la Iglesia y no simple opinión teológica. El ministro celebra la Misa *in Persona Christi capitis* (en la Persona de Cristo, Cabeza del cuerpo místico) y, además, en el momento de decir las palabras, estas son dichas *ex Persona ipsius Christi loquentis*. Es decir: Cristo mismo habla utilizando la boca de su ministro. Cristo consagra las especies a través de su ministro, que es un instrumento Suyo. Es necesario que celebre un verdadero sacerdote para que las palabras tengan la virtud divina de consagrar. En efecto, las palabras consagran, pero no de forma mágica, como si tuvieran el poder en sí mismas de obrar la Transustanciación. Las palabras consagran cuando son dichas por Cristo. Y Cristo solo las pronuncia a través del ministro ordenado.

**C.** Además de la válida ordenación, se necesita otro elemento para la validez, es decir, la intención del ministro. El ministro necesita tener la intención de celebrar la Misa. No es necesario que lo haga puntualmente cada vez, pero al menos debe tener la intención general de consagrar las especies cuando celebra la Misa. ¿Y cuál es esta intención? Los teólogos y el Magisterio lo han enseñado claramente: *intentio faciendi quod facit Ecclesia* – la intención de hacer lo que hace la Iglesia (cuando la Iglesia celebra el Sacramento).

**D.** Sabemos también que, para la validez, no se necesita la santidad personal del ministro. Hablando de la "intención de celebrar" no estamos hablando del ministro en su condición subjetiva, es decir, no hablamos de su fe. Por otro lado, si uno es sacerdote y tiene la intención de hacer lo que hace la Iglesia, aún si tiene ideas equivocadas sobre la Eucaristía, o incluso si no tiene fe, la Misa es válida. Cristo, en efecto, ató la validez a sus ministros ordenados, pero no a las condiciones personales de santidad o a su fe (cf. DS 793). Santo Tomás ilustra esta doctrina con un hermoso ejemplo, tomado de los Evangelios. El Angélico retoma la parábola de Mateo 24, del servidor infiel. En el v. 48, Jesús dice: «Pero si el mal siervo aquel se dice en su corazón: "Mi señor tarda", y se pone a golpear a sus compañeros, etc.». Y Santo Tomás anota: Jesús dice que ese siervo era malvado, lo llama "mal siervo"; sin embargo, aún si malo, mantiene el título de siervo; Jesús sigue llamándolo "siervo" (cf. *Super Matthaeum*, XXVI, lectio 3). Así es en la Iglesia: por la ordenación recibida, por el carácter sacerdotal impreso en el alma del ministro, que nunca se pierde por la eternidad, el sacerdote, aún si es "malvado", siempre es sacerdote. Entonces, si celebra en pecado comete otro pecado grave (sacrilegio), pero actúa como siervo (ministro) de Cristo y por eso la Misa es válida.

**E.** Evidentemente, la Iglesia recomienda a los sacerdotes que sean santos. También les recomienda tener, cada vez que celebran, la intención debida. Aún si ambas cosas no son necesarias para la validez, tienen gran importancia, por eso se necesita poner los medios necesarios. El sacerdote debe rezar, confesarse, tener director espiritual, etc. para guardar la santidad de vida. Para celebrar con la intención debida, hay muchos medios que se pueden y deben poner, como por ejemplo guardar silencio en la sacristía antes de cada celebración, o recitar unas oraciones para prepararse interiormente a la Santa Misa (por ej. la *formula intentionis*: Yo quiero celebrar Misa y consagrar el cuerpo y sangre de N.S. Jesucristo, etc.).

## Capítulo 9

## Dimensión cósmica de la Eucaristía

### 1.

En las secciones precedentes, hemos nombrado muchas veces las especies eucarísticas, que también se llaman "oblatas" porque son "ofrecidas", como se traduce literalmente la palabra latina *oblatae*. En la Misa se ofrecen pan y vino para que se conviertan en Cristo. Ahora, pan y vino son *alimentos* y al mismo tiempo *elementos* de la creación. No son elementos simples sino compuestos, es decir, no se encuentran en la naturaleza como tal (como por ejemplo las manzanas o el agua), sino que están compuestos de elementos naturales (el trigo, la uva) y se preparan mediante el trabajo del hombre. No se ofrece en la Misa el trigo y uva como espontáneamente brotan de la tierra, sino que se ofrece pan y vino. El hombre toma el trigo y lo tritura para hacer la harina, luego le añade también agua y lo cuece y así prepara el pan. Prepara también el vino prensando la uva y esperando el proceso de fermentación. Por eso en la Misa de Pablo VI, en el ofertorio, se dice: "...este pan/vino fruto de la tierra/de la vid *y del trabajo del hombre*". Esto es interesante: Cristo escogió para la Eucaristía elementos que no aparecen espontáneamente de la tierra. Para que haya Eucaristía, se necesita una cooperación previa del hombre que prepare el pan y el vino.

### 2.

De ahí que podamos traer una reflexión espiritual al respecto. La Iglesia sabe que el tesoro más grande que tiene es la Eucaristía: por eso, ha llenado de honores este admirable Sacramento. Como dice San Juan Pablo II:

> Como la mujer de la unción en Betania, *la Iglesia no ha tenido miedo de «derrochar»*, dedicando sus mejores recursos para expresar su reverente asombro *ante el don inconmensurable de la Eucaristía*. No menos que aquellos primeros discípulos encargados de preparar la «sala

grande», la Iglesia se ha sentido impulsada a lo largo de los siglos y en las diversas culturas a celebrar la Eucaristía en un contexto digno de tan gran Misterio. *La liturgia cristiana* ha nacido en continuidad con las palabras y gestos de Jesús y desarrollando la herencia ritual del judaísmo. Y, en efecto, nada será bastante para expresar de modo adecuado la acogida del don de sí mismo que el Esposo divino hace continuamente a la Iglesia Esposa. (*Ecclesia de Eucharistia*, n. 48)

Imaginemos que una persona extremadamente importante nos visita. Seguramente prepararíamos nuestra casa lo mejor posible para acogerla de manera digna. Buscaríamos unas alfombras para el piso, quizás pintaríamos las paredes; y si la persona nos honra comiendo en nuestra casa, trataríamos de conseguir la mejor comida y bebida posible, al menos según nuestras posibilidades (así lo hizo Abrahán en Gn 18: se fue él mismo para escoger un "becerro tierno y hermoso" para ofrecérselo de comida a Dios que se le apareció). Cuando se trata de conseguir lo necesario para el culto divino, es necesario tener en cuenta dos criterios: **i.** tomar en cuenta nuestras posibilidades concretas; **ii.** buscar lo mejor que se pueda conseguir, esforzándose y hasta sacrificándose para lograrlo. Esto significa que hay limitaciones concretas que, de lugar a lugar o de momento a momento, se puede considerar; sin embargo, hay que esforzarse al máximo (también, si es necesario, privándose de comodidades personales) para conseguir lo mejor que se le pueda ofrecer al Señor. Imaginemos que así actuaron los discípulos enviados por Cristo para preparar la sala grande para la última cena. Es necesario notar que Cristo no dijo "no importa, vamos a cualquier lugar, lo que más cuenta es que estemos todos juntos…", ¡no! Cristo preparó cuidadosamente la primera Eucaristía de la historia. En algún momento el Señor había hablado con el dueño de la sala grande para reservarla y, cuando llegó el momento, envió a los discípulos para preparar todo bien.

Consciente de esto, la Iglesia a lo largo de su historia siempre se ha esforzado al máximo por hacer que la celebración eucarística sea solemne. Dentro de estas atenciones de amor para el Señor, hay que preparar el mejor pan y el mejor vino para la Misa. En efecto, ese pan y ese vino se convertirán sustancialmente en Cristo Señor; ellos serán Cristo. Un ejemplo del reverente cuidado que la Iglesia reserva en la preparación de las oblatas es el del beato Clemente Marchisio (m.

1903), un párroco italiano que fundó la Congregación de San José, instituto religioso con profunda sensibilidad litúrgica. Ahora bien, además de coser casullas y manteles, estas religiosas solían preparar personalmente pan y vino para la Misa. Y cuando se trataba de preparar el vino, antes de prensar la uva, ¡la seleccionaban una por una! De esta forma, solo las uvas mejores quedaban prensadas y con ello se preparaba el vino reservado al altar. No había uvas podridas, pues ese vino se iba a convertir, en el altar, en la sangre de Cristo. Imaginémonos qué trabajo: ¡seleccionar, una por una, las uvas para tanto vino! Solo el amor para Cristo eucarístico puede generar semejante atención y compromiso.

### 3.

Pan y vino necesitan el trabajo del hombre para ser preparados, pero es evidente que sin los elementos básicos (trigo y uva), el hombre no podría hacer nada. Por eso, aunque sean compuestos, estos alimentos son sobre todo elementos de la creación, son parte del cosmos material. En este sentido, pan y vino (considerados desde la perspectiva natural y no a la luz de la Revelación) no tienen solo un valor antropológico y uno sociológico —que es el aspecto que hoy más se evidencia— sino que tienen también y antes que nada tienen un valor cósmico. **i.** El valor antropológico se entiende: pan y vino representan el comer y beber, acciones cotidianas y necesarias del ser humano. Pan y vino, comer y beber, forman parte de las necesidades básicas del hombre en cuanto tal. Cristo eligió estos alimentos también por esta razón: para indicar que así como el hombre necesita de alimento y bebida, necesita (más aún) la Eucaristía. **ii.** El aspecto sociológico se refiere a que pan y vino son elementos básicos de todas las culturas mediterráneas (el contexto cultural de la institución eucarística) y por eso indican también el comer y beber a nivel cultural y social: indican las comidas en común, con la familia o con los amigos. Cristo escogió pan y vino para indicar que el hombre necesita vivir la comunión y el encuentro con el otro no solo a nivel natural sino también sobrenatural, insertado en el cuerpo místico y participando del banquete sagrado con los demás cristianos. **iii.** El aspecto cosmológico consiste en lo que decíamos: pan y vino son parte, y por esto representantes, de la creación.

Esto implica que al ofrecer pan y vino sobre el altar, presentamos una parte de la creación, del cosmos. La creación ha sido a menudo descuidada en la teología contemporánea. Siempre se habla de "antropología", pero el hombre es una parte y no todo el cosmos. Se dirá: "el hombre es la cumbre de la creación". Sí, pero la cumbre no es todo. Además, el hombre representa la cumbre de la creación visible, pero también existe la creación invisible –doctrina que hoy raramente se enfatiza– que profesamos en el Credo. Hay una parte de la creación que es más alta que el mismo hombre (cf. Sal 8 bien interpretado por Heb 2,6-7: el hombre es "un poco inferior a los ángeles"; por eso no es la creatura más alta de todas, solo la más alta entre las visibles). El punto es que la creación es un tema muy importante de la fe y de la teología: la antropología forma parte de la doctrina cristiana sobre la creación, pero no lo es todo.

A nivel de reflexión eucarística, habrá que profundizar no solo en el aspecto antropológico y sociológico. Tampoco basta con interpretar la Eucaristía solo en relación a la historia salvífica (lo que ciertamente se debe hacer). Junto con estas dimensiones, no hay que olvidar la dimensión cósmica de la Misa, y de la Liturgia en general. Al presentar pan y vino, ofrecemos elementos que son representantes del cosmos. La Misa tiene en las "oblatas" un enlace con el cosmos.

Todo esto se debe comprender bien, porque existen interpretaciones equivocadas de la dimensión cósmica de la Liturgia. Hay que recordar una vez más que la Misa (como la Liturgia en general) no es una realidad natural sino sobrenatural: el Culto en espíritu y verdad nos ha sido dado por Dios en Cristo y no es simplemente creación humana. Por eso tiene origen sobrenatural, siendo su esencia misteriosa. Cuando se habla de dimensión cósmica de la Liturgia eucarística, no hay que rebajar la Misa al nivel de los ritos paganos que alaban la Madre Tierra, o a los dioses del suelo ("divinidades ctónicas") o los del aire. En efecto, el Cristianismo ha purificado los pueblos de la esclavitud de esos cultos falsos. Al creer en un Dios único y creador, el Cristianismo siempre ha realizado una "de-numificación", ha liberado la visión del hombre sobre la naturaleza de toda forma de paganismo, que considera la existencia de dioses ligados a lugares, como ríos o selvas, o también dioses de plantas o de piedras, etc. Estos se llaman "*numina*" en latín. Los "*numina*" eran dioses que cuidaban ciertos lugares. El Cristianismo "de-numifica" el mundo, porque lo ve como creación de Dios, no como la casa de varios dioses.

Respecto a este último punto, es necesario recordar algo que hoy se percibe como ofensivo, aún si se trata simplemente de un dato histórico. Cuando llegaron al continente americano, los conquistadores encontraron poblaciones que tenían muchas cosas buenas, además de cosas malas y algunas hasta monstruosas, como el sacrificio humano. A menudo no se toma en cuenta otro aspecto: las poblaciones precolombinas no habían desarrollado la ciencia y la técnica si no de manera muy rudimental. Cuando en el siglo XVI los europeos llegaron a este continente, tenían conocimientos científicos y tecnología miles de veces más avanzadas que los indígenas. ¿Como así? No por ser más inteligentes. La razón es doble: i. Primero, el espíritu racional griego. Este espíritu, que es lógico y no puramente sapiencial, desarrolló la filosofía, entonces enseñó a los europeos a demostrar las cosas: no solo a saberlas por experiencia, sino a demostrarla con lógica y cálculo (no olvidemos que los Padres de la Iglesia interpretaban la grande filosofía griega como una preparación, hecha por la Providencia, rumbo a la futura predicación del Evangelio: *praeparatio evangelica*). ii. Segundo, la visión cristiana del mundo, que libera la naturaleza de la presencia de dioses y por eso el hombre se siente libre de investigar el mundo con el razonamiento porque una piedra, o una planta, solo es una cosa material, no es algo protegido por un dios.

Existe el peligro de entender la dimensión cósmica de la Misa de manera pagana; pero hay que verla de manera cristiana. Eso significa que la Misa no se entiende simplemente a nivel sociológico: "nos reunimos para estar juntos con Jesús y entre nosotros los hermanos, sentados a la misma mesa". La Misa tiene una dinámica sobrenatural y su contexto no es simplemente nuestra pequeña comunidad reunida, sino el universo entero. Cuando la celebramos, nos comprendemos dentro del cosmos entero, donde creación e historia se unen (permaneciendo distintos).

En el primer capítulo del Génesis, se ve claramente que creación y culto van juntos: Dios creó el mundo en seis días y descansó el día séptimo. De esta forma, el Creador orientó todo el cosmos hacia el día séptimo, que es el fin de la creación. Ese día no es solo día de descanso sino sobre todo día de la alianza entre Dios y el hombre.

Toda la creación tiende al encuentro entre Dios y el hombre siendo la creación el trasfondo de esa alianza. Esto también conlleva un fuerte acento escatológico de la creación, ya que la alianza definitiva es la salvación eterna del hombre que puede estar con Dios y gozar de su presencia para siempre. En la Misa se encuentran claramente estas dimensiones: la Misa es la celebración sacramental de la alianza definitiva en Cristo, del Cristo que resucitó el día octavo, que es también el primer día, el domingo. Como hemos leído en otro momento en San Justino, celebramos la Misa solemnemente el día domingo porque es el día en el cual el Señor hizo su creación primera y también es el día en el cual la creación nueva fue cumplida, cuando el cuerpo físico de Jesucristo llegó a la perfección escatológica mediante la resurrección. Esta orientación escatológica de la Misa se transmite sobre todo a través de la orientación durante la acción litúrgica: un tema que veremos luego.

Detengámonos un poco más sobre la dimensión cósmica.

### 4.

La Transustanciación acontece con elementos cósmicos. En la Misa, sucede que los elementos que pertenecen al cosmos creado cambian de sustancia; hay una transmutación ontológica. De esta manera la conversión sustancial de pan y vino se relaciona con la conversión misteriosa (enseñada por las Escrituras) de todo el cosmos a final de los tiempos. Dice San Pablo:

> La ansiosa espera de la creación desea vivamente la revelación de los hijos de Dios. La creación, en efecto, fue sometida a la vanidad, no espontáneamente, sino por aquel que la sometió, en la esperanza de ser liberada de la servidumbre de la corrupción para participar en la gloriosa libertad de los hijos de Dios. Pues sabemos que la creación entera gime hasta el presente y sufre dolores de parto. Y no sólo ella; también nosotros, que poseemos las primicias del Espíritu, nosotros mismos gemimos en nuestro interior anhelando el rescate de nuestro cuerpo. (Rm 8,19-23)

No solo el cuerpo del hombre espera una elevación final en la resurrección escatológica, sino que también la creación entera será (de alguna forma misteriosa que ahora no podemos determinar) transfigurada en cierta manera en "cielos nuevos y tierra nueva". Así enseña el *Catecismo*:

> Al fin de los tiempos el Reino de Dios llegará a su plenitud. Después del Juicio final, los justos reinarán para siempre con Cristo, glorificados en cuerpo y alma, y el mismo universo será renovado. (n. 1042)

La Sagrada Escritura llama "cielos nuevos y tierra nueva" a esta renovación misteriosa que transformará la humanidad y el mundo (*2Pd* 3,13; cf. *Ap* 21,1). Esta será la realización definitiva del designio de Dios de "hacer que todo tenga a Cristo por Cabeza, lo que está en los cielos y lo que está en la tierra" (*Ef* 1,10). (n. 1043)

> Así pues, el universo visible también está destinado a ser transformado, "a fin de que el mundo mismo restaurado a su primitivo estado, ya sin ningún obstáculo esté al servicio de los justos", participando en su glorificación en Jesucristo resucitado (San Ireneo de Lyon, *Adversus haereses* 5, 32, 1). (n. 1047)

¿Qué parte tiene la Eucaristía en este proceso? Varios pensadores recientes han intentado explicarlo. Uno de los más conocidos es el jesuita Pierre Teilhard de Chardin, que más que teólogo era un científico, pero trató de aplicar su total adhesión al evolucionismo cósmico también en el ámbito teológico. Teilhard escribió un librito muy famoso titulado *La Misa sobre el mundo*. Se encontraba en el extremo Oriente y, aparentemente, no tenía pan y vino para celebrar la Misa. Por ello escribe que celebrará una "Misa cósmica" en la cual la materia estará formada por las fuerzas cósmicas que permean y transforman el universo y no por pan y vino. Teilhard creía firmemente en el evolucionismo cósmico, es decir, todo el universo está en camino hacia un punto final, un "punto omega", que según él era el Cristo, el "Cristo Omega" o "Cristo cósmico", como lo llamaba. Todo el proceso de transformación del cosmos hacia el punto final Teilhard lo compara con la Transustanciación de la Misa, donde una parte del cosmos (pan y vino) se transforma ya en Cristo.

Seguramente hay algo sugestivo en estas ideas, razón por la cual otros teólogos más sólidos las han retomado parcialmente. Sin embargo, el modo en el cual Teilhard las propone, así como su pensamiento en general, son problemáticos y contienen muchos errores. Recordemos que el Santo Oficio publicó un *monitum* (amonestación) sobre sus escritos, y este *monitum* no ha sido nunca retirado, por lo tanto, la posición oficial de la Iglesia es que las obras de Teilhard no presentan la sana doctrina de la Iglesia, conteniendo en cambio muchos errores y ambigüedades.

Sin embargo, sí es posible, y hasta necesario, desarrollar una reflexión más segura sobre la dimensión cósmica de la Misa. San Juan Pablo II hace una breve referencia a este tema en su última encíclica:

> Cuando pienso en la Eucaristía, mirando mi vida de sacerdote, de Obispo y de Sucesor de Pedro, me resulta espontáneo recordar tantos momentos y lugares en los que he tenido la gracia de celebrarla. Recuerdo la iglesia parroquial de Niegowic donde desempeñé mi primer encargo pastoral, la colegiata de San Florián en Cracovia, la catedral del Wawel, la basílica de San Pedro y muchas basílicas e iglesias de Roma y del mundo entero. He podido celebrar la Santa Misa en capillas situadas en senderos de montaña, a orillas de los lagos, en las riberas del mar; la he celebrado sobre altares construidos en estadios, en las plazas de las ciudades... Estos escenarios tan variados de mis celebraciones eucarísticas me hacen experimentar intensamente su carácter universal y, por así decir, cósmico. ¡Sí, cósmico! Porque también cuando se celebra sobre el pequeño altar de una iglesia en el campo, la Eucaristía se celebra, en cierto sentido, *sobre el altar del mundo*. Ella une el cielo y la tierra. Abarca e impregna toda la creación. El Hijo de Dios se ha hecho hombre, para reconducir todo lo creado, en un supremo acto de alabanza, a Aquél que lo hizo de la nada. De este modo, Él, el sumo y eterno Sacerdote, entrando en el santuario eterno mediante la sangre de su Cruz, devuelve al Creador y Padre toda la creación redimida. Lo hace a través del ministerio sacerdotal de la Iglesia y para gloria de la Santísima Trinidad. Verdaderamente, éste es el *mysterium fidei* que se realiza en la Eucaristía: el mundo nacido de las manos de Dios creador retorna a Él redimido por Cristo. (*Ecclesia de Eucharistia*, n. 8)

Apreciamos que el Papa utilice la conocida expresión de Teilhard: "sobre el altar del mundo", pero el contenido de lo que dice es muy distinto a la postura de Teilhard. El Papa interpreta la dimensión cósmica siempre en relación al acontecimiento *histórico* de la Revelación, y, sobre todo, de la Redención en Cristo. La dimensión cósmica no se refiere a fuerzas naturales que ya actúan en la creación material, llevándola a su fin natural. La dimensión cósmica queda impregnada de la gracia del Misterio Pascual histórico de Cristo. El Papa intencionalmente cita el *exitus* y *reditus*, la salida y retorno del cosmos a Dios ("el mundo nacido de las manos de Dios creador retorna a Él redimido por Cristo"). El *reditus* puede acontecer porque el mundo ha sido "redimido por Cristo", dice el Papa, y no (como dice Teilhard) por las fuerzas naturales de la evolución cósmica.

Cuando se habla de este tema hay que hacerlo de la manera correcta, cristiana. Si no, uno retrocede al culto de la Madre Tierra, como en el paganismo. En la actualidad, hay algunas propuestas eclesiales que quieren mezclar la Liturgia cristiana con elementos que provienen de culturas paganas. Esto refleja una mala comprensión del aspecto cósmico. El respeto y valoración que debemos tener del cosmos (o, si se quiere, del ecosistema) debe ser de matriz cristiana. Respetamos y valoramos la creación porque es obra de Dios, porque el cosmos, sometido al pecado de Adán, ha sido redimido por Cristo y porque está llamado a la renovación final en Cristo. La ecología cristiana se basa en los dogmas de la creación y de la redención y no en la sabiduría humana de civilizaciones precristianas que adoran la Madre Tierra.

El Papa Benedicto XVI ha retomado el tema de la dimensión cósmica de la Misa introduciendo una interesante comparación con un fenómeno físico (ver *Sacramentum Caritatis* n. 11). Evidentemente, se trata de una analogía, porque lo que acontece en la Misa (la Transustanciación) es algo sobrenatural: pan y vino no tienen la fuerza natural de transustanciarse en Cristo; sin embargo, lo que dice Benedicto es extremadamente interesante. Citamos a continuación un texto previo a la *Sacramentum Caritatis*, donde él mismo explica ampliamente el concepto.

> ¿Qué está sucediendo? ¿Cómo Jesús puede repartir su Cuerpo y su Sangre? Haciendo del pan su Cuerpo y del vino su Sangre, anticipa su muerte, la acepta en lo más íntimo y la transforma en una acción de amor. Lo que desde el exterior es violencia brutal—la crucifixión—, desde el interior se transforma en un acto de un amor que se entrega totalmente. Esta es la transformación sustancial que se realizó en el Cenáculo y que estaba destinada a suscitar un proceso de transformaciones cuyo último fin es la transformación del mundo hasta que Dios sea todo en todos (cf. *1Cor* 15, 28). Desde siempre todos los hombres esperan en su corazón, de algún modo, un cambio, una

transformación del mundo. Este es, ahora, el acto central de transformación capaz de renovar verdaderamente el mundo: la violencia se transforma en amor y, por tanto, la muerte en vida. Dado que este acto convierte la muerte en amor, la muerte como tal está ya, desde su interior, superada; en ella está ya presente la resurrección. La muerte ha sido, por así decir, profundamente herida, tanto que, de ahora en adelante, no puede ser la última palabra.

Esta es, por usar una imagen muy conocida para nosotros, la *fisión nuclear llevada en lo más íntimo del ser*; la victoria del amor sobre el odio, la victoria del amor sobre la muerte. Solamente esta íntima explosión del bien que vence al mal puede suscitar después la cadena de transformaciones que poco a poco cambiarán el mundo. Todos los demás cambios son superficiales y no salvan. Por esto hablamos de redención: lo que desde lo más íntimo era necesario ha sucedido, y nosotros podemos entrar en este dinamismo. Jesús puede distribuir su Cuerpo, porque se entrega realmente a sí mismo. (*Homilía en la Misa para la Jornada Mundial de la Juventud*, Colonia, 21 de agosto 2005)

Aquí el Papa compara la Transustanciación con la fisión nuclear. La fisión es un proceso físico en el cual el núcleo de uranio 235, de plutonio 239 o de otros elementos pesados adecuados, es dividido a través de un bombardeo con neutrones u otras partículas elementales lo que produce una inmensa energía. Es decir, la fisión nuclear provoca que se produzca energía desde el interior de un elemento. El Papa quiere decir que la Eucaristía hace esto con el cosmos. ¿Cómo? La energía que la Eucaristía da al cosmos no es la unión del Verbo divino con toda la materia (esta sería la idea de Teilhard), sino más bien, la introducción de la gracia de la redención en el cosmos. Nótese bien que el Papa dice que «esta íntima explosión del bien que vence al mal *puede* suscitar después la cadena de transformaciones que poco a poco cambiarán el mundo». El Papa dice "puede", no dice que será ciertamente así. La gracia, como sabemos, da fruto si es acogida. La gracia que nos es dada a través de la Eucaristía tiene un poder inmenso, capaz de transfigurar el cosmos. Pero no se trata de un proceso determinante, preestablecido. La gracia divina siempre se ofrece a la libertad del hombre. Igual, es verdad que la Eucaristía abre continuamente el cosmos a su cumplimiento escatológico. La Misa inserta en la creación esta energía sobrenatural en el momento en que dos elementos del cosmos (pan y vino) se transustancian en Jesucristo.

Benedicto XVI repite más brevemente el mismo concepto cuatro años después, diciendo:

> Jesús transforma el pan, y ya no es pan terrenal lo que da, sino la comunión consigo mismo. Esta transformación, sin embargo, quiere ser el comienzo de la transformación del mundo. Para que llegue a ser un mundo de resurrección, un mundo de Dios. Sí, se trata de transformación. Del hombre nuevo y del mundo nuevo que comienzan en el pan consagrado, transformado, transustanciado. (*Homilía en la Misa "in cena Domini"*, 9 de abril 2009).

### 5.

Un último aspecto relacionado con la dimensión cósmica de la Misa retoma un punto precedentemente mencionado, la creación invisible. Hemos dicho que el universo está compuesto no solo de cosas visibles, sino también invisibles. Los ángeles, siendo creaturas de Dios, forman parte del mundo creado, del cosmos. No se ven, pero existen. Ellos intervienen también en la Liturgia, porque todo el cosmos queda involucrado en la Misa, que es el acto supremo de adoración a la Trinidad por medio de Jesucristo. Los ángeles, que en el Cielo adoran a Dios y conforman la Iglesia triunfante junto con los santos, no están ausentes cuando la Iglesia militante o peregrina celebra el culto. Esto también es parte de la dimensión cósmica. Los textos litúrgicos (como la Biblia) mencionan muchas veces a los ángeles dando a entender que no solo los veneramos y pedimos su ayuda, sino también que ellos ejercen un ministerio en la Liturgia. El ejemplo más importante es quizás ese pasaje del Canon Romano en el cual se reza:

> Te pedimos humildemente, Dios todopoderoso, que esta ofrenda sea llevada a tu presencia, hasta el altar del cielo, por manos de tu ángel, para que cuantos recibimos el Cuerpo y la Sangre de tu Hijo, al participar aquí de este altar, seamos colmados de gracia y bendición.

Aquí se pide que el ángel (que tradicionalmente se identifica con San Miguel) presente la ofrenda de nuestro altar terrenal frente a la Majestad divina en el Cielo. Así realiza un ministerio invisible, pero real, en la celebración. Otros textos también hablan de estos ministerios angélicos durante la Misa. Por ejemplo, el himno trisagio del *Sanctus* es claramente una cita de Is 6,1-3 (cf. Ap 4,8): el canto de los Serafines en el Cielo, se repite en la Misa de la tierra; la Iglesia terrenal se une a los ángeles para cantar ese himno.

Otros textos que hablan del tema son: **i.** El *De Sacramentis* de San Ambrosio (IV, 6,27) cita parte de una Plegaria Eucarística en la cual se reza: «Te pedimos y rezamos que aceptes esta oblación sobre tu altar celestial por las manos de tus santos ángeles». **ii.** En la Liturgia griego-egipcia de San Marcos se reza así: «Los dones de Sacrificio, de ofrenda, de agradecimiento de aquellos que los ofrecieron, acéptalos o Dios en tu altar santo, celestial, espiritual en lo alto de los cielos, por medio del ministerio de tus santos ángeles». **iii.** En la Liturgia Bizantina, en el momento del "Grande Ingreso" se canta el himno *Cherubikon*, que dice: «Nosotros que representamos místicamente los querubines y la Trinidad vivificante cantamos el himno del *Trisaghion*, depongamos toda preocupación mundana para poder acoger al Rey del universo, escoltado de forma invisible por las multitudes angélicas». En la misma Liturgia Bizantina hay otros textos que expresan lo mismo.

Recordemos también que muchos santos místicos han visto los ángeles intervenir durante la Liturgia de la Misa. San Juan Crisóstomo lo escuchó de un gran místico y lo reporta en su tratado sobre el sacerdocio:

> Piensa tú ahora un poco, cómo conviene que sean aquellas manos [del sacerdote] que administran estas cosas, cuál la lengua que pronuncia aquellas palabras y qué alma ha de haber más pura y más santa, que la que ha de recibir un tal Espíritu. En esta ocasión asisten los ángeles al sacerdote, en este tiempo, todo el santuario, y el lugar que está al contorno del altar, se llena de potestades celestiales. Esto puede cada uno persuadírselo fácilmente por las mismas cosas que a la sazón se celebran allí.
>
> Oí yo contar en cierta ocasión, que un anciano, hombre de grandes méritos, y acostumbrado a tener revelaciones, había sido digno de tener la siguiente visión; esto es, que al tiempo del tremendo sacrificio, vio repentinamente, y cuanto es permitido a la naturaleza humana, una multitud de ángeles, vestidos de estolas blancas que cercaban el altar y estaban en pie con el rostro inclinado, como se ven estar los soldados en presencia del rey. Y yo lo creo. (*De Sacerdotio*, VI, 4)

La dimensión cósmica de la Liturgia nos recuerda que el culto es algo serio. No se juega con Dios, ni se juega cuando el universo entero está involucrado en la adoración de la Trinidad, y cuando, en la Misa, el Sacrificio sacramental de Cristo ofrece al universo entero la gracia de la Redención, rumbo a la trasfiguración final de todas las cosas.

## Capítulo 10

## El Sacrificio eucarístico / 1

Terminando el capítulo precedente, hemos mencionado que la Misa es algo muy delicado, porque es el Sacrificio sacramental de nuestro Señor Jesucristo en el cual participa todo el cosmos. Profundicemos ahora este aspecto: la dimensión sacrificial de la Eucaristía.

### 1.

Como hemos visto, al instituir la Eucaristía, Cristo no habló solamente de su Presencia Real bajo las especies. Cristo no dijo solamente: "Este es mi cuerpo", "este es el cáliz de mi sangre". El Señor añadió también palabras claramente sacrificiales: "mi cuerpo *dado*", "mi sangre *derramada*". Tomando en cuenta el Antiguo Testamento, estas palabras, sin lugar a duda, implican el tema del sacrificio. Jesús instituyó la Eucaristía no solo como el Sacramento de su cuerpo y su sangre, sino también como la celebración de su Sacrificio personal. La Misa es Sacrificio, y no solo banquete sagrado. Existen ambas cosas, "*et-et*" ("sea una, sea la otra"). Esto hay que recordarlo particularmente hoy, ya que en la práctica pastoral-homilética como en las publicaciones teológicas, se disminuye mucho el aspecto sacrificial de la Misa en favor del convival, hasta casi olvidar completamente el primero. Siempre se habla de la Eucaristía como banquete fraternal, mesa de comunión, encuentro con Cristo y los hermanos; y se menciona muy poco que la Misa es el Sacrificio de Cristo. Si se menciona, no se explica, no se profundiza, por lo tanto, la mención de por sí no basta para que sacerdotes y fieles sean conscientes de la importancia del carácter sacrificial de la Santa Misa.

Es más, no solo la Misa es tanto Sacrificio como convite, sino que, dentro de este "*et-et*", hay una jerarquía de valores, en la cual el lugar más alto lo tiene la dimensión sacrificial y no la convival. Entonces, la Eucaristía es tanto Sacrificio como banquete sagrado, pero sobre todo Sacrificio y en segundo plano es convite. Lo dice muy claramente San Juan Pablo II: «La Eucaristía es *por encima de todo* un Sacrificio: Sacrificio de la Redención y al mismo tiempo Sacrificio de la Nueva Alianza» (*Dominicae cenae*, n. 9). Nótese que el Papa dice: la Misa es «por encima de todo un Sacrificio»; entonces, el carácter sacrificial es el más alto e importante de la Misa. Sin el carácter sacrificial no hay Misa, porque la Misa es el Sacrificio de Cristo antes de cualquier otra cosa. Lo dice el mismo Pontífice: «El misterio eucarístico, desgajado de su propia naturaleza sacrificial y sacramental, deja simplemente de ser tal» (*ibidem*, n. 8).

Lamentablemente, no faltan hoy católicos (clérigos y laicos) que ya no entienden este carácter sagrado de la acción litúrgica precisamente por no comprender su carácter sacrificial, y por esto transforman la celebración según sus visiones o deseos personales, en algunos casos hasta hacer de ella un espectáculo. Lo nota «con profundo dolor» el mismo Juan Pablo II en su última encíclica: «Se nota a veces una comprensión muy limitada del Misterio eucarístico. Privado de su valor sacrificial, se vive como si no tuviera otro significado y valor que el de un encuentro convival fraterno» (*Ecclesia de Eucharistia*, n. 10).

La dimensión sacrificial de la Eucaristía no es una opinión teológica sobre la Misa. Es un elemento que se encuentra en la Revelación y que, como hemos dicho, los Padres han enseñado desde el inicio. Es urgente en nuestro tiempo que la predicación, la catequesis y la formación teológica vuelvan a insistir sobre este punto que ha sido muy descuidado. San Pablo VI recordó que el tema sacrificial es «como la síntesis y la cumbre» de la doctrina eucarística «es decir, que por el misterio eucarístico se representa de manera admirable el Sacrificio de la cruz consumado de una vez para siempre en el Calvario, se recuerda continuamente y se aplica su virtud salvadora para el perdón de los pecados que diariamente cometemos» (*Mysterium Fidei*, n. 27).

## 2.

Una consecuencia teológica, pero también práctica de esta doctrina consiste en reconocer que el valor de la Santa Misa no reside en lo que nosotros hacemos en ella, ni en el número de fieles que atienden. La Misa vale en sí y por sí misma, precisamente porque es el Sacrificio sacramental del Señor. Al valor de este Sacrificio no le quita ni añade nada lo que los hombres puedan hacer en la celebración. Esto no implica que el sacerdote pueda celebrar mal, de forma apurada o descuidada, o que pueda celebrar como le parece, violando las normas litúrgicas. Ni implica que no nos interese si los fieles asisten o no, o cómo participan. Implica más bien que todas estas atenciones –que para nosotros son un deber– no otorgan valor a la Eucaristía, porque su valor reside en Cristo, en su presencia y en su inmolación sobre el altar.

Esta es la razón por la cual la Iglesia siempre permitió, y todavía permite, la celebración de la Misa llamada "privada", porque no es verdad (como a menudo se escucha, al menos en Europa) que "si no hay nadie que asista, no tiene sentido celebrar la Eucaristía". No faltan hoy en día sacerdotes que digan: "si no hay comunidad, no hay ninguna razón para celebrar la Misa". Por eso, hay sacerdotes que al no ser párrocos (sino profesores, oficiales de curia, etc.), si en alguna ocasión no deben o pueden celebrar/concelebrar una Misa pública, ese día no celebran Misa. Dicen: "hoy no tengo una comunidad reunida, ¿para quién voy a celebrar?". Sin embargo, la Iglesia recomienda mucho a los sacerdotes celebrar Misa todos los días. El Concilio Vaticano II, como sabemos, ha enfatizado la importancia de la asamblea que participa en el Culto. Nadie dirá, entonces, que no es importante si hay o no hay asamblea. La asamblea es un signo litúrgico muy importante y, si el sacerdote puede elegir, es claro que prefiere celebrar la Misa con una asamblea y no privadamente. Esto es claro y la Iglesia no lo niega cuando alaba y hasta recomienda, en caso de necesidad, la celebración de la Misa privada.

Escuchemos lo que dice San Pablo VI al respecto. El Papa cita *Sacrosanctum Concilium* 27, que habla de la índole pública y social de cada Misa. En este sentido, aún si es común utilizar la expresión "Misa privada", de por sí una Misa privada no existe, porque cada Misa siempre es pública y social, aunque nadie tome parte de la celebración. Veamos cómo comenta el Santo Padre:

> Toda Misa, aunque sea celebrada privadamente por un sacerdote, no es acción privada, sino acción de Cristo y de la Iglesia, la cual, en el Sacrificio que ofrece, aprende a ofrecerse a sí misma como sacrificio universal, y aplica a la salvación del mundo entero la única e infinita virtud redentora del sacrificio de la cruz. Pues cada Misa que se celebra

se ofrece no sólo por la salvación de algunos, sino también por la salvación de todo el mundo.

De donde se sigue que, si bien a la celebración de la Misa conviene en gran manera, por su misma naturaleza, que un gran número de fieles tome parte activa en ella, no hay que desaprobar, sino antes bien aprobar, la Misa celebrada privadamente, según las prescripciones y tradiciones de la Iglesia, por un sacerdote con sólo el ministro que le ayuda y le responde; porque de esta Misa se deriva gran abundancia de gracias especiales para provecho ya del mismo sacerdote, ya del pueblo fiel y de toda la Iglesia, y aun de todo el mundo: gracias que no se obtienen en igual abundancia con la sola Comunión. (*Mysterium Fidei*, n. 33)

Por esto, Pablo VI exhorta a los sacerdotes:

Por lo tanto, con paternal insistencia, recomendamos a los sacerdotes —que de un modo particular constituyen nuestro gozo y nuestra corona en el Señor— que, recordando la potestad que recibieron del obispo que los consagró para ofrecer a Dios el Sacrificio y celebrar Misas tanto por los vivos como por los difuntos en nombre del Señor, celebren cada día la Misa digna y devotamente, de suerte que tanto ellos mismos como los demás cristianos puedan gozar en abundancia de la aplicación de los frutos que brotan del sacrificio de la cruz. Así también contribuyen en grado sumo a la salvación del género humano. (*ibidem*, n. 34)

Esta recomendación fue repetida tres meses más tarde, cuando el Vaticano II publicó el decreto *Presbyterorum Ordinis*:

En el misterio del Sacrificio eucarístico, en que los sacerdotes desempeñan su función principal, se realiza continuamente la obra de nuestra redención, y, por tanto, se recomienda con todas las veras su celebración diaria, la cual, aunque no pueda obtenerse la presencia de los fieles, es una acción de Cristo y de la Iglesia (n. 13).

El Concilio dice que la celebración de la Misa es la función principal del sacerdote. En efecto, el sacerdocio ministerial ha sido instituido por Cristo en la última cena, en el momento de instituir la Eucaristía. El sacerdocio ordenado existe principalmente en función de la Eucaristía. Podemos decir que todas las demás actividades del sacerdote tienen una relación más o menos directa con la Eucaristía. Entonces, si el sacerdote hace muchas cosas, incluido cosas muy buenas, pero no celebra Misa diariamente, está descuidando su función principal en favor de otras secundarias. Sería una visión restringida y muy humana del ministerio, donde existe el riesgo de pensar que la eficacia de lo que hacemos para la Iglesia brota de nuestros esfuerzos. De verdad, la salvación de la Iglesia y del mundo viene de la cruz de Cristo, cuyo Sacrificio se renueva sacramentalmente en la Misa. Sobre todo esto el sacerdote debe ofrecer al mundo los méritos del Sacrificio de Jesús. Y esto lo hace celebrando la Misa por vivos y muertos. San Pío de Pietrelcina decía que sería más fácil que el mundo se sostuviera sin el sol que sin la Santa Misa..

### 3.

Habiendo enfatizado el valor sacrificial de la Eucaristía, vamos ahora a profundizar más en la comprensión que se ha tenido de ella. Hay que decir que el estudio teológico se ha dedicado con cierta hondura al tema sacrificial solo después del Concilio de Trento. No significa que antes de ello no se le daba importancia, sino que no había sido puesto en duda por los herejes. Antes de que Lutero lo negara, el carácter sacrificial de la Misa era *tranquilla possessio* del pueblo cristiano. Esta es la razón por la cual los teólogos no se habían dedicado ampliamente a ello. Por ejemplo, Santo Tomás se dedicó más a reflexionar sobre la Transustanciación, porque había sido negada por Berengario y otros. El Angélico en cambio no dedica mucho espacio al tema del Sacrificio eucarístico, que enseña sin lugar a duda. Santo Tomás habla del tema sobre todo refiriéndose cristológica y soteriológicamente al Sacrificio de Cristo en la cruz (el Sacrificio histórico) y haciendo unas anotaciones a nivel del Sacrificio sacramental (la Misa), pero no profundiza mucho en la naturaleza específica del Sacrificio sacramental. Sin embargo, como a menudo sucede, hasta en los casos en los cuales la teología del Aquinate no es completa, ofrece para así decir, la dirección correcta, es decir, los elementos fundamentales gracias a los cuales los teólogos sucesivos pueden aclarar puntos no profundizados por Santo Tomás. En este caso, el Doctor Angélico distingue dos modos en los cuales la Misa se llama Sacrificio.

**A.** Una primera manera es que la Misa es Sacrificio en cuanto *imagen representativa de la Pasión de Cristo*, la cual fue una verdadera inmolación. Hay que recordar que en la Edad Media era muy común interpretar la celebración litúrgica no solo de forma teológica, sino también simbólica y hasta alegórica, una visión que nuestra época lamentablemente ha perdido. El desarrollo del rito aparecía a los ojos de los medievales como una representación de los momentos principales de la vida de Cristo, particularmente de su Pasión. Por ejemplo, en la forma más antigua de la Liturgia siempre se utilizaba el velo sobre el cáliz (en el Misal de Pablo VI el velo no ha sido abrogado: no es obligatorio como antes, pero se puede utilizar). Cuando, iniciando el ofertorio, se devela el cáliz, los medievales veían alegóricamente el momento en el cual los soldados romanos les quitaron las vestiduras a Cristo para flagelarlo, y cuando el sacerdote se lava las manos, veían a Poncio Pilato que se descarga de su responsabilidad y condena a Cristo a la cruz.

Ahora, hablando a este nivel según el cual la Misa reproduce la imagen de la Pasión, Santo Tomás identifica el momento del Sacrificio eucarístico con la consagración de las especies. La Transustanciación y el aspecto sacrificial son distintos, sin embargo, acontecen en el mismo momento: en este sentido (aun permaneciendo distintos) son una sola cosa. A nivel de imagen representativa, el Angélico nota que la Misa ha sido instituida por Cristo con una dúplice consagración: el pan primero, y luego el vino. Nosotros hablamos comúnmente de "la consagración de la Misa", lo cual está bien. Sin embargo, para ser más precisos, se deberá decir que hay una doble consagración en la Misa. Ya vimos que el pan no "espera" al vino para transustanciarse, sino que se transustancia de inmediato apenas el sacerdote concluye las palabras (cf. *Summa Theologiae* III, 78,6). Por eso, por un tiempo breve, en el altar está Cristo bajo la apariencia del pan sin que el vino haya cesado de ser vino. Solo cuando el sacerdote pronuncia las palabras sobre el cáliz, el vino también se transustancia. Esta dúplice consagración es la imagen representativa del Sacrificio en la cruz de Cristo.

Para entender bien esto, citamos nuevamente a Santo Tomás, que menciona un aspecto que hemos omitido precedentemente. El Angélico propone una diferencia entre la presencia de Cristo bajo las especies "en fuerza del sacramento" y la presencia "en fuerza de la concomitancia natural". Como sabemos, Cristo está presente todo entero bajo cada especie. Bajo la apariencia de pan, está Cristo entero: cuerpo, sangre, alma y divinidad. En relación a la especie del vino sucede lo mismo: bajo la apariencia de vino está el cuerpo, sangre, alma y divinidad de Cristo, el "Cristo todo entero" –esta es la razón por la cual no se necesita comulgar las dos especies, porque bajo cada una de las dos está Cristo entero. Santo Tomás explica que, "en fuerza del sacramento", bajo los accidentes del pan está solo el cuerpo y bajo los del vino solo está la sangre. En efecto, la Transustanciación directamente opera solo lo que Cristo dice en sus palabras. Cristo dice "este es mi cuerpo" entonces, "en fuerza del sacramento" como Cristo lo instituyó, bajo lo que parece pan está solo el cuerpo. Cristo dice: "este es el cáliz de mi sangre", así que "en fuerza del sacramento" el vino se convierte solamente en la sangre de Cristo. "En fuerza del sacramento" la Transustanciación convierte el pan en cuerpo y el vino en sangre. Nada más.

¿Cómo se explica entonces que esté Cristo entero bajo cada especie? El pan no se convierte ni en sangre, ni en alma ni en divinidad, sino solo en el cuerpo de Cristo. Esto es verdad "en fuerza del sacramento". Pero Cristo no puede ser dividido, porque su naturaleza humana está compuesta por cuerpo, sangre y alma humana. Por consiguiente, "en fuerza de la concomitancia natural", allí donde está alguno de estos elementos, siempre estarán los demás, porque – estando Cristo vivo para siempre desde su Resurrección– no puede estar el cuerpo sin sangre y sin alma. Además, esta naturaleza humana de Cristo está unida hipostáticamente (= a nivel de la Persona divina) con la divinidad, por eso donde está la humanidad de Cristo, siempre está y no puede faltar su divinidad. En resumen: el Sacramento de por sí obra solo lo que dice Cristo, es decir que el pan se transustancia en cuerpo y el vino en sangre. Pero "por la concomitancia", si está el cuerpo está también la sangre, el alma y la divinidad.

Con esta explicación entendemos dos cosas: **i.** bajo cada especie está todo Cristo; **ii.** pero de por sí, cuando el sacerdote consagra el pan, se convierte en el cuerpo y el vino en la sangre. Aplicando ahora todo esto al tema del Sacrificio, se entiende que, cuando el sacerdote consagra durante la Misa, de acuerdo con el primer punto, no hay ninguna división de Cristo: Cristo todo entero está presente bajo las apariencias del pan ya antes que se consagre el vino. Pero, considerando el punto dos, sí hay una separación de carne y sangre en el altar, dado que hay una doble consagración separada. Y esta es la imagen sacramental del Sacrificio cruento de Cristo en la cruz, porque lo que en la cruz sucedió físicamente (la sangre salió del cuerpo, separándose de él) se repite de forma incruenta y sacramental en el altar. La Misa es la imagen ritual del Gólgota. El altar no es simplemente una mesa para un banquete. El altar es el Gólgota presente en nuestras iglesias, por lo tanto, hay que tratarlo como tal.

**B.** Otra manera en que Santo Tomás explica que la Misa es Sacrificio es afirmando que *la Eucaristía está en relación con los efectos de la Pasión de Cristo* en cuanto, mediante este Sacramento, nosotros participamos de tales efectos (cf. *Summa Theologiae* III, 83,1). Hoy en día este aspecto se llama el "Misterio Pascual"; sin embargo, hay acentos diferentes en el modo actual de explicar este tema. Cuando hoy se habla de "Misterio Pascual", se entiende a menudo en consonancia con la "teología de los misterios" de Casel. Según Casel, como ya decíamos, con la Transustanciación, sucede que el acontecimiento histórico de la crucifixión de Cristo en el Gólgota recibe también un nuevo *ubi* ("donde") y un nuevo *quando* ("cuando"), es decir, un nuevo lugar (nuestro altar) y un nuevo tiempo (el de la celebración). En cambio, Santo Tomás y los teólogos clásicos hablan de la relación Misa/Gólgota en términos de los efectos de la crucifixión (véase de nuevo arriba, la cita de Pablo VI, *Mysterium Fidei*, n. 34), y no como acontecimiento histórico. Otra diferencia es que Casel enfatiza el conjunto del Misterio Pascual, remarcando el tema de la Resurrección junto con la Pasión y Muerte de Cristo. Los teólogos clásicos evidentemente no niegan la presencia de Cristo resucitado en la Misa, pero ponen mayor énfasis en el Cristo Víctima. Santo Tomás dice que en la Misa viene el *Christus passus* ("Cristo que padeció": cf. *Summa Theologiae* III, 65,5 ad 2), no el *Christus patiens* ("Cristo [en el momento en] que sufre"). En este segundo sentido, el Angélico dice que la Misa es el memorial sobre todo de la Pasión de Cristo, a través del cual recibimos los efectos salvíficos de esa Pasión que sucedió hace dos mil años. Con la Transustanciación, *Cristo entero se encuentra bajo las especies y se encuentra en estado de*

*Víctima*, viene para ofrecer su cuerpo y su sangre, viene en forma de cuerpo *dado* y sangre *derramada*.

*Excursus*: Antes de explicar esto un poco más detenidamente, mencionemos un detalle, que sin embargo tiene importancia. En nuestro tiempo, así como se enfatiza más el convite sobre el Sacrificio, igualmente se evidencia mucho más la presencia del Resucitado en la Misa, que la de la Víctima. Sin embargo, hay una señal litúrgica que nos recuerda que esto no es correcto. Esta señal es el crucifijo que las normas litúrgicas mandan colocar sobre el altar. La versión actual de los *Praenotanda* (Premisas) del Misal de Pablo VI mantiene la norma clásica que el crucifijo debe estar en el centro del altar. Pero se añade la posibilidad que se coloque al lado. En la normativa vigente de la forma ordinaria de la Misa, está permitido colocar el crucifijo al costado, aún si la primera disposición es la de ponerlo en el centro. La razón por la cual ahora se permite moverlo es que, luego del Concilio, se ha permitido celebrar la Misa "hacia el pueblo". En el pasado, dado que sacerdote y fieles rezaban todos juntos en la misma dirección, no había ningún inconveniente en mantener el crucifijo siempre en el centro del altar. Pero como ahora casi siempre se ve al sacerdote "de cara al pueblo", se introdujo esta posibilidad opcional de poner el crucifijo al costado. Sin embargo, ¡siempre debe estar! No se puede celebrar Misa si el altar no tiene su propio crucifijo. No basta con que en el ábside detrás del altar haya un crucifijo (tridimensional o pintado); esta es una imagen del ábside, no es el crucifijo del altar y por eso no lo sustituye. Cada altar donde se celebra debe tener su propio crucifijo porque el altar es el Gólgota, no es una mesa cualquiera. Sí es mesa, si se le llama como San Pablo, "mesa *del Señor*". La Misa sí es convite, si se recuerda claramente, nuevamente con San Pablo, que es "la comida *señorial*", o sea comida sagrada. Y, nos decía San Juan Pablo II que es sagrada porque es el Sacrificio de Cristo. El altar es, simbólicamente, el Gólgota y el Gólgota no tiene sentido sin el Crucificado. Se reproduce el Gólgota en nuestras iglesias poniendo un crucifijo en el altar. Nótese que ni en Navidad ni en la Pascua se puede omitir este signo. Algunos sacan el crucifijo en Navidad para reemplazarlo con la estatua del Niño Jesús, mientras que otros lo sacan en la Pascua, para poner encima del altar una estatua de Cristo resucitado. No es posible. Cada vez que se celebra la Misa, se necesita el crucifijo porque también en Navidad y en el día de Pascua la Misa sigue siendo la inmolación sacramental incruenta de Cristo, o sea su Sacrificio.

### 4.

Volvemos ahora a la segunda razón por la cual la Misa es Sacrificio según Santo Tomas: porque nos hace partícipes de los efectos de la Pasión de Cristo. Santo Tomás no ha precisado detalladamente este discurso, por lo tanto otros teólogos han tratado posteriormente de profundizar el sentido de esta enseñanza del Angélico. ¿Cómo ha de entenderse que en la Misa Cristo viene en estado de Víctima? Se han dado varias respuestas, que nosotros sintetizamos en dos corrientes: la del Sacrificio interior y la del Sacrificio exterior. **i.** Algunos han pensado que la Misa es Sacrificio porque Cristo viene en el Sacramento manteniendo la misma intención oblativa que tuvo hace dos mil años en la cruz. Es decir, Cristo (que ahora está glorificado a la derecha del Padre) en su interior, siempre tiene la intención inmutable de dar su vida por nuestra salvación. Por esto se llama interpretación "interiorista": el elemento esencial del Sacrificio de la Misa se encontraría en la interioridad de Cristo. **ii.** La segunda corriente interpretativa se concentra más sobre el simbolismo de la celebración, retomando lo que nosotros hemos explicado anteriormente: la Misa es Sacrificio en los signos externos del pan y del vino que quedan consagrados con doble consagración separada y por eso significan el Sacrificio de la cruz donde la sangre de Cristo se separó de su cuerpo.

Detrás de estas interpretaciones eucarísticas, hay dos distintas corrientes de soteriología. La interpretación a nivel soteriológico del Sacrificio de la cruz influirá en la reflexión eucarística. A nivel soteriológico, ¿cuál es el llamado "constitutivo formal", o sea el elemento más esencial del Sacrificio de Cristo? Aquí también hay dos corrientes: **i.** la corriente oblacionista dice que el elemento proprio del sacrificio es la oblación, o sea la ofrenda. El Sacrificio de Cristo tiene valor porque Cristo se ofreció sí mismo a Dios por nosotros. Luego tuvo lugar también su muerte cruel, como consecuencia de su ofrenda y la manera de manifestarla en concreto. Lo esencial es la ofrenda de su Corazón, más que la muerte cruenta. **ii.** Otra corriente es la inmolacionista, que sostiene que la inmolación es necesaria para que haya un sacrificio, porque la sola oblación no basta. Entonces el sacrificio no consiste solo en ofrecer algo, sino en ofrecerlo e inmolarlo, lo que significa: cumplir una acción de destrucción de lo que ha sido ofrecido. En el caso de Cristo, no basta solo la ofrenda interior de la vida, se necesita que la vida de Cristo sea inmolada cruentamente en la cruz.

Ambas escuelas teológicas citan textos de Santo Tomás para sustentar sus posturas porque, en cierto sentido, el Angélico dice las dos cosas. Por un lado, el Aquinate recuerda que el sacrificio en sí no tiene valor si no hay caridad en el corazón del oferente. Esto se lee en los profetas del Antiguo Testamento y además Cristo lo dijo: "Quiero misericordia y no sacrificio". Por eso, si no hay ofrenda interior, se puede inmolar lo que se quiera exteriormente, pero el sacrificio no tendrá efecto, porque es la caridad interior la que merece el fruto del sacrificio. Los teólogos de la primera corriente se apoyan en esta observación. Pero los representantes de la segunda corriente citan, entre otros, un texto excelente del mismo Santo Tomás (de su comentario a los Salmos: cf. *Super Psalmos*, 39,4), en el cual el Doctor decía: "Todo sacrificio es una oblación, pero no toda oblación es un sacrificio". En efecto, en el Antiguo Testamento existían ritos de ofrecimiento que solo eran oblaciones y no eran sacrificios. El Antiguo Testamento distingue entre simples oblaciones (por ej. presentar las primicias de la tierra en acto de agradecimiento) y sacrificios, que eran ofrendas sobre las cuales se hacía una inmolación, o sea una destrucción: el animal es matado, el incienso quemado, etc. Por esto Santo Tomás dice que "cada sacrificio es también una oblación": si el sacrificio consiste en inmolar una ofrenda, entonces el sacrificio siempre es una ofrenda, una oblación; se inmola algo que se ha ofrecido. Pero dice que "no toda oblación es sacrificio" porque se puede ofrecer algo sin inmolarlo. Esta frase demuestra que, para que haya un sacrificio, la ofrenda no basta. Es necesaria, pero no basta.

Nuestra conclusión es que el concepto completo de sacrificio debe tener ambas cosas juntas: oblación e inmolación. Aplicando esto al Sacrificio de Cristo, se entiende que, si Cristo no se hubiese ofrecido al Padre con caridad perfecta, su muerte física en la cruz no nos hubiera salvado. ¡Cuántos hombres han sido crucificados por los

Romanos! Pero ninguno de ellos salvó el mundo entero como lo hizo Cristo. La crucifixión de Cristo tuvo valor salvífico universal en razón de la caridad perfectísima de su Corazón, con la cual hizo oblación de Sí mismo. Por otro lado, esa oblación, para ser Sacrificio, necesitaba la inmolación física, la destrucción de esa vida humana que Cristo ofreció. No bastaba la sola voluntad interior. Por eso el Señor mismo dijo a los discípulos de Emaús que "era necesario que el Cristo padeciera" (Lc 24,26). Su Sacrificio estuvo presente en su Corazón a lo largo de toda su vida terrenal, porque Cristo siempre tuvo la intención de ofrecerse. Pero el Sacrificio se cumplió en la cruz.

Ahora podemos retornar a las dos interpretaciones del Sacrificio eucarístico. La corriente soteriológica oblacionista entenderá sobretodo que la intención interior de Jesús durante el Sacrificio de la cruz está presente de la misma manera en cada Misa porque viene Cristo como Víctima. Y la corriente soteriológica inmolacionista preferirá decir que lo esencial en el Sacrificio eucarístico es la inmolación ritual, o sea la doble consagración separada.

Aquí también, en vez de contraponer las dos visiones, las mantenemos juntas: **i.** Es verdad que Cristo viene en la Misa con la misma intención que tuvo en la cruz, de dar su vida por nosotros. Pero no basta con decir esto porque, si bastara solo la intención, no habría razón para celebrar Misa. De hecho, Cristo tiene dentro suyo esa intención y si solo esa fuese suficiente, ¿porqué nos mandó celebrar la Misa? El punto es que la Misa produce un efecto real cada vez que se celebra. Esto está ligado evidentemente a la intención salvífica de Cristo, pero no se resuelve simplemente en ella. **ii.** Por otro lado, tampoco podemos concentrarnos solo en el signo ritual, porque si lo consideramos aisladamente, sin relación necesaria con la intención salvífica de Cristo, el signo se convierte en un acto mágico, que tiene el poder en sí mismo de realizar cosas sobrenaturales en virtud del rito mismo; lo que no coincide con el concepto cristiano de "sacramento". Un sacramento es un signo eficaz de la gracia, es un signo que produce lo que significa. Pero lo produce por causalidad instrumental, o sea es utilizado por Dios en Cristo. Más claramente: la Misa produce la gracia porque Cristo utiliza la Misa para ofrecernos la gracia.

En conclusión, la Misa es Sacrificio ya sea porque Cristo viene en ella como *Christus passus*, en estado de Víctima con la intención de ofrecer su vida por nosotros, o porque esta ofrenda es inmolada y esta inmolación coincide con la doble consagración separada de pan y vino. Veremos a continuación que esta inmolación es la misma que la de la cruz; sin embargo acontece de forma distinta con respecto a su realización histórica.

## Capítulo 11

## El Sacrificio eucarístico / 2

### 1.

Empecemos este segundo apartado sobre el Sacrificio eucarístico recordando la objeción de Lutero contra la doctrina católica sobre la Misa en cuanto verdadero Sacrificio de Cristo. Lutero citaba pasajes como Heb 9,28: «Cristo, después de haberse ofrecido una sola vez para quitar los pecados de la multitud, se aparecerá por segunda vez sin relación ya con el pecado a los que le esperan para su salvación». La expresión "una sola vez" en griego es *apax*. Se encuentra (también en la forma *ephapax*) otras veces en la Carta a los Hebreos. En Heb 7,27, leemos que Cristo «no tiene necesidad de ofrecer sacrificios cada día, primero por sus pecados propios como aquellos Sumos Sacerdotes, luego por los del pueblo: y esto lo realizó de una vez para siempre, ofreciéndose a sí mismo». En Heb 9,12: «Y penetró en el santuario una vez para siempre, no con sangre de machos cabríos ni de novillos, sino con su propia sangre, consiguiendo una redención eterna»; en 10,10: «Y en virtud de esta voluntad somos santificados, merced a la oblación de una vez para siempre del cuerpo de Jesucristo». Y, en la Carta a los Romanos, se lee: «Su muerte fue un morir al pecado, de una vez para siempre» (Rm 6,10).

Es indudable que el Nuevo Testamento enseña que Cristo murió una vez para siempre, por los pecados. Cristo no necesita morir más de una vez, por eso puede ser la Víctima perfecta y definitiva. El contexto de la Carta a los Hebreos deja muy claro lo que Dios quiere revelar: la economía de salvación veterotestamentaria era provisional. Los múltiples sacrificios judaicos no podían obtener la redención definitiva del hombre y por eso había que repetirlos muchas veces. En el caso de Cristo, dice la Carta, no es así: no hay que repetir su Sacrificio porque Él se ofreció una vez para siempre. La alianza ahora es definitiva; el ritual antiguo debe cesar porque las figuras (los animales) deben dejar el paso a la realidad: el Cordero de Dios que quita el pecado del mundo.

Utilizando estos datos bíblicos, Lutero plantea su postura contra la Misa entendida como Sacrificio. En realidad, es muy probable que semejante planteamiento teológico intervenga en un segundo momento. Como en el caso de las indulgencias, fue primero el escándalo que motivó su reacción; solo más tarde Lutero desarrolló sus posturas también con argumentos. Sea como sea, hay que contestar a Lutero basándose en la argumentación que propone. Es decir, que, según el Nuevo Testamento, solo hay un Sacrificio de Cristo, el de la cruz; por eso no puede haber ningún otro y por ende la Misa no es Sacrificio, sino solo convite.

El Concilio de Trento respondió muy eficazmente (cf. DS 1740-1743). Los Padres conciliares recordaron que, durante la última cena, Cristo ofreció a Dios Padre su cuerpo y su sangre bajo las especies de pan y vino y distribuyó estas mismas especies a los apóstoles a quienes en aquel momento constituyó como sacerdotes de la nueva alianza. Cristo, celebrada la Pascua antigua, instituyó la nueva, es decir «Él mismo, que sería inmolado en la Iglesia a través de sus sacerdotes bajo signos visibles». Aquí Trento habla claramente de inmolación, o sea de Sacrificio, un Sacrificio cumplido a través de los ministros, bajo signos sensibles. La existencia o uso de signos sensibles implica que sea un Sacrificio sacramental, hecho en forma de Sacramento, o sea de signo visible que manifiesta y produce una realidad invisible. El Concilio se vuelve aún más específico cuando enseña que la razón por la cual Cristo instituyó la Eucaristía es para que su sacerdocio no se extinguiera con su muerte, o sea que el sacerdocio de Cristo no desapareciera de este mundo. El Señor quiso dejar aquí (una participación en) su sacerdocio en el momento en que Él retornaba al Padre. Por eso, continúa Trento, Jesucristo dejó a la Iglesia «un Sacrificio visible con el cual fuese significado el cruento que [al día siguiente] iba a ofrecer una vez por todas en la cruz». Los Padres conciliares citan explícitamente lo que dice la Carta a los Hebreos: que Cristo se ofreció una vez para todas en la cruz; y aplican esta enseñanza a la Santa Misa entendida como Sacrificio sacramental.

Los obispos reunidos en Trento dicen que «en este divino Sacrificio que se cumple en la Misa, está *contenido* e *inmolado* de manera incruenta el mismo Cristo, que se ofreció una sola vez de manera cruenta en el altar de la cruz». Aquí está la respuesta a Lutero. *El divino Sacrificio "se cumple en la Misa", y más precisamente en el momento de la consagración. En este Sacrificio, Cristo está tanto contenido como inmolado.* Los Padres del Concilio no dicen solo "contenido" sino también "inmolado". Por eso la esencia del Sacrificio eucarístico no consiste solo en la Transustanciación y en la consiguiente Presencia Real. Es necesario notarlo, porque existieron teólogos que opinaban que el Sacrificio de Cristo en la Misa sería solo un sacrificio moral, o sea Cristo se sacrificaría en la Misa solo en el sentido que aceptaría que su cuerpo y su sangre, y de hecho toda su Persona encarnada, se quede sustancialmente bajo las apariencias de alimentos tan comunes como pan y vino. Si esta óptica fuese correcta, la Presencia Real de Cristo bastaría para definir la Eucaristía como un Sacrificio. Pero esto no coincide con lo que dice Trento, porque: **i.** Los Padres conciliares dicen que *el Sacrificio se cumple en la Misa, no simplemente en las especies consagradas.* Cuando se guardan las especies en el Tabernáculo, está la Presencia Real pero el Sacrificio de Cristo no está en acto. Esto se da cuando se celebra la Misa. **ii.** *Los Padres tridentinos dicen "contenido e inmolado" y por eso solo la Presencia Real no justifica el concepto de Sacrificio.* En la Misa hay una inmolación (incruenta y sacramental) de Cristo.

Lutero se opone a esta doctrina, diciendo que en la Misa no hay inmolación de Jesucristo, porque la Biblia enseña que Él se inmoló una vez y para siempre. Trento en cambio confirma que la Santa Misa es Sacrificio, sin afirmar por eso que Cristo tenga que sacrificarse más de una vez. El Concilio lo explica así: Cristo se ofreció solo una vez de manera cruenta en el altar de la cruz. Esta forma del Sacrificio, es decir la cruenta, es la de la cual habla la Biblia, cuando dice que Cristo murió una vez para siempre. En efecto, de forma cruenta Cristo solo murió una vez. Pero este mismo Sacrificio de la cruz se puede y se debe ofrecer de otra manera: la incruenta y sacramental –por esto Cristo instituyó el Sacramento, para que se realizara la inmolación sacramental en la Iglesia. Es inmolación sacramental porque se realiza bajo signos sensibles. La Biblia no dice nada en contra de esta repetición sacramental del Sacrificio único; el Nuevo Testamento no sólo no se opone a ella, sino que la enseña, porque Cristo dice: «Haced esto en memoria de mí». Cristo mandó a los apóstoles que repitieran lo que Él mismo hizo en la última cena. Recuérdese de nuevo que *lo que hizo Cristo no fue solo consagrar su cuerpo y su sangre, sino su cuerpo dado y su sangre derramada. Cuando el Señor Jesús dice "hagan esto en memoria de mí" no quiere solo decir: "produzcan mi Presencia Real", sino: "produzcan mi Presencia Real y reproduzcan mi Sacrificio".*

Por eso Trento continúa diciendo: «Se trata, en efecto, de una sola e idéntica Víctima y el mismo Jesús la ofrece ahora a través del ministerio de sus sacerdotes, Cristo mismo que un día se ofreció en la cruz: solo es distinta la manera de ofrecerse». No hay muchos sacrificios de Cristo, solo hay uno: El del Gólgota, como dice la Escritura. La repetición de la Santa Misa es una repetición de la celebración sacramental de ese Sacrificio, no la repetición del Sacrificio cruento e histórico. Uno y único es el Sacerdote y Oferente; una y única es la Víctima; uno y único es el Sacrificio. La única cosa diferente es la manera de ofrecer este mismo Sacrificio.

Los Padres de Trento concluyen haciendo referencia a los frutos del Sacrificio. La muerte en la cruz de Cristo obtuvo como fruto los méritos de la redención. Estos méritos, que son fruto de aquel único e irrepetible Sacrificio del Gólgota, son ofrecidos a los hombres a través de la oblación incruenta que es la Santa Misa. Y, dicen los Padres conciliares, no hay ningún peligro, hablando en esta manera, que se termine pensando que la multiplicación de celebraciones de la Santa Misa disminuya el valor del único Sacrificio de la cruz, porque la Misa no tendría valor sin ese Sacrificio, ya que la Misa no es un Sacrificio distinto de aquel, sino aquel mismo; solo ofrecido en forma diversa. Siendo verdadero Sacrificio, la Misa tiene valor propiciatorio y por eso se puede ofrecer por todas las necesidades, tanto de los vivos como de los difuntos.

### 2.

Esto nos conduce a otro punto interesante, que es también de actualidad a nivel de praxis litúrgica.

**A.** Cada vez que se celebra la Misa, se repite sacramentalmente el Sacrificio de Cristo, que en sí no se puede ni se debe repetir. Pero se repite sacramentalmente, como Cristo quiso, para que el Sacrificio nos ofrezca los méritos de la Pasión de Jesús. Veremos en seguida con mayor precisión cuáles son los efectos de la Santa Misa. Por ahora, detengámonos en esto: cada vez que se celebra, se nos concede una gracia. Todos los Sacramentos son signos eficaces de la gracia, es decir, producen las gracias que significan. La Eucaristía es un Sacramento y por lo tanto realiza lo que significa. ¿Qué cosa significa la Santa Misa? La Pasión y Muerte de Cristo, a las cuales sigue la Resurrección, y por eso produce el efecto de gracia que brota del Misterio Pascual del Señor. El Señor en la cruz nos mereció la Redención y por eso, cada vez que se celebra la Eucaristía, esos méritos son realizados y ofrecidos.

Con este motivo, Santo Tomás escribe que «con más Misas, se multiplica la oblación del Sacrificio. Por consiguiente, se multiplica también el efecto del Sacrificio y del Sacramento» (*Summa Theologiae* III, 79,7 ad 3). En resumen, significa que cuanto más Misas hay, más gracias se obtienen. Esta visión es hoy en día muy criticada, porque – así se dice– es una visión "cosística" del Sacramento, mientras que la calidad cuenta más que la cantidad. Es obvio que, si razonamos solo en términos de cantidad de Misas que se celebran, está el riesgo de descuidar y hasta devaluar la Eucaristía misma. Pero, cuidando estos aspectos, la reflexión nos hace entender que Santo Tomás tiene razón. Tomemos el ejemplo del Bautismo: si se bautiza un bebé, se producirá una sola vez la gracia del sacramento, mientras que, si se bautizan mil bebés, mil veces se producirá la gracia de la justificación del pecado. Apliquemos ahora el mismo criterio al Sacramento eucarístico. ¿Cuándo se cumple el Sacrificio eucarístico? En la consagración de las oblatas. Entonces, cuanto más consagraciones hay, más repeticiones habrá de la forma incruenta del Sacrificio de Cristo. ¿Dónde se produce la gracia que Cristo obtuvo en la cruz? ¿Dónde se nos ofrece? En su Sacrificio sacramental. Entonces, cuanto más de estos sacrificios hay, más gracia se recibe. El número de consagraciones es el número de veces en que la gracia del Calvario es ofrecida al mundo. No importa que se consagren muchas partículas o una sola, una gran cantidad de vino o poco. Santo Tomás dice: la cantidad de materia consagrada no hace el Sacrificio más o menos eficaz. El Sacrificio es la consagración: de una hostia sola o de miles, vale igual. Si consagro una vez, una vez la gracia del Gólgota es ofrecida al mundo; si consagro dos, es ofrecida dos veces, etc. Si se consagran muchas partículas durante una sola Misa, la Misa siempre es una; en cambio, si se celebra la Eucaristía múltiples veces, la oblación sacrificial acontece múltiples veces y el efecto de gracia se multiplica.

**B.** Ahora vamos a una cuestión de actualidad. El Concilio Vaticano II pidió que se reintrodujera en la vida litúrgica de la Iglesia un uso más frecuente de la concelebración, lo que se hizo con la reforma litúrgica posconciliar. La concelebración es un rito muy antiguo, que se había conservado en las Iglesias orientales mucho más que en la Iglesia Latina, la cual por muchos siglos ha recurrido a ella en pocas ocasiones. Luego del Vaticano II, la Iglesia Latina ha reintroducido un uso más frecuente de la concelebración. Esta forma de celebrar tiene varios elementos positivos: el más evidente es que manifiesta la comunión de la Iglesia y la unidad entre el obispo y sus sacerdotes. De por sí, entonces, la concelebración no representa un problema y, además, tiene algunos aspectos positivos. Cuestión distinta es que hoy se hace a menudo un uso exagerado de la concelebración. En algunas ocasiones, da la impresión que existe casi una obligación a concelebrar. Se ha desarrollado una sensibilidad tal, que si en una ocasión un sacerdote asiste a una concelebración sin concelebrar, se piensa que por alguna razón tal sacerdote "no está en comunión" con los demás. Por eso, las veces que un sacerdote no concelebra, se siente obligado a decir a los concelebrantes en la sacristía, uno por uno, antes de la Misa: "no voy a concelebrar porque ya celebré tres Misas hoy…". Ese pobre sacerdote quiere que todos sepan que, si no concelebra, no es por falta de comunión… Otra exageración al respecto es la de aquellos conventos y monasterios en los cuales todos los sacerdotes concelebran todos los días.

La concelebración ha sido reintroducida particularmente para algunas ocasiones, como por ejemplo la concelebración del obispo con su clero, o la concelebración de presbíteros que asisten a ejercicios espirituales o a una conferencia. La Iglesia nunca mandó que se concelebrara siempre y que los sacerdotes nunca celebrasen Misa individualmente. El mundo tiene necesidad de muchas gracias. Cuando se concelebra, solo hay una Misa y no muchas, aunque los concelebrantes sean dos o cien (cf. Pío XII, Discurso *Vous Nous avez demandé*, 22 de setiembre 1956). Es así que si un día se tiene una concelebración, por ejemplo de cincuenta presbíteros, celebraron todos juntos una sola Misa, no cincuenta. Si se permite la expresión: se "perdieron" cuarenta y nueve Misas en ese día. Está bien concelebrar en las ocasiones en las cuales está previsto. Pero está mal concelebrar aun cuando no hace falta. De esta forma, se pierde la multiplicación de gracias que la multiplicación del Sacrificio sacramental produce. Algunos piensan que, en un mundo complejo como el actual, en el cual parece que hay más pecado que en otras épocas, se necesitarían más Misas, no menos. Un uso muy extenso de la concelebración sustrae al mundo actual esta efusión de gracias que tanto se necesita. Está bien concelebrar, pero está bien también asistir a una concelebración con el hábito coral propio y (luego o antes) celebrar individualmente la Santa Misa. Estos dos usos (que se llaman concelebración "sacramental" o "ritual") se pueden alternar, según las circunstancias y la prudencia. Pero el corazón del sacerdote no puede quedarse indiferente al saber que, si él no celebra, se pierde una efusión de gracias sobre el mundo. ¡Y el mundo lo necesita tanto!

**C.** Todo lo dicho no justifica una práctica presente en algunas naciones, consistente en que un sacerdote celebre un gran número de Misas en el mismo día. Por esto la Iglesia pone limitaciones en el *Código de Derecho Canónico*:

> Can. 905
> § 1. Exceptuados aquellos casos en que, según el derecho, se puede celebrar o concelebrar más de una vez la Eucaristía en el mismo día, no es lícito que el sacerdote celebre más de una vez al día.
>
> § 2. Si hay escasez de sacerdotes, el Ordinario del lugar puede conceder que, con causa justa, celebren dos veces al día, e incluso, cuando lo exige una necesidad pastoral, tres veces los domingos y fiestas de precepto.

Algunos sacerdotes, especialmente los domingos, celebran un número alto (y a veces *muy* alto) de Misas. Se puede tener admiración por ellos, si lo hacen por necesidad pastoral, y no por otras razones menos nobles. Sin embargo, la Iglesia en el *Código* dice que lo máximo que se puede conceder, precisamente por necesidades pastorales, es celebrar tres Misas en los domingos y fiestas de precepto. Una cuarta celebración puede ser autorizada por la Santa Sede, en casos de necesidad pastoral grave. De ninguna forma se puede justificar la costumbre de celebrar siete, diez, hasta doce Misas en el mismo día. Los pastores deben satisfacer las necesidades del rebaño, pero no deben convertirse, en el imaginario colectivo de los fieles, en máquinas que distribuyen Sacramentos en cambio de dinero. El pastor de almas es padre y el padre procura lo que sirve a sus hijos, pero también los educa. Y para educar, muchas veces el padre debe decir que no.

### 3.

Vamos ahora a considerar los frutos del Sacrificio Eucarístico, es decir, los efectos de la Eucaristía. Decíamos antes que Cristo nos ofrece en la Misa la redención que Él obtuvo en el Gólgota. Podemos aquí utilizar dos palabras: salvación y redención. Ellas se refieren a aspectos distintos del único misterio salvífico. Salvación hace referencia a la acción divina positiva de elevar y promover al hombre a través de la adopción filial o divinización: es el aspecto positivo de la gracia como elevación. Redención se refiere a la obra de cancelar lo negativo, remover los obstáculos, expiar los pecados y satisfacer las penas debidas en razón de ellos. La Santa Misa tiene tanto efectos salvíficos como redentores.

### A. Efectos de salvación

i. El primer efecto que hay que mencionar es el de la unidad del cuerpo místico. Como sabemos, según los Padres de la Iglesia, pan y vino expresan este simbolismo. El primer efecto de la Misa es el de unir los fieles a Cristo. Uniendo cada uno a Cristo, se consolida también la unidad eclesial. Cuando uno está más firmemente vinculado a Cristo, está más fuertemente insertado en la Iglesia. La Eucaristía produce, de manera sobrenatural, la unidad de la Iglesia. Por eso Henri de Lubac, en el libro *Méditation sur l'Église* (*Meditación sobre la Iglesia*) escribió que "la Iglesia hace la Eucaristía, pero también la Eucaristía hace la Iglesia". En el Sínodo de los Obispos de 2005 sobre la Eucaristía, los Padres sinodales pidieron que se aclarase cuál de las dos partes de la frase era la principal. Benedicto XVI dos años más tarde, en la exhortación apostólica *Sacramentum Caritatis*, n. 14 responde:

> Por el Sacramento eucarístico Jesús incorpora a los fieles a su propia «hora»; de este modo nos muestra la unión que ha querido establecer entre Él y nosotros, entre su Persona y la Iglesia. En efecto, Cristo mismo, en el Sacrificio de la cruz, ha engendrado a la Iglesia como su

Esposa y su Cuerpo. Los Padres de la Iglesia han meditado mucho sobre la relación entre el origen de Eva del costado de Adán mientras dormía (cf. *Gén* 2,21-23) y de la nueva Eva, la Iglesia, del costado abierto de Cristo, sumido en el sueño de la muerte: del costado traspasado, dice Juan, salió sangre y agua (cf. *Jn* 19,34), símbolo de los sacramentos. Contemplar «al que atravesaron» (*Jn* 19,37) nos lleva a considerar la unión causal entre el Sacrificio de Cristo, la Eucaristía y la Iglesia. En efecto, la Iglesia «vive de la Eucaristía». Ya que en ella se hace presente el Sacrificio redentor de Cristo, se tiene que reconocer ante todo que «hay un influjo causal de la Eucaristía en los orígenes mismos de la Iglesia». La Eucaristía es Cristo que se nos entrega, edificándonos continuamente como su Cuerpo. Por tanto, en la sugestiva correlación entre la Eucaristía que edifica la Iglesia y la Iglesia que hace a su vez la Eucaristía, la primera afirmación expresa la causa primaria: la Iglesia puede celebrar y adorar el misterio de Cristo presente en la Eucaristía precisamente porque el mismo Cristo se ha entregado antes a ella en el Sacrificio de la cruz. La posibilidad que tiene la Iglesia de «hacer» la Eucaristía tiene su raíz en la donación que Cristo le ha hecho de sí mismo. Descubrimos también aquí un aspecto elocuente de la fórmula de San Juan: «Él nos ha amado primero» (*1Jn* 4,19). Así, también nosotros confesamos en cada celebración la primacía del don de Cristo. En definitiva, el influjo causal de la Eucaristía en el origen de la Iglesia revela la precedencia no sólo cronológica sino también ontológica del habernos «amado primero». Él es quien eternamente nos ama primero.

**ii.** Un segundo efecto salvífico de la Misa es que nos prepara para la gloria. Muy a menudo los textos litúrgicos hacen referencia a esto: la Eucaristía que recibimos en la tierra es prenda de la vida celeste.

**iii.** Un tercer efecto es que, así como la comida y bebida naturales sustentan al hombre dándole fuerzas y lo hacen crecer, tienen buen sabor y dan alegría, la Eucaristía obra a nivel espiritual lo mismo: nos restituye las fuerzas espirituales que consumimos en la batalla espiritual, nos hace crecer en gracia y también nos da alegría espiritual (nótese: la espiritualidad católica bien entendida no vive de emociones; pero al interior de una vida santa, no hay nada de malo si se percibe gusto, consuelo y hasta emoción cuando comulgamos el cuerpo y sangre de nuestro amado Señor).

### B. Efectos de redención

**i.** Un primer punto se basa en la pregunta sobre si la Eucaristía remite los pecados mortales, es decir, si es "fármaco de inmortalidad" en el sentido que comulgar purifica el alma del pecado mortal. Santo Tomás contesta diciendo que hay que distinguir: una cosa es la Eucaristía en sí misma y otra si se considera desde la perspectiva de quien la recibe. La Eucaristía en sí misma es Cristo "contenido e inmolado". Como Cristo en cuanto tal es el Redentor que tiene el poder para remitir los pecados mortales, se podría contestar que sí, la Eucaristía remite el pecado mortal. Otra cosa es la Eucaristía como Sacramento recibido de parte del hombre: la Sagrada Escritura (que, como dice el Señor mismo, no se puede anular) dice claramente que quien tiene conciencia de pecado grave, no debe comulgar antes de haberse reconciliado. Dado que San Pablo enseña esto (cf. 1Cor 11,29), evidentemente la Comunión no quita el pecado mortal, porque de lo contrario el Apóstol no hubiese prohibido, sino sugerido, recibir la Comunión a quienes no están en gracia. Si San Pablo lo veta, quiere decir que la Comunión no purifica del pecado mortal y hay que reconciliarse de otra forma con Cristo, antes de recibirlo en el Sacramento eucarístico. A nivel pastoral, es necesario recordar que cuando se hace el acto penitencial al inicio de la Misa y el sacerdote dice "Dios todopoderoso tenga misericordia de nosotros, perdone nuestros pecados...", no está absolviendo los pecados mortales.

**ii.** En segundo lugar, se pregunta si la Eucaristía remite, como efecto, los pecados veniales. Aquí la respuesta es positiva. La Eucaristía es comida y bebida espiritual: como la comida y la bebida naturales nos hacen recuperar las fuerzas que nuestro cuerpo consume cada día, así la Eucaristía nos hace recuperar las pequeñas pérdidas espirituales debidas a la concupiscencia (pecados veniales). Además, la Eucaristía infunde en nuestros corazones la caridad, y la caridad elimina los pecados veniales.

Para corroborar otra vez lo que decíamos en el punto precedente, se notará que comida y bebida comunes nos hacen recuperar las fuerzas, pero no funcionan como medicina. Si uno tiene solo hambre o sed, o se siente cansado, comer y beber es suficiente para recuperarse. Pero si uno está enfermo, es necesario tomar una medicina adecuada. A nivel sobrenatural sucede lo mismo: los pecados veniales se pueden reparar con la Comunión eucarística, mientras que la enfermedad del alma (el pecado mortal) requiere que se tome otro remedio (la Confesión sacramental).

**iii.** Tercero, la Eucaristía nos ayuda a evitar los pecados futuros. Si uno come bien, es más fuerte y puede defenderse de los ataques de un enemigo. Así también a nivel espiritual: si uno se fortalece recibiendo bien la Eucaristía, podrá evitar más fácilmente las tentaciones del demonio. Aquí podemos citar a San Juan Crisóstomo, que tiene una expresión muy hermosa. Dice que al salir de la Misa (si hemos recibido la Comunión en gracia), a los ojos del demonio parecemos como leones con llamas de la boca (cf. *Super Ioannis Evangelium*, 46). Por eso el demonio huye de la presencia de un católico que comulga bien, porque le parece feroz como ese león. Evidentemente, la Eucaristía nos da la gracia de la perseverancia, pero no nos quita el libre albedrío. Por eso siempre hay que estar vigilantes, porque en cualquier momento se puede caer, si uno no se cuida espiritualmente. El Sacramento «contiene en sí la fuerza de preservarnos del pecado, pero no quita al hombre la posibilidad de pecar» (Santo Tomás de Aquino, *Summa Theologiae* III, 79,6).

**iv.** Finalmente, es también efecto de la Eucaristía remitir una parte de las penas debidas a nuestros pecados (o sea, que pueda "satisfacer"). La Eucaristía no elimina todas las penas porque si ese fuese el caso, la Iglesia nunca podría ofrecer las indulgencias o imponer penitencias. Como la Iglesia a menudo hace ambas cosas, esto significa que la Eucaristía de por sí no satisface todas las penas de nuestros pecados. Pero es posible que lo haga en parte, de nuevo por la caridad que infunde en nuestras almas. Según el fervor y la devoción con las cuales recibimos el Sacramento, es posible también este efecto de satisfacción parcial de las penas.

## Capítulo 12

## La Comunión Eucarística

### 1.

Además de ser verdadero Sacrificio de Cristo, la Eucaristía es también Comunión, o sea convite santo, banquete sagrado. Esta parte convival del Sacramento indica que no solo están en el altar el cuerpo y la sangre de Cristo, sino que también podemos participar de ellos. Se puede decir que en la Misa Cristo se ofrece en doble sentido: **i.** El primero y principal es el Sacrificio: Cristo, que hace dos mil años se ofreció en la cruz al Padre, se ofrece de forma incruenta sobre nuestro altar; **ii.** Cristo también se ofrece a nosotros bajo la forma de comida y bebida de salvación. En nuestra época, como ya afirmamos, es de fundamental importancia decir muy claramente que la Misa es ambas cosas (Sacrificio y convivio) pero que hay una jerarquía de importancia: primero y sobre todo es Sacrificio y luego también es banquete sagrado.

Esta jerarquía existe no solo entre los aspectos de Sacrificio y banquete, sino también al interior de la dimensión convival misma. En efecto, que la Misa es un banquete, es decir, un encuentro en torno a la mesa sagrada, que es la mesa del Señor, también implica un doble aspecto: **i.** La Misa es encuentro con Dios, la Trinidad, mediante Cristo Sumo y Eterno Sacerdote. **ii.** La Misa es encuentro con la Iglesia, concretamente manifestada por los demás hermanos de la asamblea, pero también es encuentro con la Iglesia invisible de ángeles y santos, que igualmente se unen a nosotros en la Liturgia. En el Evangelio, el Señor nos enseña el doble mandamiento del amor: amor a Dios y amor al prójimo y nos indica la jerarquía de estos mandamientos: primero Dios —¡siempre!— y luego los hombres (cf. Mc 12,28-33). Aplicando esta enseñanza al tema convival de la Misa, es claro que la Misa es banquete de comunión primero con Dios; en segundo lugar, con la asamblea y, en general, con toda la Iglesia. Vemos, entonces, que no tiene base teológica aquella visión de la Misa que la considera simple o principalmente como la reunión de nuestra comunidad. Es eso, pero además es mucho más que eso. Habrá que repetirlo una vez más, porque *en nuestro tiempo nunca será demasiado repetir: la Misa es el Sacrificio de Cristo. Esta es la dimensión principal, que justifica también las demás.* Luego, la Misa es también banquete sagrado y este encuentro es con Dios a través de Cristo. Solo en última instancia, la Misa es encuentro de la Iglesia universal (visible e invisible) dentro de la cual también se coloca la pequeña comunidad (parroquial o de otro género) que participa aquí y ahora.

### 2.

Hablando de la Eucaristía como Comunión, hay que remarcar que la Comunión se puede recibir de formas distintas. Tenemos de hecho tres maneras de comulgar: Comunión solo sacramental, Comunión solo espiritual, y Comunión sacramental y espiritual. La fundamentación de esto está en la clara distinción teológica hecha por los escolásticos, entre *res* y *Sacramentum*, la realidad invisible de gracia y el signo exterior visible. En su lugar, hemos citado a San Agustín, que decía que en los Sacramentos *aliud videtur et aliud intelligitur* (se ve algo y se entiende otra cosa [invisible]). En los Sacramentos de la Iglesia siempre hay una parte visible, la que los medievales llaman *sacramentum*, y también hay una gracia invisible, que ellos llaman simplemente *res*, la realidad. Esto se da porque el *sacramentum* manifiesta y produce exactamente algo que es invisible, pero real. Por ejemplo, en el Bautismo el signo exterior es la infusión del agua y la realidad sobrenatural es la regeneración del hombre en la gracia. Los medievales hablaban también de *res et sacramentum*, que sería la unión de ambos y que produce un efecto propio: en el caso del Bautismo, el carácter indeleble. Esta doctrina es muy importante. Normalmente, para recibir la *res* es necesario recibir de manera adecuada el *sacramentum*. Por ejemplo, en condiciones normales, para recibir la justificación, el pecador debe ser bautizado. En casos particulares, sin embargo, Dios puede conceder la *res* sin el *sacramentum*, es decir, Dios puede conceder la justificación a un pecador que no ha recibido el Bautismo. En este caso, el pecador es justificado, pero no tiene el carácter bautismal, no tiene la *res et sacramentum* porque Dios le concedió la *res* pero ese hombre no recibió el *sacramentum*.

Apliquemos todo esto a la Eucaristía. **i.** Se habla de "Comunión sacramental" cuando el hombre comulga materialmente recibiendo el *sacramentum*, o sea las especies eucarísticas. Si este hombre está en pecado mortal, o no es bautizado, o no tiene fe: es decir, si no está en condiciones de recibir la gracia de la Eucaristía, recibe una Comunión solo sacramental. Ha recibido el signo, ha comulgado con el Sacramento, pero no ha comulgado con la gracia del Sacramento. **ii.** Se habla, en cambio, de "Comunión espiritual" si el hombre no recibe las especies consagradas, pero recibe igualmente la *res*, es decir la gracia de estar en Comunión con Cristo. Esta forma de comulgar se puede llamar Comunión solo espiritual, precisamente porque el hombre comulga con la gracia de Cristo, pero no recibe el Sacramento. Nótese que en este caso se recibe la *res*, pero no la *res et sacramentum* que es la Presencia Real. **iii.** Finalmente, la forma perfecta de comulgar es la "Comunión sacramental y espiritual", en la cual se reciben tanto las especies consagradas (*sacramentum*) como la gracia (*res*).

¿Cuándo es posible recibir la *res* sin recibir el *sacramentum*? Según la teología clásica, es posible cuando el hombre tiene el *votum*, el deseo de recibir la gracia, pero no tiene acceso al Sacramento. En el caso del Bautismo, un catecúmeno que muere antes de recibir el Sacramento seguramente tenía el *votum* de recibirlo. Si no lo recibió es solo porque la Iglesia lo estaba preparando. En semejante caso, es muy probable que se salve eternamente porque ya tenía la fe en Cristo, la determinación de convertirse de su vida pasada y el deseo de ser bautizado. No recibió el *sacramentum*, pero pudo recibir la justificación y salvación en la muerte, o sea pudo recibir la *res* sin *sacramentum*. En el caso de la Comunión eucarística, es posible recibir interiormente la unión con Cristo (*res*) sin comulgar las especies (*sacramentum*). Si, por ejemplo, una persona tiene el *votum* de la Comunión sacramental, pero se encuentra en un lugar donde no se celebra la Misa; o, si no observó el ayuno una hora antes de comulgar, entonces se abstiene, pero expresa en su alma el *votum* de unirse a Cristo.

## 3.

Basándonos en estas precisiones, habrá que tocar un tema que se ha vuelto de actualidad en los últimos tiempos. La razón de semejante actualidad es que hoy hay un gran número de católicos que escogen estilos de vida que los ponen en un estatus permanente de pecado. El ejemplo más obvio es el de novios que todavía no están casados, y quizás tampoco quieren casarse, y sin embargo viven juntos, como si fuesen esposo y esposa; o también el caso de divorciados vueltos a casar. En presencia de estas u otras situaciones de pecado permanente, muchos sacerdotes aconsejan que –dado que no pueden recibir el Sacramento– comulguen espiritualmente, que "hagan la Comunión espiritual". Esta indicación se encuentra también en algunos textos del Magisterio. Por ejemplo, Benedicto XVI (cf. *Sacramentum Caritatis*, n. 55) dice que, en los casos en los cuales no se puede recibir la Comunión sacramental, el hombre puede cultivar el deseo de la plena unión con Cristo a través de la práctica de la Comunión espiritual. Ahora, debemos explicar bien este punto para entender exactamente qué cosa nos dice la Iglesia.

La premisa de todo discurso es que *el pecador no arrepentido no puede recibir la gracia santificante*. El pecador no arrepentido puede recibir gracias actuales, o también la gracia preveniente, que lo atrae y lo sustenta en su conversión, pero si el pecador no se arrepiente, no puede morar en él la gracia santificante. Ya propusimos el caso del catecúmeno. El catecúmeno es una persona que ya cree en Cristo y quiere recibir el Bautismo. Imaginemos que es un converso del ateísmo o de una religión no cristiana. Esta persona puede recibir la *res* si no llega a recibir el *sacramentum*, porque es una persona arrepentida de los errores, pecados e ignorancias del pasado. Es una persona que ha cambiado de vida y, con la gracia de Dios, se esfuerza en conformar su existencia a Cristo. Pero imaginemos el caso de un hombre no arrepentido y que sigue cometiendo maldades: tal hombre ¿puede recibir la *res*, o sea la justificación, sin haber primero –bajo el influjo de la gracia– tomado la firme decisión de cambiar sus caminos? ¿Cuál sería su *votum* en este caso? En efecto, hay que recordar que el *votum* del cual hablan los teólogos no es un simple deseo sicológico, sino que es una determinación de vida. El catecúmeno tiene ese *votum*, el pecador no arrepentido no lo tiene, porque si lo tuviera se arrepentiría de sus pecados y mudaría sus caminos. Lo mismo debe decirse con respecto a la Comunión. El *votum* de recibir la Eucaristía no es simplemente el deseo sicológico; por ejemplo, si alguien piensa: "recuerdo que cuando era niño, en mi parroquia solía recibir la Comunión cada domingo; ahora soy un sicario de profesión y quiero seguir en esta carrera de matar gente por dinero, pero siento que me falta esa sensación de cuando era pequeño y comulgaba", no tiene un *votum*. Este sicario, si tiene un verdadero deseo de la Comunión, cambiará su vida, dejará de matar personas y se convertirá.

La Sagrada Escritura dice claramente que no puede recibir el cuerpo y la sangre de Cristo quien está en pecado mortal y no se ha reconciliado. Por eso el Magisterio de la Iglesia (cf. por ej. el *Catecismo*, n. 1385) siempre ha enseñado que quien es consciente de pecado mortal debe primero recibir el perdón de los pecados en la Confesión antes de recibir la Comunión sacramental. San Juan Pablo II ha escrito:

> Deseo, por tanto, reiterar que está vigente, y lo estará siempre en la Iglesia, la norma con la cual el Concilio de Trento ha concretado la severa exhortación del apóstol Pablo, al afirmar que, para recibir dignamente la Eucaristía, «debe preceder la confesión de los pecados, cuando uno es consciente de pecado mortal». (*Ecclesia de Eucharistia*, n. 36)

Si quien está en pecado mortal actual no puede recibir la Comunión, antes de estar limpio de nuevo, ¿qué decir de quien no se puede limpiar en la Confesión, al no estar arrepentido de sus pecados? Es obvio que tampoco puede recibir la Comunión. Y esto con respecto a la Comunión sacramental. Pero ¿puede semejante persona recibir la *res* sin *sacramentum*? No, y por la siguiente razón.

El hombre que recibe la Comunión sacramentalmente recibe la *res* si comulga con las disposiciones necesarias. ¿Cuáles son estas disposiciones? Según la doctrina tradicional (cf. *Catecismo de San Pío X*, n. 628) son: **i.** Estar en gracia de Dios; **ii.** guardar el ayuno mandado por la Iglesia; **iii.** conocer y creer firmemente lo que se recibe en el Sacramento y acercarse a él con devoción. Entonces, si una persona recibe sacramentalmente la Eucaristía pero no está en gracia de Dios, realiza una Comunión solo sacramental, no una Comunión espiritual y sacramental: recibe el signo, pero no la gracia que el signo porta. Y si esto es verdad en el hombre en pecado mortal, es verdad más aún en el pecador en estado permanente de pecado.

Ahora bien, hay que decir que *la Comunión solo espiritual se realiza en los casos en los cuales la persona no puede recibir sacramentalmente la Eucaristía, pero lo haría si pudiera*. Como decíamos, por ejemplo, puede tratarse de una persona que está en un lugar donde no hay Misas, pero, si se celebraran, recibiría la Comunión sacramental porque está bajo las condiciones requeridas, la más importante de las cuales es el estado de gracia. Cuando semejante persona no puede recibir sacramentalmente la Eucaristía, entonces sí puede recibir la gracia de Cristo (*res*) de forma no sacramental a través de una Comunión espiritual. Otro ejemplo es el de los santos. Muchos santos querían comulgar múltiples veces al día, pero sabemos que la Iglesia no lo permite. Entonces recibían muchas veces la Comunión espiritual y con ello la gracia de unión con Cristo. En cambio, no se puede pensar que un pecador impenitente reciba la gracia de la Eucaristía a través de una Comunión espiritual.

Tomando en cuenta lo anterior, ¿por cuál razón la Iglesia, al prohibir la Comunión a los pecadores no arrepentidos, les dice que participen de la Comunión espiritual? Para entender de manera correcta esta indicación, *hay que distinguir dos tipos de Comunión espiritual*: una es la "Comunión de deseo" y, por otro lado, está el simple "deseo de la Comunión". **i.** La "Comunión de deseo" es la Comunión espiritual verdadera y propia, como la de los santos y de todo hombre en gracia de Dios. En este caso, "deseo" es el *votum* del que hablan los teólogos. **ii.** En cambio, el "deseo de la Comunión" es la sensación subjetiva de aquellos católicos que saben que no pueden recibir la Hostia sagrada, pero perciben una atracción emotiva hacia ella. A pesar de ello, no quieren cambiar de vida para estar en condición de comulgar. A estas personas la Iglesia, como Madre que trata de recuperar todos sus hijos, les dice "hagan una Comunión espiritual" en este sentido: cultivar su deseo sicológico, de manera tal que, por gracia de Dios, este deseo puramente sicológico pueda algún día convertirse en un verdadero *votum* que procure un cambio en la vida de la persona. Cultivando este deseo de recibir a Jesús Hostia, el pecador puede llegar a la determinación de abandonar su estado de pecado. El sicario del ejemplo anterior dejará su trabajo, un médico abortista renunciará a esta práctica, un divorciado "vuelto a casar" tomará con su nueva pareja la decisión de vivir su relación como la de hermano y hermana (si la situación no permite interrumpir completamente la convivencia), y novios que viven juntos volverán cada uno a su casa hasta cuando se casen.

### 4.

Hablando de las distintas formas de comulgar, hemos mencionado las condiciones para hacer una buena Comunión. Entre ellas, no está solo el estado de gracia, sino también el saber lo que se recibe en el Sacramento. Este "saber" significa «conocer y creer aquellas cosas que se enseñan con respecto a este Sacramento en la doctrina cristiana, y creerlas firmemente» (cf. *Catecismo de San Pío X*, n. 636). Por eso, podemos decir que, para hacer una buena Comunión, es necesario conocer y creer el carácter sacrificial de la Misa y la doctrina de la Presencia Real. En efecto, la eficacia de la Comunión depende también de la fe y devoción (interior y exterior) que tenemos hacia la Eucaristía. Considerar las especies consagradas como un simple signo de fraternidad impide una digna recepción del Sacramento, y por eso representa un obstáculo para recibir sus frutos.

Hoy en día en algunos países se tiene la idea de que, si se participa en la Misa, se debe también comulgar. Esto sucede especialmente en Oceanía y América del Norte. Todos, ¡literalmente todos!, al momento de la Comunión se acercan al altar y reciben la Comunión. San Juan Pablo II ha comentado esta práctica reciente:

> En estos últimos años, asistimos también a otro fenómeno. Algunas veces, incluso en casos muy numerosos, todos los participantes en la asamblea eucarística se acercan a la Comunión, pero entonces, como confirman pastores expertos, no ha habido la debida preocupación por acercarse al Sacramento de la Penitencia para purificar la propia conciencia. Esto naturalmente puede significar que los que se acercan a la Mesa del Señor no encuentren, en su conciencia y según la ley objetiva de Dios, nada que impida aquel sublime y gozoso acto de su unión sacramental con Cristo. Pero puede también esconderse aquí, al menos alguna vez, otra convicción: es decir el considerar la Misa *sólo* como un banquete, en el que se participa *recibiendo el Cuerpo de Cristo, para manifestar sobre todo la comunión fraterna*. A estos motivos se pueden añadir fácilmente una cierta consideración humana y un simple «conformismo».

Este fenómeno exige, por parte nuestra, una vigilante atención y un análisis teológico y pastoral, guiado por el sentido de una máxima responsabilidad. No podemos permitir que en la vida de nuestras comunidades se disipe aquel bien que es la sensibilidad de la conciencia cristiana, guiada únicamente por el respeto a Cristo que, recibido en la Eucaristía, debe encontrar en el corazón de cada uno de nosotros una digna morada. Este problema está estrechamente relacionado no sólo con la práctica del Sacramento de la Penitencia, sino también con el recto sentido de responsabilidad de cara al depósito de toda la doctrina moral y de cara a la distinción precisa entre bien y mal, la cual viene a ser a continuación, para cada uno de los participantes en la Eucaristía, base de correcto juicio de sí mismos en la intimidad de la propia conciencia. Son bien conocidas las palabras de San Pablo: «Examínese, pues, el hombre a sí mismo»; ese juicio es condición indispensable para una decisión personal, a fin de acercarse a la Comunión eucarística o bien abstenerse. (*Dominicae cenae*, n. 11)

Más brevemente, Benedicto XVI ha reiterado esta indicación:

Sin duda, la plena participación en la Eucaristía se da cuando nos acercamos también personalmente al altar para recibir la Comunión. No obstante, se ha de poner atención para que esta afirmación correcta no induzca a un cierto automatismo entre los fieles, como si por el solo hecho de encontrarse en la iglesia durante la Liturgia se tenga ya el derecho o quizás incluso el deber de acercarse a la Mesa eucarística. (*Sacramentum Caritatis*, n. 55).

### 5.

La devoción hacia la Comunión se debe manifestar interior y exteriormente. A nivel interior, el alma debe adorar la Presencia Real de Cristo en la Hostia y unirse a su Sacrificio. Ya hemos citado la expresión de San Agustín que decía: «Ninguno come esa carne sin antes adorarla. Y no solo no pecamos adorándola, sino que pecaríamos si no la adoráramos» (cf. *Enarrationes in Psalmos* 98,9). El mismo Hiponate nos exhorta: «Acuéstense con temor y temblor [cf. Fil 2,12] para participar de este altar. Reconozcan en el pan aquel mismo [cuerpo] que estuvo en la cruz, y en el cáliz aquella misma [sangre] que manó de su lado» (*Sermo 228/B*, 2).

A nivel exterior, también habrá que cuidar muchos signos que manifiesten y, al mismo tiempo, alimenten nuestra devoción al Santísimo. Signos como la genuflexión, el estar de rodillas, el incienso, la lámpara del tabernáculo, etc. Al comulgar, habrá que acercarse también de una manera adecuada, es decir con humildad y modestia, manifestado tanto en la postura, como en el vestido, preparándose antes y agradeciendo después de comulgar (cf. *Catecismo de San Pío X*, n. 637).

Dado que la Comunión se puede recibir a menudo, hasta todos los días, es fácil encontrar y, además, es gratuita, la Eucaristía, que es el tesoro más precioso de la Iglesia, se percibe como algo muy común y cotidiano. Por eso la Iglesia rodea este Sacramento de tantos signos de adoración y respeto, para evitar que en la conciencia de los fieles (y de los mismos sacerdotes) se rebaje el nivel de atención y devoción. Sin embargo, en nuestro tiempo muchas veces hasta los sacerdotes no tienen todo el cuidado, respeto y amor que se debe reservar a Jesús Hostia. Si los sacerdotes no cuidan estos aspectos, menos aún lo harán los fieles.

San Juan Pablo II notó una fuerte disminución de reverencia hacia el Santísimo y lo lamentó en su última encíclica que, como él mismo dice, fue escrita exactamente para despertar en la Iglesia de hoy el "asombro" frente a la Eucaristía. El Papa (cf. *Ecclesia de Eucharistia*, n. 6) dice que hay que *rursus excitare* o sea hay que "reavivar" o "volver a despertar", el *eucharisticum stupor*, el "asombro eucarístico". Esto implica que semejante asombro espiritual en la Iglesia de hoy está dormido hasta el punto de poder decir que está en coma (no en todos, pero sí en muchos lugares).

Benedicto XVI tiene un texto precioso sobre el peligro de considerar el gran misterio que se ha hecho tan cercano, tan común, que damos por supuesto. Benedicto habla de los sacerdotes como de hombres que, especialmente en la Liturgia, cumplen un servicio para Dios. Los sacerdotes son siervos de Dios. Esto es un título de gran honor, pero también conlleva unos riesgos, si no vigilamos:

> Nadie está tan cerca de su señor como el servidor que tiene acceso a la dimensión más privada de su vida. En este sentido, «servir» significa cercanía, requiere familiaridad. Esta familiaridad encierra también un peligro: el de que lo sagrado con el que tenemos contacto continuo se convierta para nosotros en costumbre. Así se apaga el temor reverencial.

Condicionados por todas las costumbres, ya no percibimos la grande, nueva y sorprendente realidad: él mismo está presente, nos habla y se entrega a nosotros. Contra este acostumbrarse a la realidad extraordinaria, contra la indiferencia del corazón debemos luchar sin tregua, reconociendo siempre nuestra insuficiencia y la gracia que implica el hecho de que él se entrega así en nuestras manos. (*Homilía en la Misa Crismal*, 20 de marzo 2008)

Tenemos que luchar continuamente, sin tregua, contra esta indiferencia del corazón hacia el gran misterio eucarístico. Cualquier fiel puede caer en esta indiferencia, pero sobre todo nosotros los sacerdotes, que tocamos lo sagrado cada día. ¿Cuántas veces celebramos la Misa? Hay días en los cuales celebramos dos o tres veces. Y esto por muchos años. Sin vigilancia, el corazón se endurece y ya no reconoce la presencia de Cristo. Obviamente, ningún sacerdote dirá: "aquí no está la Presencia Real". Pero no se necesitan palabras para decirlo: la manera de celebrar y de distribuir la Comunión lo expresa. Cuantas veces los fieles, al mirar la manera de celebrar de un sacerdote, se sorprenden. Varios hasta se preguntan: "¿el padre cree en la Presencia Real? Así como trata la Hostia, ¡pareciera que no!".

En cambio, los Padres de la Iglesia siempre han recomendado cuidar muy bien la Hostia y los fragmentos. Esta cuestión merece ser tratada un poco más detenidamente.

### 6.

Ya hemos citado lo que decía Orígenes, llamando la atención a los que comulgan, para que no pierdan nada del pan consagrado que reciben en sus manos. Ahora podemos añadir otro texto parecido, que es mucho más famoso:

[Al comulgar,] no te acerques, pues, con las palmas de las manos extendidas ni con los dedos separados, sino que, poniendo la mano izquierda bajo la derecha a modo de trono que ha de recibir al Rey, recibe en la concavidad de la mano el cuerpo de Cristo diciendo: «Amén». Súmelo a continuación con ojos de santidad cuidando de que nada se te pierda de él. Pues todo lo que se te caiga considéralo como quitado a tus propios miembros. Pues, dime, si alguien te hubiese dado limaduras de oro, ¿no las cogerías con sumo cuidado y diligencia, con cuidado de que nada se te perdiese y resultase perjudicado? ¿No procurarás con mucho más cuidado y vigilancia que no se te caiga ni siquiera una miga, que es mucho más valiosa que el oro y que las piedras preciosas? (San Cirilo de Jerusalén, *Catequesis XXIII* [*Mistagógica V*], 21)

Decíamos que es un texto famoso y en efecto ha sido citado muchísimo por los liturgistas cuando, después del Vaticano II, se comprometieron a promover la práctica de la Comunión en la mano. Este texto ha sido utilizado para enfatizar que en la Iglesia antigua se solía distribuir la Comunión en la mano, pero no se ha subrayado con igual fuerza otro aspecto (que además es el principal en el texto de San Cirilo), es decir, que hay que cuidar muy bien los fragmentos para que no se pierdan. Prestar atención a los fragmentos (siguiendo lo que Cristo dijo a los apóstoles, que recogieran los trozos de pan multiplicados para que nada se perdiera) es signo de fe y devoción hacia la Presencia Real. Entonces, examinémonos: ¿con cuánta atención purificamos los vasos sagrados? ¿le decimos a los fieles que tengan esto en cuenta cuando comulgan? Cuando alguien recibe la Comunión en la mano, antes de distribuir la Hostia siguiente, ¿prestamos atención? ¿miramos lo que el fiel hace con la Hostia? ¿la consuma o se la lleva en el bolsillo? ¿cuida los fragmentos que caen en la palma de su mano?

Ahora, sobre esto hay una opinión teológica que se enseña en muchos seminarios según la cual la Presencia Real está en la hostia y en la especie de vino consagrados pero no en los fragmentos y en las gotas individuales que se separan. Dado que desde hace muchos años se está enseñando esto, es comprensible que muchos sacerdotes purifiquen con poca atención los vasos sagrados, porque piensan que el "polvo blanco" que se queda en el copón o en la patena ya no es Cristo.

Quien mantiene esta opinión sostiene que es enseñanza de Santo Tomás de Aquino. Sería suficiente recordar que el mismo Aquinate en el himno *Lauda Sion* dice así:

| *Fracto demum Sacramento,* | Cuando se parte la Hostia |
| *Ne vacilles, sed memento,* | no vaciles, sino recuerda |

> *Tantum esse sub fragmento,*  que en cada fragmento
> *Quantum toto tegitur.*  está Cristo todo entero.

Pero estos autores citan un texto de Santo Tomás en el cual el Angélico dice que Cristo no permanece bajo las especies si éstas quedan totalmente corrompidas, es decir, si el accidente del pan queda pulverizado, o el vino está dividido en partes tan pequeñas que las especies no permanecen (cf. *Summa Theologiae* III, 77,4). Basándose en este texto, estos profesores de seminario dicen que cuando solo hay un poco de "polvo blanco" o pocas "gotitas" de la especie del vino en el cáliz, no es Cristo. Pero ¡esto no es lo que enseña Santo Tomás! Esa cita habrá que leerla en su contexto que está dado por la pregunta: ¿es posible que las especies eucarísticas puedan corromperse no obstante Cristo esté en ellas? No podemos aquí presentar bien su tratado, pero queda muy claro que el Angélico de ninguna forma dice que los fragmentos de la Hostia no son Cristo y por eso uno puede descuidarlos. Santo Tomás se refiere a una total destrucción de las especies, de manera tal que la especie de pan o vino ya no existe. En ese caso, es evidente que ya no está la Presencia Real, pero ese no es el caso de los fragmentos que durante la Misa se separan de la Hostia, quedándose en la patena y en el copón del altar, o en la palma de la mano de los fieles que comulgan.

*Es parte importante de nuestra espiritualidad eucarística, basada en el dato dogmático, que se cuiden bien los fragmentos eucarísticos.* El cuidado de este aspecto es una de las formas importantes con las cuales manifestamos y, al mismo tiempo, preservamos nuestra fe y devoción hacia el misterio eucarístico. Citamos al respecto de nuevo a San Juan Pablo II:

> La celebración de la Eucaristía nos sitúa ante muchas otras exigencias, por lo que respecta al ministerio de la mesa eucarística, que se refieren, en parte, tanto a los solos sacerdotes y diáconos, como a todos los que participan en la Liturgia Eucarística. A los sacerdotes y a los diáconos es necesario recordar que el servicio de la mesa del Pan del Señor les impone obligaciones especiales, que se refieren, en primer lugar, al mismo Cristo *presente en la Eucaristía* y luego a todos los actuales y posibles participantes en la Eucaristía. [...]

Conviene pues que todos nosotros, que somos ministros de la Eucaristía, examinemos con atención nuestras acciones ante el altar, en especial el modo con que tratamos aquel alimento y aquella bebida, que son el cuerpo y la sangre de nuestro Dios y Señor en nuestras manos; cómo distribuimos la Santa Comunión; cómo hacemos la purificación.

Todas estas acciones tienen su significado. Conviene naturalmente evitar la escrupulosidad, pero Dios nos guarde de un comportamiento sin respeto, de una prisa inoportuna, de una impaciencia escandalosa. Nuestro honor más grande consiste —además del empeño en la misión evangelizadora— en ejercer ese misterioso poder sobre el cuerpo del Redentor, y en nosotros todo debe estar claramente ordenado a esto. Debemos, además, recordar siempre que hemos sido sacramentalmente consagrados para ese poder, que hemos sido escogidos entre los hombres y «en favor de los hombres». Debemos reflexionar sobre ello especialmente nosotros sacerdotes de la Iglesia Romana latina, cuyo rito de ordenación añade, en el curso de los siglos, el uso de ungir las manos del sacerdote. (*Dominicae cenae*, n. 11)

## Capítulo 13

## El Culto público y privado al Santísimo Sacramento

En el capítulo precedente, hemos recordado lo que decía Benedicto XVI: tenemos que luchar continuamente, sin tregua, contra la indiferencia del corazón hacia el gran misterio eucarístico. Hay muchas maneras de luchar contra este acostumbrarse a la Presencia de Cristo, por ejemplo el *ars celebrandi*, sobre la cual lamentablemente no podemos detenernos. Otra manera muy eficaz para reavivar nuestro "asombro eucarístico" es el Culto público y privado a la Eucaristía. Empezaremos hablando sobre el Culto público.

### 1.

Hace algunos años, un conferencista católico norteamericano (cf. Matthew Kelly, *The Seven Pillars of Catholic Spirituality*, CD audio publicado por DynamicCatholic.com) decía que si salimos a la calle a entrevistar a la gente y les preguntamos que nos describan al católico promedio con pocas palabras, muy pocos –él opina– contestarían diciendo: los católicos son «hombres de oración»; o: los católicos son «hombres muy espirituales». Por lo tanto, el conferencista anota que nosotros los católicos ya no somos considerados personas espirituales, hombres y mujeres de oración. La Iglesia es considerada una institución política, una institución que realiza obras sociales, una institución financiera; pero no un grupo de personas espirituales. Por eso dice que es necesario retomar esta actitud esencial para todo cristiano, de rezar y de cultivar la vida espiritual. La misma conclusión coincide con lo que recuerda el Papa Francisco: «La Iglesia necesita imperiosamente el pulmón de la oración» (*Evangelii Gaudium*, n. 262).

Esencialmente, el cristianismo consiste en la adoración –doctrinal, litúrgico-orante y moral– del único y verdadero Dios: el Padre, el Hijo y el Espíritu Santo. Este Culto divino glorifica a Dios y santifica al hombre. El estilo cristiano, entonces, es antes que nada un estilo de vida lleno de oración, de visión transcendente, de inspiración sobrenatural. En el lenguaje clásico, se puede llamar «espíritu de unción». La unción es la característica más evidente de un alma que está llena de la gracia de Dios. Todos los santos han tenido espíritu de unción. Esta unción se puede llamar también piedad (en latín *pietas*). Por esta piedad, un cristiano es una persona piadosa, en el mejor sentido del término: es una persona pía y devota, otra vez en el mejor sentido que estas palabras transmiten. Modelo perfectísimo de esta santa piedad es la Virgen María, a la quien con razón se le invoca en las letanías lauretanas como *Vaso insigne de devoción*. Se compara a María con un vaso preciosísimo que está sobreabundantemente repleto de devoción. En este modelo altísimo e inalcanzable debemos inspirarnos.

Ahora, una de las formas principales de devoción católica, si no la principal en absoluto, ha sido siempre la devoción eucarística. Todos los santos han amado inmensamente la Santísima Eucaristía. Queremos ser devotos de una manera justa, correcta, sana. Existen, en efecto, formas incorrectas de devoción. ¿Qué significa, entonces, devoción? Devoción significa consagrarse a Dios. El término viene del latín *devovere*, que significa precisamente consagrar. Leemos al respecto un texto de Santo Tomás, que escribe: «La palabra devoción proviene de la forma verbal *devovere* [consagrar]; de ahí que se llamen devotos a quienes de alguna manera se ofrecen en sacrificio a Dios para estar del todo sometidos a Él. [...] Según esto, la devoción, al parecer, no es otra cosa que una voluntad propia de entregarse a todo lo que pertenece al servicio de Dios» (*Summa Theologiae* II-II, 82,1).

*El culto eucarístico fuera de la Misa es parte muy importante de la espiritualidad católica.* Este culto ha tenido efectos de gran transcendencia en el camino de santificación de la gran mayoría de los católicos, desde los tiempos más antiguos. Aún si, como es natural, este culto ha crecido y se ha perfeccionado siempre a través del tiempo, desde los primeros siglos cristianos existen diversas formas de culto eucarístico. Lamentablemente, este culto tan precioso e importante ha sido contestado por algunos teólogos y liturgistas, desde los años Sesenta hasta el presente. Se creó un eslogan que dice: "La Eucaristía ha sido instituida para ser comida, y no mirada". Con esto se quiere decir que la única relación correcta con la Hostia sagrada sería recibirla en la Comunión sacramental, mientras que adorarla mirándola en la custodia no sería algo correcto y provechoso para la fe. A esto ha respondido el Magisterio eclesial en muchas ocasiones. Sea suficiente recordar los números 66-69 de la Exhortación *Sacramentum Caritatis*, del Papa Benedicto XVI, que hemos parcialmente citado anteriormente. El Papa allí nos recuerda que no se puede recibir ("comer") al Señor si no en el contexto de una vida cristiana que adora su Presencia Real. Recuérdese también que la Iglesia ha oficialmente publicado un libro litúrgico dedicado al Culto público de Cristo fuera de la Misa (cf. Sacra Congregatio pro Sacramentis et Cultu Divino, *Ritus de sacra Communione et de cultu Mysterii eucharistici extra Missam*, 4 de enero 1978). El número 5 de los *Praenotanda* de ese libro recuerda que en la antigüedad se empezó a custodiar la sagrada Hostia luego de la Misa para administrar el Viático. Sin embargo, esto «ha introducido la *laudable costumbre de adorar* este manjar del cielo conservado en las iglesias. Este culto de adoración se basa en una razón muy sólida y firme; la fe en la Presencia Real del Señor se manifiesta connaturalmente de manera externa y pública». Mediante un libro litúrgico oficial publicado después del Vaticano II, la Iglesia sigue enseñando que el culto a la Eucaristía fuera de la Misa es "costumbre laudable", que se basa en una razón sólida y firme: la Presencia Real de Cristo en las especies consagradas. Esta afirmación magisterial es de gran importancia. *La adoración es algo que se sigue de forma natural, casi espontánea, cuando se reconoce la Real Presencia de Cristo Jesús; cuando se tiene, en la fe, la percepción de semejante Presencia.*

El Culto eucarístico fuera de la Misa, tanto en sus formas individuales cuanto comunitarias, tiene el fin de glorificar a Cristo Dios realmente presente en nuestros Tabernáculos, el fin de hablar con Él, de rogar y obtener gracias de su Majestad. La adoración crea un círculo virtuoso con la fe en la Presencia Real de Cristo: la adoración se fundamenta y parte de esta fe y al mismo tiempo la alimenta y fortalece. La adoración ha nacido y se ha desarrollado en la historia como consecuencia de nuestra firme fe en la Presencia Real eucarística. Por otro lado, durante todos los siglos, ha constituido un baluarte de esta fe. Cuanto más adoramos a Cristo eucarístico, más seguiremos percibiendo su Real Presencia en la sagrada Hostia. La fe en la Presencia Real no es, como algunos teólogos han dicho, una concepción "estática" del Sacramento. Al contrario, creer que Jesucristo está en la sagrada Hostia «verdadera, real y substancialmente», como dice Trento (cf. DS 1651), alimenta el diálogo orante con el Señor. Y esto no lo comprenden solo los teólogos: cada cristiano puede entenderlo. Es bien conocida la historia del Santo Cura de Ars. En su parroquia había un campesino que todos los días se quedaba largo rato frente al Tabernáculo. Una vez el santo le preguntó de qué le hablaba al Señor, qué cosa le decía para ocupar el tiempo que se quedaba allí. Y el campesino le contestó: «Nada, señor párroco. Yo lo miro y Él me mira» (cf. *Catecismo de la Iglesia Católica*, n. 2715). ¡Así habla quien tiene un corazón creyente; así habla quien percibe la Real Presencia eucarística de Cristo Jesús!

Hay muchas maneras de prestar adoración y honor al Señor escondido bajo los accidentes de pan y vino. A nivel público, sobre todo la adoración del Santísimo Sacramento, las procesiones eucarísticas, particularmente la del *Corpus Domini*, los congresos eucarísticos, llevar el Viático en forma solemne por las calles, etc. Aquí podemos dedicarnos solo a un tema, que es el tema del domingo. Elegimos este tema considerando lo que dijo Benedicto XVI inaugurando la V Conferencia General del CELAM en Aparecida, y que se retomó (como mencionamos al inicio de nuestra exposición) en el *Documento final* de esa asamblea. Lo que allí se dice es que, en nuestra época, *la pastoral del domingo debe ser la prioridad en la planificación pastoral en América Latina*. Sin embargo, se puede decir que esta urgencia pastoral no existe solo en ese contexto geográfico, sino en gran parte del mundo.

La Iglesia, desde la antigüedad más remota, reconoce un día de la semana que está totalmente reservado al Señor y a la celebración de la Eucaristía; esto es ya un acto de adoración pública al Cristo eucarístico. Por eso, en una sociedad secularizada en la cual las tiendas están abiertas también el domingo, la Iglesia debe luchar para defender el sentido cristiano del domingo, que no es simplemente día de descanso. Es día de descanso porque es día del Señor y de la Eucaristía solemne.

**A.** La *Sacrosanctum Concilium* ha enfatizado el rol central del domingo en el calendario litúrgico. El teólogo italiano Inos Biffi (cf. *Eucaristia. Teologia e Pastorale*, Marietti, Casale Monferrato 1982, p. 99) ha recordado que esta enfatización no es una mitificación del domingo, sino que depende de la centralidad de la Celebración eucarística en ese día. El domingo es día del Señor porque es día de la Eucaristía, o día de la *fractio panis*, como se lee en los Hechos de los Apóstoles. Es el día primordial de la representación del Misterio Pascual de Cristo en forma sacramental. El domingo no es celebración de una idea o simplemente de un ciclo cósmico (el ciclo semanal; aún si este aspecto también es válido). El domingo celebra la Pascua (Pasión-Muerte-Resurrección) de Cristo. Es importante recordar que en el domingo no celebramos algo nuestro, como se celebra un aniversario de una victoria en batalla. Es fundamentalmente la celebración de la victoria de Otro, de Cristo. Luego, esta celebración de otra persona termina siendo nuestra también, pero solo si en primer lugar se mantiene claro que el domingo no lo hacemos nosotros, sino que lo recibimos. Las fuentes patrísticas lo dicen claramente y repetidas veces: nos reunimos el domingo porque es el día del Señor.

**B.** Manteniendo el enfoque sobre el domingo como día de la Pascua de Jesucristo, se puede integrar en segundo plano también la dimensión cósmica, por la cual el domingo es el día de la creación: el día en el cual Dios empezó a crear y el día del ritmo semanal del tiempo, que Dios ha impreso en el cosmos.

**C.** Muy importante es también la dimensión eclesial del domingo. Desde siempre, los cristianos percibimos que en ese día no podemos quedarnos solos, no podemos alabar y agradecer al Señor sin los demás hermanos. La Iglesia en el domingo se manifiesta como *ekklesia* (del verbo griego *kaleo*, que significa llamar). La *ekklesia* es "comunidad llamada", "asamblea convocada". La Iglesia no se convoca a sí misma, sino que es convocada por Dios. La asamblea dominical no es autoconstituida, sino es el Señor quien la reúne.

Así se entiende también el tercer mandamiento, que forma parte integrante de la espiritualidad eucarística: *santificarás las fiestas*. El mandamiento, que es un precepto de Dios, nos ayuda. En nuestro tiempo, muchas personas perciben una sensación de molestia cuando hay reglas y preceptos. Se piensa: "en materia religiosa todo debería ser espontáneo, salir del corazón". Este pensamiento es ingenuo e innatural. Al contrario, reglas y preceptos, vividos con actitud adecuada, nos ayudan mucho, porque nos sustraen del albedrío de una religión cómoda. El precepto es un deber y no hay que olvidar que tenemos deberes hacia Dios. La Misa es una invitación de amor, porque Cristo nos llamó amigos. Pero la Misa dominical también es un deber, forma parte de la virtud de la religión y, como explica Santo Tomás, la virtud de la religión pertenece al ámbito de la justicia, porque es justo que la creatura le preste Culto público a su Creador.

Por eso, no hay oposición: *adorar públicamente a Cristo eucarístico es un placer y, al mismo tiempo, es un deber*. No se oponen. En el Prefacio de la Misa, se expresa la alabanza sincera y gozosa del rendimiento de gracias y de alabanza y, sin embargo, el sacerdote al inicio dice: "de verdad es justo y necesario". No dice "es agradable y nos gusta". Y añade: "es nuestro deber...". Evidentemente, nos gusta y es agradable adorar a Dios, pero también es un deber. El precepto de la Misa dominical, bien entendido y bien vivido, no se contrapone al amor del corazón hacia la Eucaristía, sino que lo sustenta y ayuda. Por eso, los antiguos mártires de Abitene dijeron al perseguidor que quería prohibirles la reunión eucarística semanal: *sine dominico non possumus* – "¡no podemos vivir sin celebrar el Señor en su día!".

Para terminar, recordemos la Carta apostólica *Dies Domini* (1998) de San Juan Pablo II en la cual el Pontífice explica varias dimensiones del domingo: el día para celebrar la obra del Creador, el día del Señor resucitado y del don del Espíritu, el día de la asamblea eucarística eclesial, y finalmente el día de la alegría, del descanso y de la solidaridad con los necesitados.

## 2.

Pasemos ahora a tratar brevemente el Culto privado a la Santísima Eucaristía. Se sabe que los protestantes no ofrecen ningún Culto privado a la Eucaristía porque, según ellos, no hay Presencia Real (para los luteranos clásicos la hay, pero solo *in usu*; para los demás protestantes, nunca). Ahora, la idea de que Cristo no esté (o no se quede) en las especies consagradas se contesta fácilmente en base a lo que hemos visto sea a nivel bíblico como teológico. La idea luterana de una presencia de Cristo solo durante la Comunión (*in usu*) y no después de ella, se puede contestar prestando atención a las palabras de la institución del Sacramento. Es verdad que Cristo proclama la

Presencia Real en relación al Sacrificio, como hemos dicho, pero no es verdad que, terminado el Sacrificio (= la Misa) termina también la Presencia. En efecto, Cristo no ha dicho: "Tomad y comed mi cuerpo", sino "Tomad y comed, este es mi cuerpo". De tal manera, Cristo no vincula la presencia del cuerpo y sangre solo al momento en que se reciben, sino que manda a tomar y comer/beber aquella cosa que es su cuerpo y sangre. Por eso la identidad ontológica de aquel ente no depende totalmente del uso que uno hace de él (comerlo, beberlo), sino que –como cualquier identidad ontológica– es permanente, hasta el momento de la destrucción del ente mismo. Entonces, terminado el Sacrificio y la Comunión, lo que ha sido consagrado en la Misa sigue siendo aquella realidad: cuerpo y sangre de Cristo, y por eso hay que adorarlo.

**A.** Luego del Concilio Vaticano II, hubo una fuerte insistencia sobre la celebración litúrgica y esto muchas veces ha ensombrecido la importancia del Culto privado al Sacramento eucarístico. Es obvio que las acciones litúrgicas son más importantes que las devociones privadas, sin embargo éstas son una consecuencia de aquellas y, además, ayudan a participar mejor en las mismas. El Magisterio posconciliar ha llamado la atención múltiples veces sobre la importancia de la devoción al Santísimo, empezando por la *Mysterium Fidei* de San Pablo VI, y los documentos eucarísticos de San Juan Pablo II y Benedicto XVI.

Otra práctica a la cual, en las últimas décadas, los liturgistas se han opuesto con fuerza es la Comunión fuera de la Misa. Se insistió tanto en condenar esta piadosa costumbre, que ya muchos sacerdotes, quizás la mayoría, si un fiel les pide la Comunión fuera de la Misa se la niegan, diciéndole que la Comunión se puede recibir solamente en la Misa, a pesar del libro litúrgico, que hemos precedentemente mencionado, que contiene un rito aprobado para distribuir la Comunión fuera de la Misa. Esta oposición a una práctica que es, pastoralmente hablando, muy provechosa, se explica porque, según los liturgistas, la Comunión tendría sentido solo al interior de una celebración comunitaria. No debe haber espacio por una Comunión individual (pero ¡ésta también es Liturgia, como se contempla en un libro litúrgico oficial! Y, siendo Liturgia, la Comunión "individual" siempre es eclesial: por lo tanto, aun cuando un fiel comulga "solo", nunca está solo).

La oposición que los liturgistas hacen a la Comunión fuera de la Misa es incoherente con dos afirmaciones que a menudo sostienen como criterios generales de su labor: **i.** "Se debe hacer volver la Liturgia a la perfección de los primeros siglos"; sin embargo, en la época patrística los fieles solían llevarse la Comunión a sus casas para comulgar a solas durante la semana, y obviamente lo hacían fuera de la Misa; **ii.** "Hay que respetar los libros litúrgicos aprobados después del Concilio Vaticano II"; bueno, hay un libro posconciliar que contiene el rito de la Comunión fuera de la Misa, pero ellos no quieren que se utilice. A esto se puede añadir que, en el fondo, esta oposición a la Comunión fuera de la Misa puede derivar también de un espíritu irenista hacia los protestantes.

**B.** En verdad, no hay oposición entre Liturgia y devoción. La misma Congregación para el Culto Divino emanó en 2002 un *Directorio sobre la piedad popular y la Liturgia* en el cual se muestra aprecio por una ordenada devoción, que ayuda a cultivar bien el mismo espíritu litúrgico y no se opone para nada a ello. A nivel dogmático-espiritual, esta falta de oposición se ve en lo que San Juan Pablo II escribió sobre la Virgen María, llamándola "Mujer Eucarística". En María no hubo solo vida litúrgica, participación a la *fractio panis* dominical celebrada por los apóstoles (cf. *Ecclesia de Eucharistia*, nn. 53 y 56). María cultivó también dentro suyo la devoción a la Eucaristía. Escribe el Papa: «Más allá de su participación en el banquete eucarístico, la relación de María con la Eucaristía se puede delinear indirectamente a partir de su actitud interior. *María es mujer "eucarística" con toda su vida*. La Iglesia, tomando a María como modelo, ha de imitarla también en su relación con este santísimo Misterio» (*ibidem*). A continuación, algunos textos en los cuales el Pontífice delinea la "devoción eucarística" de la Virgen:

> «Feliz la que ha creído» (*Lc* 1, 45): María ha anticipado también en el misterio de la Encarnación la fe eucarística de la Iglesia. Cuando, en la Visitación, lleva en su seno el Verbo hecho carne, se convierte de algún modo en «tabernáculo» –el primer «tabernáculo» de la historia– donde el Hijo de Dios, todavía invisible a los ojos de los hombres, se ofrece a la

adoración de Isabel, como «irradiando» su luz a través de los ojos y la voz de María. (*Ecclesia de Eucharistia*, n. 55)

María, con toda su vida junto a Cristo y no solamente en el Calvario, hizo suya la *dimensión sacrificial de la Eucaristía*. [...] Preparándose día a día para el Calvario, María vive una especie de «Eucaristía anticipada» se podría decir, una «Comunión espiritual» de deseo y ofrecimiento [...]. Recibir la Eucaristía debía significar para María como si acogiera de nuevo en su seno el corazón que había latido al unísono con el suyo y revivir lo que había experimentado en primera persona al pie de la cruz. (*ibidem*, n. 56)

En la Eucaristía, la Iglesia se une plenamente a Cristo y a su Sacrificio, haciendo suyo el espíritu de María. Es una verdad que se puede profundizar releyendo el *Magnificat en perspectiva eucarística*. La Eucaristía, en efecto, como el canto de María, es ante todo alabanza y acción de gracias. Cuando María exclama «mi alma engrandece al Señor, mi espíritu exulta en Dios, mi Salvador», lleva a Jesús en su seno. Alaba al Padre «por» Jesús, pero también lo alaba «en» Jesús y «con» Jesús. Esto es precisamente la verdadera «actitud eucarística». (*ibidem*, n. 58)

**C.** En el posconcilio se ha enfatizado, en algunas corrientes teológico-litúrgicas, que la devoción a la Eucaristía no se encuentra dentro de las prácticas de la Iglesia de los primeros siglos y que nació en la Edad Media. Por consiguiente, según los que se reconocen en estas corrientes, habría que abandonar la devoción "medieval" a la Eucaristía, para volver a lo que es más antiguo (que ellos opinan ser más "puro", o más fiel al Cristianismo originario). Para responder a esta tesis, hay que recordar: **i.** No siempre lo posterior es peor que lo anterior: muchas veces representa, en cambio, un progreso. Por ejemplo, el Nuevo Testamento fue escrito después del Antiguo Testamento. A estos liturgistas se les podría preguntar si piensan que el Misal de Pablo VI es, por ser más reciente, peor que el Misal precedente. Aún si es verdad que, a nivel histórico, el Culto a la Eucaristía fuera de la Misa se desarrolla progresivamente, esto indica un desarrollo positivo en la vida de la Iglesia, que no hay que abandonar. **ii.** No es cierta la inexistencia de formas de Culto eucarístico en la antigüedad. Por ejemplo, al parecer, en el primer siglo, se dejaba una lámpara encendida cerca del Tabernáculo, ya que en las catacumbas romanas se han encontrado unos tabernáculos de arcilla (llamados en latín *turres* porque tenían forma de torres) con lámparas anexas del mismo material o de bronce. Y en las Plegarias Eucarísticas antiguas se prescriben gestos y oraciones privadas del sacerdote para la devoción eucarística personal mientras celebra. Es comprensible que estos gestos se hayan multiplicado en la Edad Media, también para contrastar la línea de Berengario que negaba la Presencia Real. Pero el espíritu de adoración al Santísimo, adoración interna que se expresa externamente mediante gestos y signos, es originaria y forma parte del patrimonio de fe de la Iglesia de siempre.

**D.** Después de muchos años de oposición al Culto eucarístico, dice el padre Raniero Cantalamessa, «estamos redescubriendo que el cuerpo místico de Cristo que es la Iglesia no puede nacer ni crecer de otro modo que estando cerca de su cuerpo real que es la Eucaristía» (*L'Eucaristía nostra santificazione*, Milano 2012, p. 72) y esto lo dice hablando sobre el espíritu de contemplación frente a la Eucaristía. El mismo autor así lo describe:

> La contemplación eucarística no es otra cosa que la capacidad, o mejor dicho el don, de saber establecer un contacto de corazón a corazón con Jesús, realmente presente en la Hostia y, a través de Él, elevarse al Padre en el Espíritu Santo. Todo esto, en el mayor silencio que se pueda, sea exterior o interior; el silencio es el esposo muy amado de la contemplación, que la custodia como San José custodió a María. Contemplar es fijarse intuitivamente en la realidad divina (que puede ser Dios mismo, o un atributo suyo o un misterio de la vida de Cristo) y gozar de su presencia. En la meditación prevalece la *búsqueda* de la verdad, mientras que en la contemplación el *disfrute* de la Verdad encontrada (*ibidem*, p. 74).

**E.** Evidentemente habrá que distinguir bien entre devoción y emoción. La devoción salva, la emoción no y, en algunos casos, puede hasta hacer daño al alma. La devoción, como decíamos, es consagración de toda la persona a Dios. Los actos de culto privado a la Eucaristía sirven para fortalecer esta devoción que engloba la vida entera. Recordemos un pasaje de la Biblia en donde el Señor encuentra Elías. Antes de manifestarse, Dios produce signos en los cuales no se hace presente:

Le dijo: «Sal y ponte en el monte ante Yahveh.» Y he aquí que Yahveh pasaba. Hubo un huracán tan violento que hendía las montañas y quebrantaba las rocas ante Yahveh; pero no estaba Yahveh en el huracán. Después del huracán, un temblor de tierra; pero no estaba Yahveh en el temblor. (1Reyes 19,11)

La última frase "no estaba Yahveh en el temblor" fue traducida al latín por San Jerónimo así: *Non in commotione Dominus*. Ahora, la palabra latina *commotio* puede indicar una sacudida como el temblor; y en efecto el pasaje bíblico habla, a nivel literal, de esto. Pero *commotio* también significa la emoción y por eso se puede entrever, a nivel espiritual, otro sentido, como lo hizo San Pío X que, en su encíclica *E supremi apostolatus* de 1903 (cf. n. 13), interpreta este pasaje precisamente así: "el Señor no se encuentra en la emoción". En nuestro tiempo, esto es de fundamental importancia: la espiritualidad cristiana no elimina ni desprecia las emociones, pero no se basa en ellas. La santidad muchas veces pasa, en cambio, a través de la noche oscura, cuando el consuelo de las emociones está ausente. Es cosa bonita y nos gusta mucho percibir alegría y paz cuando estamos frente al Tabernáculo; sin embargo, no habrá que confundir esto con el espíritu de verdadera devoción, que consiste en cosas más objetivas. Entre estas está lo que Benedicto XVI llama "coherencia eucarística", o sea una vida cristiana digna, vivida en la fidelidad a los mandamientos, tanto en la dimensión personal como en la social:

> El Culto agradable a Dios nunca es un acto meramente privado, sin consecuencias en nuestras relaciones sociales: al contrario, exige el testimonio público de la propia fe. Obviamente, esto vale para todos los bautizados, pero tiene una importancia particular para quienes, por la posición social o política que ocupan, han de tomar decisiones sobre valores fundamentales, como el respeto y la defensa de la vida humana, desde su concepción hasta su fin natural, la familia fundada en el matrimonio entre hombre y mujer, la libertad de educación de los hijos y la promoción del bien común en todas sus formas. Estos valores no son negociables. Así pues, los políticos y los legisladores católicos, conscientes de su grave responsabilidad social, deben sentirse particularmente interpelados por su conciencia, rectamente formada, para presentar y apoyar leyes inspiradas en los valores fundados en la naturaleza humana. Esto tiene además una relación objetiva con la Eucaristía (cf. *1Cor* 11,27-29). Los Obispos han de llamar constantemente la atención sobre estos valores. Ello es parte de su

responsabilidad para con la grey que se les ha confiado. (*Sacramentum Caritatis*, n. 83)

**F.** Para concluir esta sección, citaremos dos santos: uno antiguo y uno contemporáneo, que llaman la atención a clérigos y laicos sobre la necesidad de custodiar con reverencia el Santísimo y expresar con testimonio visible y claro la fe en la Presencia Real.

A los ministros ordenados decía el santo Papa Clemente Romano:

> El Sacramento de los misterios divinos ha sido entregado a tres órdenes: al sacerdocio, al diaconado y al ministro. Ellos deben guardar con respeto las partículas del cuerpo del Señor que se quedan, de manera tal que ellas no sean tratadas con negligencia, que ninguna suciedad se encuentre en la sacristía [donde a menudo en la antigüedad se colocaba el Tabernáculo; entonces hoy se diría: en la iglesia], y que ninguna ofensa se le haga hasta a una pequeña partícula del cuerpo del Señor. (en *Patrologia Graeca*, I, 484)

Habría que hacer un examen de conciencia serio sobre la manera con la cual los clérigos cultivan o no cultivan la devoción pública y privada al Santísimo.

El segundo santo que vamos a citar es el Padre Pío de Pietrelcina, santo profundamente eucarístico, que revivió el Sacrificio de la Misa en su mismo cuerpo estigmatizado. Escribiendo a una de sus hijas espirituales, el santo le ofrece indicaciones para cultivar gestos de reverencia hacia la Presencia Real:

> Entra en la iglesia en silencio y con gran respeto, teniéndote y sintiéndote indigna de comparecer ante la Majestad de Dios [...]. Luego toma el agua bendita y haz, bien y despacio, el signo de nuestra redención. Apenas te encuentres a la vista del Dios sacramentado, haz devotamente la genuflexión. Cuando hayas llegado a tu sitio, arrodíllate y rinde a Jesús sacramentado el homenaje de tus oraciones y tu adoración. Confía a Él todas tus necesidades y las de los demás, háblale con abandono filial, suelta tu corazón y déjale total libertad para hacer contigo como mejor le plazca [...]. Al asistir a la Santa Misa y las funciones sagradas, ten mucha gravedad al ponerte de pie, al arrodillarte y sentarte, y haz todo acto religioso con la mayor devoción. Sé modesta en mirar, no vuelvas tu cabeza de aquí para allá para ver quién entra y quién sale; no te rías, por respeto al lugar sagrado y también por respeto

de quien esté a tu lado; cuida de no decir ni una palabra a nadie, salvo si la caridad o una necesidad estricta lo requiere. (*Epistolario de san Pío de Pietrelcina*. Versión española tomada de: M. Gagliardi, *Liturgia fuente de vida. Perspectivas teológicas*, Edicep, Valencia 2012, pp. 219-220)

Aquí también es necesario examinarnos para ver a qué nivel de madurez hemos llegado primero los sacerdotes y luego también, gracias a su ayuda, los fieles de nuestras comunidades. ¿Nuestras parroquias cultivan esta devoción, esta atención para la casa de Dios y sobre todo para Aquel que la habita? ¿O son acaso lugares de ruido, particularmente en ocasión de la celebración litúrgica y de su conclusión? ¿Ayudamos a nuestros fieles —dando primero nosotros el ejemplo— a entender el valor del silencio, del respeto también en la manera de comportarse, vestirse, etc.? Todo esto no es "fariseísmo", sino la directa consecuencia de la percepción de la Presencia Real. Si en nuestra fe tenemos clara percepción de semejante Presencia, nada de inoportuno o desordenado será permitido en nuestros templos. Hay que pedir al Señor que abra los ojos de nuestra fe como lo hizo con los discípulos de Emaús, para que reconozcamos su Presencia eucarística y en todas las cosas lo tratemos con el respeto, el culto, la devoción y el amor que se le debe.

## Capítulo 14

## Descripción teológico-litúrgica de la Santa Misa

Conocer el simbolismo de cada una de las partes de la Santa Misa, así como algunas indicaciones a nivel práctico, ciertamente ayuda a una mejor celebración y participación devota. Este tema, como todos los precedentes, es muy amplio por lo que ofreceremos tan solo algunos aspectos.

### 1.

*Preparación previa a la Santa Misa.* De alguna forma esta preparación pertenece a la celebración misma, por eso el Misal contiene oraciones que se pueden rezar para prepararse a celebrar. Para la participación devota, los fieles deben llegar mínimo 5-10 minutos antes (hay que educar al pueblo en esto). Igualmente el sacerdote no debe llegar a la sacristía a último momento. Al revestirse, es recomendable seguir utilizando las oraciones que en el Misal más antiguo eran obligatorias y ahora son opcionales (como dice la palabra misma, algo "opcional" no es obligatorio, pero ¡tampoco está prohibido!). En la sacristía hay que procurar un ambiente de silencio, especialmente cuando hay concelebraciones. Los concelebrantes no deben hablar entre ellos, sino más bien, se prepararán rezando en silencio. Esta preparación es sumamente importante. Leemos lo que dice San Carlos Borromeo:

> Algún [sacerdote] se queja de que, cuando va a salmodiar o a celebrar la Misa, al momento le acuden a la mente mil cosas que lo distraen de Dios; pero éste, antes de ir al coro o a celebrar la Misa, ¿qué ha hecho en la sacristía, cómo se ha preparado, qué medios ha puesto en práctica para mantener la atención? [...] Nada es tan necesario para los clérigos como la oración mental; ella debe preceder, acompañar y seguir nuestras acciones: Salmodiaré –dice el salmista– y entenderé. Si administras los Sacramentos, hermano, medita lo que haces; si celebras la Misa, medita lo que ofreces. (*Oficio de lecturas de la memoria de San Carlos Borromeo*, 4 de noviembre)

## 2.

*Lugar.* También es importante prestar atención a los lugares para cuidar la devoción al celebrar y participar de la Santa Misa. Cada uno debe ocupar el lugar que le compete (los ministros estarán en el presbiterio; la *schola* en el coro/balcón; los fieles en la nave). El orden y la limpieza deben reinar en la iglesia como signo de respeto y adoración. Esto tiene una simbología, pues así como la Iglesia siendo en sí misma santa acoge en su seno a los pecadores, así la iglesia-edificio nos acoge a nosotros pecadores, permaneciendo ordenada e inmaculada.

## 3.

*Vestiduras.* Igualmente, son signo de orden: cada persona tiene una tarea en la Liturgia y los distintos roles litúrgicos se manifiestan también con vestiduras propias. Además, las vestiduras litúrgicas manifiestan el carácter jerárquico de la Iglesia. Cada color simboliza algo distinto: el blanco, alegría y gloria; el rojo, la sangre del martirio y el fuego del Espíritu Santo; el verde, la espera del retorno de Cristo; el morado, la purificación mediante la penitencia; el negro, solemne seriedad y luto

## 4.

*Gestos corpóreos.* **i.** Estar de pie expresa obsequio y disponibilidad, espera y vigilancia. También es signo de nuestra futura resurrección a imagen de Cristo y por eso también nuestra participación al sacerdocio real del Señor. **ii.** Estar sentados significa atención, recogimiento, escucha. **iii.** Estar de rodillas expresa sumo respeto y adoración. "El hombre nunca es tan grande como cuando está de rodillas delante de Dios" (A. Manzoni). **iv.** La inclinación indica respeto y deferencia. Es signo de veneración y no de adoración. Por eso, hacia el altar e imágenes sagradas se hace una inclinación, mientras que ante el Santísimo se debe hacer una genuflexión y usualmente se debe estar de rodillas. **v.** Caminar en procesión simboliza nuestro peregrinaje terrenal rumbo a la patria eterna. **vi.** Cantar expresa, según los casos, la alegría del corazón, el arrepentimiento, o la súplica. **vii.** El sagrado silencio (que es un rito litúrgico prescrito por las rúbricas y no un espacio vacío entre los ritos) ayuda a participar en el Sacrificio del Señor ofreciéndose junto a Él mientras que Jesucristo está en la cruz y todo el mundo está en silencio. El silencio expresa el asombro por el don de Cristo, tanto en la cruz como sobre el altar. **viii.** La mirada se fija particularmente en dos cosas: el crucifijo que está en el centro del altar y las especies consagradas.

### 5.

*Palabras hebreas*. En la Misa hay cuatro expresiones de origen hebreo. Su presencia en la Liturgia cristiana quiere expresar la continuidad entre la antigua y la nueva alianza. Recordemos nuevamente el principio por el cual *figura transit in veritatem*: la figura (del Antiguo Testamento) se convierte en realidad (en el Nuevo Testamento). Las expresiones de origen hebreo son: **i.** *Dominus vobiscum*: es una frase bíblica (*Yahvé immakem*: cf. Ruth 2,4; 2Cron 15,2). En la Liturgia se utiliza para saludar al pueblo y captar su atención. También la respuesta *et cum spiritu tuo* tiene base bíblica, pues San Pablo varias veces se dirige a los cristianos diciendo «que la gracia sea con vuestro espíritu». (cf. Gál 6,18; Fil 4,23 etc.). **ii.** *Amén*: En Ap 3,14, Cristo mismo es llamado el "Amén". En hebreo la palabra indica solidez, certeza. Se puede traducir, según los contextos, "así sea" o "así es". **iii.** *Aleluya*: significa "alaben a Yahve". En el Nuevo Testamento se encuentra en Ap 19,1-6. **iv.** *Hosanna*: significa "sálvanos, por favor". En el Nuevo Testamento lo utiliza la muchedumbre cuando Jesús entra triunfalmente en Jerusalén.

Veamos ahora las distintas partes de la Misa.

### 6.

*Ritos de introducción*. Sirven para insertarnos en la celebración. Dado que la mente humana no pasa fácilmente de una cosa a otra, la Iglesia nos ayuda favoreciendo el cambio de atención desde las actividades cotidianas al acto de adoración a Dios.

**A.** El *Introito* acompaña el ingreso del sacerdote: los fieles se ponen de pie. Esto significa que solo en ese momento empieza la celebración propia y verdadera. Es significativo porque las personas ya estaban presentes, sin embargo, la asamblea sola no basta para la Eucaristía. Cristo es necesario. La Iglesia no puede celebrar la Eucaristía por iniciativa propia porque la Misa es don de Cristo, no pura creación humana. Por eso se necesita un sacerdote, representante de Cristo, para la celebración. Cientos o hasta miles de fieles no pueden celebrar sin él.

**B.** La *procesión introital* se dirige hacia el presbiterio, hasta el altar. Significa que en esta vida no podemos vivir sin el Gólgota, sin la cruz. Pero en el presbiterio está también el ábside, símbolo del Cielo y de la eternidad. Esta procesión habla de nuestra orientación fundamental hacia el Cielo, que debe ser reproducida en la Liturgia.

**C.** La *incensación* es un gesto bíblico (cf. Ap 8,3) y, como enseña la Sagrada Escritura, es signo de las oraciones de los santos (= fieles) que suben hacia el trono de Dios en el Cielo.

**D.** La *señal de la cruz* (que se debe hacer bien y despacio) junta los dos dogmas fundamentales de la fe: la Trinidad y Jesucristo. Nos persignamos trazando sobre nuestro cuerpo la cruz de Cristo pronunciando al mismo tiempo los nombres de las Personas trinitarias. Esta señal significa también que lo que vamos a hacer en la Misa es repetir en forma sacramental la crucifixión, o sea el Sacrificio de Jesús.

**E.** El *Acto penitencial* también tiene raíz bíblica. El hombre al encontrarse con Dios siempre se siente indigno y pecador. En la Biblia, cuando Dios se aparece ante alguien, la reacción nunca es un abrazo lleno de alegría; más bien la persona se postra de cara al suelo y confiesa ser indigno de estar ante la Presencia divina. Así también en 1Cor 11,28-29 San Pablo nos dice: «Examínese, pues, cada cual, y coma así el pan y beba de la copa. Pues quien come y bebe sin discernir el Cuerpo, come y bebe su propio castigo».
**i.** En el *Confiteor* se cumple otro gesto bíblico que es el de golpearse el pecho como el publicano. La absolución genérica que sigue ("Dios todopoderoso tenga misericordia de nosotros...") no es un Sacramento sino un sacramental, distinto a la absolución del

Sacramento que está en modo indicativo: "Yo te absuelvo". Según la disposición de cada fiel, esta oración puede remitir los pecados veniales mientras que para los pecados mortales se necesita acceder el Sacramento de la Reconciliación. **ii.** El *Kyrie/Christe eleison* también es bíblico, es la manera en la que varios personajes en el Evangelio se dirigen a Cristo, sobre todo los enfermos que piden sanación. Esta es la única fórmula de la Misa que ha permanecido en griego, como memoria de la antiquísima Liturgia romana que se celebraba en griego antes que en latín. En el Misal actual se puede sustituir con una traducción ("Señor, ten piedad") pero sería excelente utilizar el original griego, que también está contemplado. En el Misal más antiguo se prescribe que el *Kyrie/Christe eleison* se rece nueve veces (al parecer, según el número de los coros angélicos; otra explicación posible es que se recita tres veces para cada Persona de la Trinidad). En la Misa de Pablo VI, solo se reza el *Kyrie/Christe eleison* tres veces, así que varios liturgistas opinan que ahora solo se dirige a Cristo y no a toda la Trinidad. Sin embargo, puede bien ser entendido en términos trinitarios: una invocación para cada Persona divina. **iii.** El *Gloria in excelsis* es un himno muy antiguo y venerable, lleno de referencias bíblicas. El inicio está tomado del canto de los ángeles sobre la cueva de Belén (cf. Lc 2,14), mientras que "por tu inmensa gloria" es una reformulación de Is 6,3 ("llena está toda la tierra de su gloria"). Los títulos que se atribuyen a Cristo en el himno son: Señor, Cordero de Dios e Hijo del Padre. Todos son títulos neotestamentarios. Al final del himno se nombra al Espíritu Santo, muy brevemente como en el Credo de Nicea (una señal de la antigüedad del *Gloria in excelsis*). El canto de este himno simboliza la Iglesia peregrina que se une a la Iglesia celestial para adorar a la Trinidad al iniciar el Culto.

## 7.

*Colecta.* El sacerdote dice "oremos" y luego guarda silencio por unos momentos. Este silencio suele descuidarse y no tomarse en cuenta, por lo que el Papa Francisco, en su catequesis sobre la Misa del 10 de enero 2018, ha señalado con fuerza que se debe esperar un poco, guardar este silencio sagrado que no es opcional. El sentido es que el sacerdote recoge en su alma las oraciones de los presentes y, luego, al rezar la colecta, las presenta al Señor. Por eso, en efecto, se llama oración "colecta", del latín *colligere*, o sea reunir, recoger. La oración entonces recoge todas las intenciones de la Misa por lo que se le llama también "oración principal".

### 8.

*Liturgia de la Palabra.* Es el primero de los dos pilares fundamentales de la Misa. La misa tiene dos dinámicas, y por lo tanto dos pilares. Una de las dinámicas es descendente (inicia desde lo alto) y otra es ascendente (parte desde abajo). Desde lo alto, el Verbo desciende a la tierra para encarnarse (esto corresponde a la primera parte de la misa, a la "bajada" o donación de la Palabra desde Dios). Por otro lado, en un movimiento desde abajo hacia arriba, la humanidad se ofrece a Dios para ser salvada (lo que corresponde al ofrecimiento de Cristo al Padre en su humanidad por nosotros: el Sacrificio de la Liturgia Eucarística). La Liturgia de la Palabra expresa la primera dinámica, la de la Palabra que desde el Cielo es donada a la tierra. Las lecturas de la Liturgia de la Palabra siempre culminan en el Evangelio, porque es la perfección, o la cumbre de la Revelación. En la forma ordinaria del Rito Romano, usualmente la primera lectura del domingo (excepto en el tiempo pascual) es tomada del Antiguo Testamento para valorar la unidad de la Biblia en sus dos Testamentos y también para enfatizar la pedagogía divina en la continuidad de la Revelación. Hay unidad en la historia de la salvación y por eso se leen ambos Testamentos. Pero, en esta continuidad, hay un crecimiento; el Nuevo Testamento es más perfecto que el Antiguo. Tener tres lecturas los domingos es una novedad del Leccionario de Pablo VI, porque en la forma anterior del rito (hoy llamada forma extraordinaria) se leían solo dos lecturas (la primera, usualmente tomada de las cartas apostólicas, y el Evangelio). Como el Vaticano II pidió que se aprovechase más el tesoro de las Escrituras en la Liturgia, en la reforma litúrgica posconciliar se decidió añadir una lectura más en los domingos. Esto es bueno en sí, pero conlleva la necesidad de predicar más brevemente (como indirectamente recuerda el Papa Francisco en *Evangelii Gaudium*, nn. 137-138), para evitar que la Liturgia de la Palabra sea más larga que la Liturgia Eucarística.

**A.** Durante las lecturas los fieles están sentados y esto es señal de escucha atenta. Durante el Evangelio se ponen de pie, como ante una noticia que sorprende y alegra. Notemos también la función del canto del *Aleluya*, que es una aclamación solemne y gozosa que predispone para el momento más alto de la Liturgia de la Palabra. Lo mismo sucederá con el *Sanctus* para la Liturgia Eucarística. El Evangelio representa el culmen de la Liturgia de la Palabra, aunque después sigan las demás partes, la homilía, el Credo, y la oración universal. Estas no superan en importancia al Evangelio. Así es también en la Liturgia Eucarística: la consagración de pan y vino es el momento culmen, aunque luego sigan otros ritos importantes como la doxología, el Padre Nuestro y la Comunión. Nada de esto llega a ser tan importante como la consagración, que es el momento del Sacrificio sacramental, como hemos contemplado precedentemente.

Tanto el Evangeliario como el Santísimo durante la ostensión de la consagración se inciensan y se honran con los cirios; sin embargo, hay que notar dos diferencias: **i.** Durante la proclamación del Evangelio se está de pie; durante la consagración, de rodillas. **ii.** En cuaresma el *Aleluya* se suprime; mientras que el *Sanctus* nunca se omite. Estos detalles nos dicen que la consagración es más importante que la proclamación del Evangelio, porque en él está la actualización de la voz de Cristo para la asamblea, pero en la consagración de las oblatas Cristo en Persona viene realmente bajo las especies en estatus de Víctima; por eso, en la consagración se utiliza una campanilla. El Evangelio se besa como signo de veneración, pero la Eucaristía se ostende para que se adore. El sacerdote mismo (que debe estar de pie y no puede arrodillarse durante la consagración) hace dos veces la genuflexión (cuatro veces, en la forma extraordinaria) ante las especies consagradas.

**B.** Antes de proclamar el Evangelio, el sacerdote reza en secreto la oración *Munda cor meum* y, al leer, persigna el Evangeliario y traza tres cruces sobre su frente, boca y pecho. Es un gesto que se debe hacer bien, con calma, con serena solemnidad y no apuradamente. Tiene un sentido especial: que la Palabra de Cristo purifique y santifique nuestros pensamientos (frente), palabras (labios) y voluntad (corazón).

**C.** La *homilía*, según el Misal de Pablo VI, es obligatoria los domingos y fiestas de precepto, y recomendada los demás días. El Papa Francisco sugiere que, la homilía del domingo dure alrededor de 8-10 minutos. Es un consejo muy sabio; sin embargo, más allá de la duración, lo que más cuenta es el contenido doctrinal/pastoral y la capacidad retórica. A veces una homilía de 20 minutos cansa menos que una de 5. Sin embargo, como criterio general es mejor ser breves no para que la Misa termine pronto, sino porque así se pueden realizar todos los ritos con calma y devoción y sobre todo para que la Liturgia de la Palabra no dure más que la Eucarística, como sucede frecuentemente. Hay sacerdotes que predican por 20 minutos o más, y luego siempre utilizan la Plegaria Eucarística II (por ser más breve), dan la Comunión con mucha prisa y sin devoción, etc. Es mejor hablar menos y glorificar a Dios con una celebración más digna (una cierta lentitud, sin exagerar, es parte del arte de la celebración, porque a las personas y eventos importantes se les da tiempo). Con una buena celebración se edifica mejor al pueblo de Dios, que espera, goza y se edifica, con justa razón, cuando ve la reverencia del sacerdote al celebrar.

En cuanto al contenido de la homilía: el sacerdote no debe hablar de deporte, cultura, ecología, política, problemas sociales específicos. Ciertamente, podemos hablar de la doctrina social de la Iglesia, pero sin meternos en disputas locales o en temas de actualidad (en las ocasiones en las cuales es necesario hacerlo, se deberá realizar de manera prudente, por amor a la verdad y a las almas y siempre quedándose *super partes*). La homilía no sirve para resolver problemas particulares, sino para instruir al pueblo sobre el verdadero sentido de la Palabra de Dios. Habrá que evitar también referencias a la persona misma del sacerdote, a sus experiencias personales, aún si son positivas, pues «No nos predicamos a nosotros mismos, sino a Cristo Jesús» (2Cor 4,5). Recordemos a San Pablo, que fue llevado al tercer cielo en éxtasis y no escribió: "una vez *yo* fui llevado al cielo...", sino "conozco un hombre el cual..." (cf. 2Cor 12,2-4). Podemos hacer referencia en una homilía a algo que haya sucedido en nuestra vida espiritual o eclesial, pero es mejor hablar de eso como si no fuese algo personal, sino como un ejemplo tomado de la vida de otra persona. Así el mensaje objetivo pasará, sin que nos pongamos a nosotros mismos en el centro de la atención. La homilía no es una lección académica para instruir a los fieles sobre la última teoría que hemos leído en una revista especializada. El 21 de junio 2019, en un *Discurso a la Pontificia Facultad Teológica* en Nápoles (Italia), el Papa dijo: «En la predicación al pueblo de Dios, por favor, no hiráis la fe del pueblo de Dios con cuestiones controvertidas. Que las cuestiones controvertidas queden solamente entre los teólogos. [...] Pero al pueblo de Dios es necesario darle la sustancia que alimente la fe, y no que la relativice» (el Pontífice volvió otra vez sobre este punto en su *Discurso a la Comisión Teológica Internacional* del 29 de noviembre 2019). No hay que herir la fe del pueblo de Dios con teorías que están de moda pero no edifican. El *Catecismo de la Iglesia Católica* es una fuente formidable para la buena predicación. Existe también un *Directorio homilético* publicado por la Congregación para el Culto Divino que tiene un anexo donde se relacionan los domingos del año litúrgico (con sus lecturas) y varios números del *Catecismo*. Es una fuente de inspiración excelente para predicar bien, doctrinal y pastoralmente.

**D.** Sigue la *Profesión de fe*. Dios ha hablado en las Escrituras, la Iglesia ha interpretado la Palabra de Dios (homilía), ahora respondemos con fe. Y respondemos porque, como recuerda la constitución *Dei Verbum*, «Cuando Dios revela hay que prestarle "la obediencia de la fe"» (n. 5). El Credo se llama también Símbolo (del griego *symballo*, "juntar") de la fe, porque une las verdades centrales de la fe.

**E.** Finalmente, la *Oración de los fieles* u *Oración universal*, reintroducida en la Misa por San Pablo VI. La fe suscita oración, entonces después de proclamar la fe como respuesta a la Revelación, nos dirigimos a aquel Dios que se dio a conocer. En esta Oración se reza por: **i.** las necesidades de la Iglesia; **ii.** los gobernantes y la salvación del mundo; **iii.** quienes sufren dificultades de algún tipo; **iv.** la Iglesia local. Este es el esquema oficial que hay que respetar. Las oraciones deben ser un total de cuatro o cinco, no más. Deben ser breves, evitar toda referencia a situaciones políticas o sociales particulares (no deben dar la impresión de que se esté tomando posición con respecto a algún asunto político-social debatido en el momento) y sobre todo deben ser oraciones, es decir textos en los cuales se pide algo a Dios. A veces se escuchan oraciones que no piden nada, o que dicen: "oremos para que nosotros resolvamos este problema...". En el trasfondo puede haber un cierto pelagianismo.

9.

*Liturgia Eucarística.* Es el otro grande pilar, esta vez simbolizando la dinámica desde lo bajo, que es típica del sacrificio. En el sacrificio (de cualquier religión) el hombre toma algo de la tierra (frutos, animales) y lo eleva hacia lo alto. La primera elevación consiste en poner lo que se ofrece sobre el altar, que siempre está en un lugar elevado. La segunda elevación es representada por la oblación, la ofrenda a la divinidad; luego, como ya sabemos, viene la inmolación y así se cumple el sacrificio. *Mutatis mutandis*, esta dinámica es válida para entender el Sacrificio del Culto cristiano. En la Liturgia Eucarística, tomamos de la tierra el pan y el vino y los elevamos sobre el altar (el altar siempre debe estar en un lugar elevado; una iglesia no debería tener el altar en un lugar más bajo del nivel de la nave). Luego, pan y vino se ofrecen a Dios. La consagración es la inmolación mística de las oblatas y así se cumple el Sacrificio sacramental de Cristo.

La Liturgia Eucarística está conformada por tres elementos fundamentales, que corresponden a la descripción de la institución del Sacramento que los Evangelios ofrecen. En efecto, Cristo **i.** "tomó el pan y cáliz": esto corresponde a la preparación de los dones; **ii.** "dio gracias": esto es la Plegaria Eucarística; **iii.** "dio el pan para comer y el vino para beber": la Comunión. Se repite en cada Misa porque Cristo dijo: **iv.** "Hagan esto en memoria de mí".

**A.** *Preparación de los dones.* Se prepara el altar: esto significa que se llevan al altar los dones para ofrecer. En algunos lugares se está introduciendo la costumbre de dejar el altar sin mantel y ponerlo solo cuando empieza el ofertorio de la Misa. Es un abuso litúrgico. El altar queda descubierto solo durante el Triduo Pascual cuando es previsto por las rúbricas. En toda otra ocasión, el altar siempre está revestido con el mantel, pues no tiene el mismo significado que un mantel de casa que se coloca generalmente solo cuando se prepara la mesa para comer. Probablemente este abuso de revestir el altar en cada misa provenga de una visión principalmente convival de la Liturgia Eucarística. Sin embargo, el mantel del altar es símbolo de la sábana santa con la que envolvieron el cuerpo de Cristo muerto. Por eso se saca durante el Santo Triduo, de la misma manera en que se traslada el Santísimo a otro lugar en esos días (se simboliza así que la sábana está en el sepulcro con Cristo, lejos de nuestra mirada). Todos los demás días el Santísimo se queda en el Tabernáculo y la sábana santa, simbolizada por el mantel, permanece en el altar, para recordar que el altar antes que mesa es la roca sobre la cual Cristo se inmola (Gólgota) y muere (sepulcro) para luego resucitar. Puede también ser símbolo del sepulcro abierto, después de la Resurrección donde los apóstoles encontraron la sábana dejada allí, vacía.

i. Ya hemos hablado de la simbología cósmica y eclesial de pan y vino. Aquí podemos añadir que en el ofertorio podemos y debemos ofrecernos nosotros mismos al Señor junto con el pan y el vino. De esta forma, cuando el Espíritu Santo baja sobre pan y vino para transformarlos, nosotros también somos (no ontológicamente pero sí espiritualmente) "transustanciados" y místicamente inmolados con Cristo. En el siglo XV, el carmelita Thomas Netter aplica el tema de la Transustanciación a la vida sacramental y escribe que "La Iglesia es el cuerpo místico de Cristo, en el cual los cristianos, recibiendo el Bautismo y la Eucaristía, quedan transustanciados" (*Doctrinale antiquitatum fidei Catholicae Ecclesiae*, I, 2, cap. 16). Esto vale para todos: sacerdotes y fieles.

Para el sacerdote hay un elemento simbólico más: pan y vino son elementos pobres, castos y obedientes. α. Pobres porque pan y vino son alimento y bebida muy comunes que el pobre también puede conseguir; β. puros porque la Iglesia manda que las oblatas sean totalmente naturales (pan de trigo y vino de uva) y no contengan elementos extraños; γ. obedientes porque se dejan transustanciar totalmente, son sumamente dóciles a la acción del Espíritu Santo. El sacerdote celebrante entonces, tiene mucho que aprender de las características de estos dones.

ii. Ofreciendo pan y vino, el sacerdote pronuncia algunas fórmulas. Las del Misal de Pablo VI son muy diferentes a las que se utilizan en el Misal más antiguo, hoy llamado "forma extraordinaria del Rito Romano". De hecho, el cambio de estas fórmulas ha sido una de las partes más contestadas de la reforma litúrgica posconciliar. Las fórmulas de la Misa de Pablo VI se inspiran en oraciones judías sobre la comida. Ya hemos comentado estas fórmulas en otro momento.

Al vino se le añade un poco de agua (es una costumbre apostólica) mientras que el sacerdote recita una fórmula en secreto. La fórmula explica el gesto: el agua unida al vino es signo de nuestra unión con la vida divina de Cristo, Dios hecho hombre para morir por nosotros. Las pocas gotas de agua simbolizan, en primer lugar, la humanidad de Cristo unida a su divinidad; y también nuestra humanidad que a través de Cristo recibe la gracia de la adopción filial y divinización. Las gotas de agua son muy pocas, porque el vino manifiesta la divinidad y frente a ella, la naturaleza humana es poca cosa.

**iii.** Junto con pan y vino, se pueden ofrecer otras cosas (que obviamente no se van a consagrar). Sabemos que en la antigüedad en algunos lugares se ofrecía leche para indicar la tierra donde mana leche y miel (signo del paraíso). En las últimas décadas, se han añadido en la procesión ofertorial otros signos como por ejemplo, objetos de trabajo o de estudio (a menudo se lee un comentario para explicarlos); expresando que el mundo y la vida cotidiana entran en la Liturgia. A veces se llega casi al ridículo, como cuando se lleva la Biblia o una estatua de la Virgen al ofertorio. Es como decir que nosotros le ofrecemos a Dios su Palabra o su Madre. El pan y el vino son signos más que suficientes para expresar que el mundo y la vida cotidiana entran en la Liturgia. El pan y el vino son fruto de la tierra y *del trabajo del hombre*. La actividad humana ya está presente allí y por eso no hace falta llevar instrumentos de trabajo o de estudio (menos aún, se deberían llevar al altar signos culturales que se desarrollaron originariamente en el contexto de otras religiones). Por otro lado, la dimensión simbólica de la Liturgia se empobrece también cuando se lee una explicación al llevar objetos comunes en el ofertorio (carteles o explicaciones leídas representan la derrota del verdadero espíritu simbólico). Se puede representar el trabajo cotidiano compartiendo sus frutos con la Iglesia y los necesitados; este es el sentido de la tradición de la época apostólica de ofrecer parte de lo que se posee. En los siglos pasados, se solía ofrecer comida o vestidos; hoy es común la oferta en dinero. En sociedades no rurales, los fieles no cultivan la tierra, pero pueden compartir parte del sueldo que ganan con su trabajo.

Finalmente, el sacerdote se lava las manos como símbolo de la pureza necesaria que debe acompañarlo en todas las cosas, y signo de respeto a Cristo, a quien muy pronto el sacerdote va a tocar con sus manos. La oración "oren hermanos, para que el sacrificio mío y de ustedes..." dirige la atención al elemento principal: el Sacrificio. La oración sobre las oblatas confirma lo que decíamos, pues pide a Dios que transforme nuestras ofrendas y que nos transforme interiormente junto con ellas.

**B.** *Plegaria Eucarística.* El Rito Romano tuvo por mil seiscientos años una sola Plegaria Eucarística: el Canon Romano. San Pablo VI añadió otras tres Plegarias Eucarísticas principales. Algunas otras menores han sido aprobadas posteriormente e insertadas en varios misales nacionales (como las Plegarias de la Reconciliación I y II, la Plegaria Eucarística de Zaire, etc.). En 1991 fue añadida a la *editio typica* la Plegaria Eucarística V (compuesta en 1974 durante un sínodo en Suiza) en cuatro formas: A, B, C, D, que se pueden utilizar solo en Misas votivas. Sin embargo, el Canon Romano sigue siendo la Plegaria Eucarística más perfecta y tradicional de la eucología romana.

La estructura de la Plegaria Eucarística es la siguiente: **i.** Prefacio; **ii.** *Sanctus*; **iii.** Epíclesis; **iv.** Consagración; **v.** Anamnesis (memorial de Cristo); **vi.** Ofrenda de la Víctima (al Padre en el Espíritu); **vii.** Intercesiones; **viii.** Doxología. Como se ve, la Consagración está en el centro. Es el centro y la cumbre de toda la Plegaria Eucarística, es decir, centro y cumbre de toda la Santa Misa.

No nos podemos detener a explicar todas estas partes en detalle. Hemos considerado ya muchos aspectos bíblicos, patrísticos y dogmáticos en los capítulos precedentes. Recordemos solo cómo empieza el Prefacio: *Sursum corda – habemus ad Dominum* ("Levantemos el corazón – Lo tememos levantado hacia el Señor"). La dinámica desde abajo o ascendente es muy clara. Retorna evidentemente el tema de la orientación en la oración litúrgica. Hoy que el sacerdote casi siempre celebra de "cara al pueblo" habrá que recordar que, como mínimo a nivel interior, solo existe una orientación de la oración, y esta es "hacia el Señor". El sacerdote no celebra hacia la comunidad, representa a la comunidad frente a Dios y representa a Dios (Cristo) frente a la comunidad. Esta teología debe ser visible en la manera concreta de celebrar; es decir, la orientación litúrgica debería siempre ser realizada *per ritus et preces* ("a través de los ritos y oraciones": *Sacrosanctum Concilium*, n. 48), y no solo *per preces*, en palabras y oraciones. No es suficiente que las oraciones de la Misa estén dirigidas a Dios. De alguna forma, siempre se necesita simbolizar la orientación litúrgica visiblemente, a través de símbolos, gestos y ritos, de manera que no se realice algo opuesto a lo que se reza y se dice.

**C.** *Ritos de Comunión.* Estos ritos concluyen la Liturgia Eucarística. Se pueden destacar cinco momentos: **i.** el Padre Nuestro; **ii.** el Rito de la paz; **iii.** la *Fractio panis*; **iv.** el *Cordero de Dios*; **v.** la Comunión. Veamos uno por uno.

**i.** El *Padre Nuestro* se reza oficialmente tres veces al día en la Liturgia (Misa, Laudes y Vísperas). En el contexto eucarístico, la oración que nos enseñó el Señor se entiende como preparación inmediata a la Comunión: «Danos hoy nuestro pan sobresustancial [*epiousion*]». Además, en el Padre Nuestro se recogen de nuevo los dos elementos principales de la precedente Plegaria Eucarística: alabanza e intercesión.

**ii.** El *Rito de la paz* existía también en el Misal antiguo, pero normalmente, sobre todo en la Misa diaria, como era opcional, no se observaba. Este rito es opcional también en la Misa de Pablo VI. Hoy se suele interpretar de manera muy "horizontalista". En verdad, es un signo muy "teológico" y "vertical". Lo explica la oración que lo precede: "Señor Jesucristo, que dijiste a tus apóstoles 'la paz les dejo, mi paz les doy'…". Además, el sacerdote dice: "La paz *del Señor* esté siempre con ustedes". Ambas fórmulas implican que no es una paz que hacemos nosotros, sino una paz que recibimos del Señor Jesucristo. No es una construcción humana, sino que es un don de lo alto. En la forma antigua de la Liturgia, el rito expresaba más claramente esto porque la paz se daba del sacerdote al diácono, o al monaguillo, y luego este pasaba la paz a los demás, siguiendo el orden jerárquico. Al dar la paz al pueblo, se utilizaba una imagen sagrada llamada "portapaz", tomada del altar y que los fieles besaban. De esta manera, se entendía claramente que la paz no es un intercambio humano de saludo, sino que proviene de lo alto a través de Cristo (y del cuerpo místico, en concreto a través la jerarquía eclesiástica). Esta es también la razón por la cual, en el Rito Romano, el signo de la paz no se hace antes del ofertorio, como se podría hacer inspirándose en Mt 5,22-23 («Si, pues, al presentar tu ofrenda en el altar te acuerdas entonces de que un hermano tuyo tiene algo contra ti, deja tu ofrenda allí, delante del altar, y vete primero a reconciliarte con tu hermano; luego vuelves y presentas tu ofrenda»), sino que se hace después de la consagración, cuando Cristo ya está presente sobre el altar: la paz viene de Él. Sería oportuno, sin embargo, cambiar la manera actual (poco silente) de intercambiar la paz, porque distrae mucho y eso es poco antes de comulgar. Se debería hacer de manera mucho más silenciosa y "sagrada", de acuerdo con su índole propia.

    **iii.** Sobre la *Fractio panis*, algo ya hemos dicho anteriormente. Junto con la *fractio*, se hace la *immixtio* (se pone un pedacito de la Hostia en el Cáliz): este gesto se puede interpretar simbólicamente de muchas maneras. Una de las interpretaciones afirma que el rito simboliza que, después de su Resurrección, en Cristo se juntaron nuevamente cuerpo y sangre, que se habían dividido en la muerte (así el beato Antonio Rosmini, en *"Il Dono di Dio". Pensieri sull'Eucaristia*, S.A.L.E. "Sodalitas", Domodossola 1931, p. 35; cf. también P. Guéranger, *Spiegazione delle preghiere e delle cerimonie della Santa Messa*, De Vita Contemplativa, Città di Castello [PG] 2008, p. 185).

    **iv.** El himno del *Cordero de Dios* se llama también *confractorium*, porque acompaña la *fractio*. El título "Cordero de Dios", que el Bautista reconoció a Jesucristo, es un título sacrificial. El Cordero "*quita* el pecado del mundo". En realidad, la fórmula latina dice "*Agnus Dei, qui* tollis…". El verbo *tollere* significa antes que nada "llevar sobre sí" o "cargar con", y solo en segundo lugar significa "quitar". Cristo lleva sobre sus espaldas nuestros pecados en cuanto es el Siervo Sufriente de Yahvé. Es importante que se cante este himno en ese momento de la Misa, porque la Liturgia nos recuerda de esta manera que, aún si Cristo vive resucitado y con la *immixtio* hemos simbolizado su Resurrección, siempre viene a la Santa Misa en estado de Cordero, de Víctima de expiación. En el momento convival de la celebración (cuando ya casi se va a comulgar), se repite otra vez que vamos a comulgar la Víctima y a su Sacrificio. Vamos a comer, sí; pero vamos a comer una comida sagrada y a beber la sangre del Cordero.

**v.** La *Comunión*. Comulga primero el sacerdote (o los sacerdotes, si hay varios) y luego los fieles: se respeta así el orden jerárquico, que es elemento importante de la teología litúrgica. Las rúbricas del Misal precisan que el sacerdote debe comulgar *reverenter*, "con reverencia" (interior y exterior).

Para los fieles, la forma tradicional de comulgar es recibiendo la Hostia directamente en la boca. Allí donde la Conferencia Episcopal obtuvo el indulto de la Santa Sede, los fieles pueden recibir la Comunión en la mano. Habrá que recordar: $\alpha$. Si hay peligro de robo o irreverencia, aún si el fiel presenta la palma de la mano, se le dará igualmente la Hostia en la boca. $\beta$. El sacerdote, antes de que el siguiente fiel comulgue, debe cerciorarse de que quien ha recibido la sagrada Hostia en la mano no se la lleve y que efectivamente la consume. Si no es así, el sacerdote debe intervenir prontamente. $\gamma$. A menudo habrá que recordar a los fieles que deben cuidar los fragmentos que eventualmente se queden en la mano luego de llevar la Hostia a la boca. $\delta$. En condiciones normales, cuando en un territorio se haya obtenido el indulto de la Santa Sede, los fieles son libres de recibir la Hostia en la boca o en la mano, estando parados o arrodillándose. Si no hay peligro de robo o irreverencia, el ministro que distribuye la Comunión no puede imponer a un fiel una manera particular de comulgar. No puede imponer la Comunión en la boca a quienes la piden en la mano y viceversa, no puede imponer la Comunión en la mano a los que desean recibir la Hostia directamente en la boca. Tampoco se puede exigir que todos deban estar parados y por eso si alguien quiere recibir la Comunión de rodillas habrá que respetar su deseo. $\varepsilon$. El Ordinario del lugar (usualmente el obispo), aun si la Conferencia Episcopal a la cual pertenece pidió y recibió el indulto, no está obligado a conceder la Comunión en la mano en su diócesis. El obispo tiene derecho a no aplicar el indulto en su diócesis y esto no sería una falta de comunión eclesial con los demás obispos de la Conferencia Episcopal.

Luego de la Comunión, es necesario respetar un tiempo de silencio sagrado *sin cantos*, momento de silencio total para adorar y agradecer. Todo se concluye con la Oración después de la Comunión.

**10.**

Finalmente, está la bendición y la fórmula *Ite, missa est*. El origen de esta fórmula viene del senado romano. Terminando las reuniones, se decía *ite, concio missa est*, que significa "vayan, la asamblea se acabó". Pero, como explica Benedicto XVI, «en la antigüedad, *missa* significaba simplemente "terminada". Sin embargo, en el uso cristiano ha adquirido un sentido cada vez más profundo. La expresión *missa* se transforma, en realidad, en "misión". Este saludo expresa sintéticamente la naturaleza misionera de la Iglesia» (*Sacramentum Caritatis*, n. 51). Hay que recordar que el sacerdote dice estas palabras (como todas las demás fórmulas de la Misa) como sacerdote y no como fiel, por lo tanto, no debe decir: "Vamos en paz". No es "vamos", sino "vayan" (*ite*); o "pueden ir" (no "podemos ir"). En este último momento de la celebración, él continúa actuando como ministro jerárquico, que guía el rebaño de Cristo.

## Capítulo 15

## La Eucaristía y los santos

La Eucaristía, siendo Cristo mismo, representa la fuente, el centro y el ápice de la vida espiritual cristiana. Por lo tanto, aquellos que han sido cristianos ejemplares (los santos) siempre han tenido una vida eucarística muy intensa. Para una mayor profundización, se puede consultar un volumen publicado en el año 2000 por la Congregación para las Causas de los Santos, titulado *Eucaristía: Santidad y Santificación*. El libro, además de algunos estudios sobre el tema, contiene breves ensayos sobre la espiritualidad eucarística de muchos santos, beatos y siervos de Dios.

Todos los santos han profesado un profundo amor por la Santísima Eucaristía. Ello se refleja en sus predicaciones y catequesis, en el testimonio de milagros gracias a ella, en la devoción y la reverencia al comulgar y celebrarla; en el largo tiempo que amaban pasar frente al Tabernáculo. En este ensayo podremos presentar tan solo algunos de los ejemplos tomados de sus biografías. Los vamos a distribuir de la siguiente forma: en un primer momento, retomaremos unas cuantas anécdotas eucarísticas de la vida de los santos (cf. S.M. Manelli, *Gesù eucaristico Amore*, Casa Mariana, Frigento [AV] 1973), para luego, en una segunda parte, mostrar algunos extractos de sus escritos que nos ilustran la llamada "mística eucarística".

### 1.

**A.** Cuando San Juan María Vianney llegó a su parroquia de Ars, le dijeron: "Ud. llega tarde, reverendo. Aquí ya no hay nada que hacer". "Entonces –respondió– ¡Hay que hacer todo!". Y lo que hizo fue levantarse a las dos de la mañana y ponerse a rezar en la iglesia frente al Tabernáculo por horas (recitaba el Oficio, hacía la meditación y rezaba el Rosario). Pasado poco tiempo, ya no pudo respetar tranquilamente este plan de oración diaria, porque el Señor transformó la parroquia a tal punto que el Cura de Ars casi no tenía tiempo para rezar pues era mucha la gente que lo buscaba a todas horas. Los sacerdotes de la zona se maravillaron de sus increíbles éxitos pastorales y no podían entender la razón. Fueron a su parroquia para preguntárselo. Le dijeron: "Nosotros en nuestras parroquias planeamos todo muy bien, además somos sacerdotes eruditos mientras que tú nunca fuiste brillante en los estudios. Sin embargo, nuestras parroquias no tienen tanto éxito como la tuya. Es más, en ocasión de fiestas, invitamos a grandes predicadores, por ejemplo, profesores de la ilustre universidad de la *Sorbonne* pero viene mucha más gente a escucharte...". Luego de escuchar todo esto, el Cura de Ars les preguntó: "...Pero ¿Uds. trabajan de rodillas?". Quería decir que el éxito pastoral no proviene de la programación o de los títulos de estudio (siendo ambas cosas en sí buenas), sino que viene de la adoración al Tabernáculo.

**B.** Lo mismo sucedió con San Pío de Pietrelcina. Fue destinado como simple fraile al pequeño convento de un pueblito llamado San Giovanni Rotondo, que queda sobre una colina lejana, en una zona insignificante (en esa época) de Italia. No había nada allí: solo piedras y unas pocas familias de pastores con sus ovejas. El Padre Pío pasaba días y noches rezando de rodillas frente al Tabernáculo. Así San Giovanni Rotondo se convirtió en uno de los destinos de peregrinación más conocidos del mundo, donde el santo construyó también un famoso hospital.

**C.** El celo eucarístico se encuentra en la vida de todos los santos. Sin embargo, hay algunos que se distinguieron de manera particular, por ejemplo San Juliano Eymard, sacerdote francés que fundó la Congregación de los Sacerdotes del Santísimo Sacramento. San Juliano ofreció su vida por la misión de dar honor y gloria al Cristo Eucarístico y llevar muchas almas a la Eucaristía. El solía decir a Cristo: "Aquí tenéis, querido Jesús, mi vida: estoy listo hasta para comer piedras y morir abandonado para lograr elevaros un trono, daros una familia de amigos, un pueblo de adoradores". San Julián también relata lo siguiente: un día un oficial del ejército francés acompañaba en Marsella al emir Add-el-Kader. Mientras caminaban, pasó un sacerdote que llevaba el Viático. El oficial paró, se sacó su gorra y se arrodilló allí mismo en la calle. El emir le preguntó la razón de tal saludo y el oficial le contestó: "Adoro a mi Dios, y este sacerdote Lo está llevando a un enfermo". El emir contestó: "¿Cómo pueden ustedes los cristianos creer que Dios se haga tan pequeño como para entrar en un trozo de pan y aceptar ser llevado en casa de los pobres? Nosotros los musulmanes tenemos una concepción mucho más alta de Dios". Y el oficial replicó: "Es porque ustedes conocen solo la grandeza de Dios, pero no conocen su amor".

**D.** Para los santos nada tiene el mismo valor que celebrar o participar devotamente en la Santa Misa. Algunos santos tuvieron que hacer sacrificios muy grandes para participar de la Eucaristía. Santa María Goretti tenía que caminar veinticuatro kilómetros (doce de ida y doce de vuelta) para ir a la Santa Misa cada domingo.

San Luis IX, rey de Francia, participaba cada día varias veces en la Santa Misa. Algunos lo criticaban porque, según ellos, el rey quitaba tiempo al gobierno. Pero él contestaba: "Si pasara el doble del tiempo que participo en las Misas en diversiones o en cazar, nadie se quejaría". Así San Francisco de Asís, que no era sacerdote, asistía a dos Misas cada día, y Santo Tomás de Aquino cada mañana, luego de celebrar, servía a otro hermano sacerdote en la Misa, en agradecimiento por la Comunión.

San Josemaría Escrivá contestaba a la objeción de aquellos que dicen "la Misa es muy larga", y les decía: "¿La Misa es muy larga? ¡Es tu amor el que es muy corto!". San José Cottolengo, a los que decían: "Padre, no tengo tiempo para ir a Misa", contestaba: "¡Mala gestión de tiempo, mala gestión de tiempo!".

Un día San Alfonso María de Ligorio caminaba por las calles de Nápoles muy temprano, para ir a celebrar. Repentinamente empezó a tener terribles dolores en el estómago, tan fuertes que ya no podía caminar. Un hermano lo exhortó a que comiese algo para recuperarse. Pero como en aquel tiempo para comulgar se necesitaba el ayuno desde la medianoche precedente, el santo se negó a comer porque, de lo contrario no iba a poder celebrar Misa ese día. Y dijo: "Por ninguna razón perdería yo la celebración diaria de la Misa, aunque tuviera que caminar quince kilómetros más con estos dolores". Y San Lorenzo de Brindisi, encontrándose en un lugar de herejes, donde no había ni una iglesia católica, caminó más de cincuenta kilómetros para encontrar una iglesia donde celebrar la Santa Misa.

**E.** Los santos solían ser muy agradecidos por la Santa Comunión. En las biografías de San Juan de Ávila, San Ignacio de Loyola y San Luis Gonzaga se lee que, cuando estaban libres de otros compromisos, llegaban a dedicar dos horas dando gracias después de comulgar; y cuando no podían quedarse tanto tiempo, igual permanecían largo rato en la iglesia. San Luis Grignion de Montfort se quedaba cada día en la iglesia un mínimo de media hora luego de celebrar la Misa. Los santos trataban también de enseñar a los fieles a no escaparse de la iglesia apenas recibido el Señor eucarístico. San Felipe Neri se dio cuenta que uno de los fieles que regularmente asistía a sus Misas dejaba la iglesia después de comulgar, sin esperar la conclusión de la celebración. Una mañana San Felipe pidió a los monaguillos que cojan los cirios para acompañar a este señor por las calles: como tenía a Cristo dentro suyo, ¡había que acompañar a Jesús Hostia dignamente!

Hemos mencionado muy pocas anécdotas para ilustrar brevemente cuánto valor los santos reconocieron a la Santísima Eucaristía y cómo nosotros deberíamos inspirarnos en ellos para crecer en nuestra devoción a Jesús Hostia.

## 2.

En esta segunda y última parte queremos detenernos en la "mística eucarística". Se entiende con esta expresión, antes que nada, el don objetivo que el Señor hace de Sí mismo en la Eucaristía, el misterio de comunión del alma con Él. En segundo lugar, "mística eucarística" hace referencia a la experiencia mística del Sacramento, que muchos santos, particularmente los santos místicos, tuvieron en su vida espiritual. Por lo tanto, en este segundo sentido la expresión indica la experiencia subjetiva (pero verdadera) de la Presencia Real. San Buenaventura describe la mística eucarística con estas palabras:

> El alma, disfrutando [del Sacramento] se enciende de tanto ardor que, destruida toda tibieza y toda carnalidad, se une solo a esta comida convirtiéndose en ella y entonces gusta la suavidad del Señor, experimenta que su Espíritu es más dulce que la miel y percibe sensiblemente cuán grande es la dulzura que se esconde en este Sacramento de amor. (*Sermo 1* en el III Domingo después Pentecostés, en *Opera Omnia*, IX, p. 379)

Veamos entonces algunos ejemplos de esta mística eucarística, con extractos de los escritos de algunos santos.

**A.** Santa Catalina de Siena, basándose en una visión que Dios le concedió, habla de Cristo como Sacerdote y Puente entre Dios Padre y los hombres. Cristo es el Puente. Sobre este Puente hay una especie de bodega donde se custodia la sangre de la redención, confiada a los ministros sagrados. El Papa, en particular, posee las llaves de esta bodega y distribuye su contenido a los hombres, mediante los demás sacerdotes. Escribe la santa:

> [Habla Dios Padre:] Por el pecado y la desobediencia de Adán, se interrumpió el camino de manera tal que ninguno podía alcanzar la vida duradera y los hombres no me daban gloria como debían, porque ya no participaban de aquel bien por el cual Yo los había creado a mi imagen y semejanza. [...] Todos se ahogaban porque nadie, con toda su justicia, podía alcanzar la vida eterna. Por eso Yo, queriendo poner remedio a tantos males, les di el Puente, que es mi Hijo, para que, al pasar el río, no se ahogasen. El río es el mar tempestuoso de esta vida de tinieblas. (*Diálogo de la divina Providencia*, I, 21)

> Tú ves que el Puente tiene una pared y está cubierto por la misericordia, y encima de ello está la bodega, que es el jardín de la Santa Iglesia, que custodia y distribuye el Pan de vida, y da a beber la Sangre, de manera tal que mis creaturas errantes y peregrinas no se cansen y así pierdan el camino. (*ibidem*, II, 27)

**B.** San Bernardino de Siena fue un ardiente predicador y en sus homilías no faltan acentos místicos hacia la Eucaristía:

> Tomando este Sacramento, se debe considerar el acto amorosísimo de Cristo en donar y darse a Sí mismo a nosotros en comida, para transformarnos totalmente en Sí. En efecto, como la comida y aquel que la asume se convierten en una cosa sola, así quien come de Él se transforma, por vía de ardentísimo amor, en Él y se vuelve deiforme. (*Sermo 96*, ed. Quaracchi, Firenze 1950, II, p. 297)

**C.** San Pascual Baylón practicó muchísimo no solo la predicación eucarística, sino también la adoración al Sacramento. Se reporta una anécdota durante su Misa de exequias. Durante la consagración, en el momento de la ostensión de la Hostia y del Cáliz, se cuenta que San Pascual abrió dos veces los ojos para adorar a Jesús bajo las especies consagradas una última vez antes de ser enterrado. El Papa León XIII lo nombró Patrono de los Congresos Eucarísticos.

Hay otros episodios de este género en la vida de los santos. Por ejemplo, San Felipe Neri varias veces entró en estado de éxtasis durante la celebración de la Misa. Como es sabido, San José de Cupertino muy a menudo levitaba en éxtasis durante la celebración y a veces se quedaba así por muy largo tiempo, al punto que los superiores le prohibieron celebrar la Misa en público. Se le llama por esto "el santo de los vuelos".

**D.** Santa Teresa de Ávila cuenta algunas experiencias místicas ligadas a la Eucaristía:

> Acabando de comulgar, segundo día de cuaresma en San José de Malagón, se me representó nuestro Señor Jesucristo en visión imaginaria como suele, y estando yo mirándole, vi que en la cabeza, en lugar de corona de espinas, en toda ella –que debía ser adonde hicieron llaga– tenía una corona de gran resplandor. (*Relaciones*, cap. 9)

> El día de Ramos, acabando de comulgar, quedé con gran suspensión, de manera que aún no podía pasar la Forma, y teniéndomela en la boca verdaderamente me pareció, cuando torné un poco en mí, que toda la boca se me había henchido de sangre; y parecíame estar también el rostro y toda yo cubierta de ella, como que entonces acabara de derramarla el Señor. Me parece estaba caliente, y era excesiva la suavidad que entonces sentía, y díjome el Señor: «Hija, yo quiero que mi sangre te aproveche, y no hayas miedo que te falte mi misericordia; Yo la derramé con muchos dolores, y gózala tú con tan gran deleite como ves; bien te pago el convite que me hacías este día». Esto dijo porque ha más de treinta años que yo comulgaba este día, si podía, y procuraba aparejar mi alma para hospedar al Señor; porque me parecía mucha la crueldad que hicieron los judíos, después de tan gran recibimiento, dejarle ir a comer tan lejos, y hacía yo cuenta de que se quedase conmigo, y harto en mala posada, según ahora veo; y así hacía unas consideraciones bobas y debíalas admitir el Señor; porque ésta es de las visiones que yo tengo por muy ciertas, y así para la Comunión me ha quedado aprovechamiento. (*ibidem*, cap. 26)

**E.** Santa María Magdalena de Pazzi en su libro *Coloquios* describe muchas experiencias místicas con la Eucaristía:

> Habiendo comulgado, meditaba sobre la gran unión del alma con Dios mediante el Santísimo Sacramento: de inmediato me encontré toda unida con Dios y me percibía tan transformada en Él que, sustraída de todo sentimiento corporal, no sentía nada como si estuviese muerta. [...] No sabía si estaba muerta o viva, si en el cuerpo o solo con el alma, si estaba en la tierra o en el cielo, sino que solo veía a Dios todo glorioso en Sí mismo, amándose a Sí mismo puramente en amor infinito, siendo una unión en Trinidad, una Trinidad individua, y un Dios de amor infinito, de suma bondad, incomparable, inescrutable, de manera tal que yo, siendo en Él ya no encontraba nada de mí, sino que solo me contemplaba siendo en Dios, sin verme a mí misma sino solo a Dios [...].
>
> Luego de comulgar, vi a Jesús muy hermoso que dulcemente, acariciándome, daba a mi alma el beso de la santa paz [...]. Y luego me decía: Esposa mía, yo quiero que tú te ofrezcas ahora toda a mí y que te unas toda a mí por el camino del amor. Y entonces, ofreciéndome yo con todo mi corazón a Jesús [...] inmediatamente a través de este amor me encontré unida al Amor, digo: al Amor de Jesús. (Santa Maria Maddalena de' Pazzi, *Colloqui*, in Idem, *L'Amore non amato* [G. Agresti, ed.], Città Nuova, Roma 1974)

Se trata de una experiencia de desposorio místico mediante la Comunión eucarística.

**F.** Algo parecido reporta Santa Verónica Giuliani, experiencias que empezaron en su Primera Comunión, y continuaron dándose varias veces, siendo ya monja de clausura:

> Yendo por primera vez a comulgar [=la Primera Comunión], me parecía que en ese acto yo saldría fuera de mí [...]. Al recibir la Santísima Hostia, percibí un calor tan fuerte que me pareció estar envuelta en llamas [...]. Me parece que el Señor me dio a entender que yo debía ser su esposa. (Santa Veronica Giuliani, *Il mio calvario* [P. Pizziconi, ed.], Città di Castello 1963, p. 32)

> Muchas veces, cuando me dirigía a comulgar y estaba por recibir el Santísimo, salía fuera de mí misma. Cuando el Señor se acercaba a mí, lo sentía de inmediato dentro de mi corazón y me transmitía un no sé qué

de unión íntima con Él, y atraía hacia Sí esta alma mía como el imán al hierro. Yo me quedaba toda unida a Él e íntimamente habitada, sentía sus operaciones en mí, pero no sabía cómo, ni puedo describir con palabras aquello que percibía. (*ibidem*, p. 123)

G. Además de experiencias que están ligadas al camino de perfección personal, los santos también reciben, frente a la Eucaristía, indicaciones para los demás fieles. Es el caso de Santa Margarita María Alacoque, que recibió las revelaciones privadas del Sagrado Corazón mientras estaba en adoración al Santísimo Sacramento:

Un día, mientras me entretenía detenidamente delante del Santísimo Sacramento [...], me vi como investida por la divina Providencia con tal fuerza que me olvidé de mí y del lugar en donde estaba. Me abandoné a este divino Espíritu, entregando mi corazón a la potencia de su amor. Jesús me hizo descansar largamente en su pecho adorable y me reveló las maravillas de su Amor y los inefables secretos de su Sagrado Corazón, que me había escondido hasta el momento en el que me los reveló por primera vez. (*Visión del 27 de diciembre 1673*, en *Autobiografia e scritti scelti*, [Suore della Visitazione di Salò, ed.], Gregoriana, Padova 1959, p. 53)

Me encontraba frente el Santísimo Sacramento un día de la Octava de su fiesta, cuando recibí de mi Dios gracias inmensas de su amor. Inmediatamente conmovida por el deseo de corresponderle restituyendo amor por amor, escuché que me decía: «No vas a poderme ofrecer un amor más grande que este: hacer lo que ya muchas veces te pedí». Develando entonces su Corazón divino, añadió: «¡He aquí este Corazón que tanto ha amado a los hombres y que no ha escatimado en nada hasta agotarse y consumirse para demostrarles su amor! Y, en respuesta, recibo de los demás hombres más que ingratitud, tantas son las irreverencias, los sacrilegios, las indiferencias y desprecios hacia mí en este Sacramento de amor. Pero lo que más me duele es que ¡son los corazones a mí consagrados los que me tratan así! [...] Por eso te pido que se dedique el primer viernes luego de la Octava del Santísimo Sacramento a una fiesta especial para honrar mi Corazón, reparando su honor mediante un ofrecimiento y comulgando ese día para expiar las injurias que lo ofendieron cuando estaba expuesto sobre los altares». (*Visión del junio 1675*, en *ibidem*, p. 89)

Como se aprecia, la devoción al Sagrado Corazón de Jesús tiene origen eucarístico y está indisolublemente vinculada a la espiritualidad eucarística. El vínculo entre adoración al Santísimo y reparación de los pecados y ofensas se encuentra también en el famosísimo librito *Visitas al Santísimo Sacramento* de San Alfonso María de Ligorio.

**H.** Otro testigo es San Pablo de la Cruz. Leemos en su diario (cf. *Diario spirituale*, ed. E. Zoffoli, Padri Passionisti, Roma 1964):

(4 de diciembre 1720) En la santa Comunión sentí mucha suavidad; mi buen Dios me daba inteligencia infusa del gozo que tendrá el alma cuando le veremos cara a cara, cuando estará unida a El en un santo amor; luego me venía dolor de verle ofendido, y le decía que querría verme martirizado por un alma. ¡Ay de mí!, me parecía languidecer, viendo la pérdida de tantas almas que no reciben el fruto de la Pasión de mi Jesús. Cuando Dios me da esta inteligencia altísima del gozo que se experimentará cuando le veremos cara a cara, esto es unidos a El, el alma no puede, por decirlo así, soportar el estar metida en el cuerpo, pues con altísima lumbre de fe se ve en el infinito amor de Dios; siente el deseo de verse libre del cuerpo.

(1 de enero 1721) Me vi levantado soberanamente por la infinita caridad de Dios a un gran recogimiento, con lágrimas abundantes, en especial después de la sagrada Comunión, en la que tuve afectos sensibilísimos de santo amor, pareciéndome que me deshacía en Dios. [...] Tenía también conocimiento de estar el alma unida con estrecho vínculo de amor a la santísima Humanidad, y al mismo tiempo diluida y levantada al conocimiento alto y sensible de la Divinidad

**I.** Santa Teresita del Niño Jesús (o de Lisieux) tuvo experiencias de mística eucarística según su particular acercamiento a la vida interior, el de la llamada "infancia espiritual". Ella percibió este amor especial con Cristo ya en el día de su Primera Comunión:

El día "más bello de todos" finalmente llegó. ¡Qué recuerdos intraducibles dejaron en mi alma los mínimos particulares de ese día de cielo! [...] Fue un beso de amor, me sentí amada y decía yo también: "¡Os amo [Jesús], me entrego a Vos para siempre!". No hubo preguntas, no hubo luchas, ni sacrificios: desde hace bastante tiempo Jesús y la pobre pequeña Teresa se habían mirado y se habían entendido... Aquel día ya no era una mirada sino una fusión: ya no eran dos. Teresa había desaparecido, como la gota de agua en el océano. Jesús se quedaba solo. Él era el Dueño, el Rey. (en *Gli Scritti*, Postulazione generale OCD, Roma 1970, p. 117)

Santa Teresita compuso también páginas espirituales en clave poética, en las cuales hay muchas referencias eucarísticas:

Vivir de amor es vivir de tu vida, Rey glorioso, ¡delicia de los elegidos! Tú vives por mí escondido en una Hostia. Y yo quiero esconderme dentro tuyo, ¡Jesús mío! Los amantes necesitan soledad, estar corazón a corazón por todo el día y la noche: solo tu mirada me hace feliz: ¡yo vivo de amor! (*ibidem*, p. 820)

Jesús, hermoso Niñito divino, cada mañana se transforma en una blanca Partícula para comunicarte su vida; más bien, con un amor hasta más intenso, quiere transformarte en Sí mismo. Tu corazón es su tesoro querido, su alegría, su supremo placer. Navidad, ¡es Navidad! Y yo bajo del cielo para decir a tu alma arrebatada: el dulcísimo Cordero se humilla hacia ti; ¡que seas tú su blanca, purísima Hostia! (*ibidem*, p. 848)

Cuánto te envidio llavecita, cada día; tú que puedes abrir la cárcel de la Eucaristía, donde reside el Dios de amor. Pero –¡gran milagro!– solo con un ímpetu de mi fe, yo también puedo abrir el Tabernáculo y esconderme cerca del divino Rey. Yo quisiera –consumándome cerca de Dios en el santuario– brillar siempre misteriosamente, como la lámpara del Tabernáculo. Yo te envidio cada madrugada, ¡o santa piedra del altar! El Eterno quiere nacer sobre ti, como ya lo hizo en la cueva bendita. Escucha mi humilde oración: ven en mi alma, o dulce Salvador: no encontrarás una piedra fría, sino el suspiro de tu Corazón. O corporal festejado por los ángeles, ¡cuánto te envidio! Yo veo Jesús sobre ti, mi solo tesoro, como fue en humildes pañales. O Virgen María, transforma mi corazón en un limpio y hermoso corporal, para recibir la Hostia blanca en donde se esconde tu dulce Cordero. Te envidio, ¡santa patena sobre la cual reposa Jesús! [...] O Jesús, antes de que mi exilio termine, consuela mi esperanza, ven ya dentro mío: en tu presencia, ¡yo soy un ostensorio viviente! Y quería ser el cáliz de la sangre divina que yo adoro. En la Santa Misa yo puedo recibirlo cada mañana. Mi alma es más querida para Jesús que los ricos cálices de oro y el altar es un nuevo Gólgota, donde su sangre se derrama de nuevo por mí. (*ibidem*, pp. 859 ss.)

**L.** La santa italiana Gemma Galgani en sus cartas habla varias veces de sus experiencias místicas en clave eucarística:

*Carta 41 a Mons. Volpi.* Recibí la Santa Comunión y percibí a Jesús que llegaba [...]. ¿Y sabe Ud. de qué forma lo percibí? Primero, apenas lo recibí en mi corazón, Él lo hizo latir fuerte, fuerte, que yo pensé que se iba a salir de mi pecho; luego, Jesús me preguntó si de verdad yo lo amaba. Yo dije que sí. Y tú –le dije yo– ¿me amas? Y Jesús: Yo te amo; mira cuánto te hago sufrir: el signo único de mi amor es cuando hago sufrir. Y acuérdate que este es el regalo más grande que puedo hacer a las almas más queridas; es la gracia más grande que puedo concederle. (en *Lettere*, Padri Passionisti, Roma 1958, p. 368)

*Carta 51.* Una mañana, luego de recibir la Santa Comunión, me pareció que Jesús me decía estas palabras: «[...] Yo quiero hacerte pasar por todo el camino de la vía mística. Ya transcurrió la primera parte de tu vida; al presente, estamos al final del sufrimiento amoroso; luego vendrá el sufrimiento doloroso y finalmente una noche muy oscura. Y esta será la segunda y última parte de tu vida; cuando termine, hija mía, te conduciré al Cielo». (*ibidem*, p. 380)

**M.** Como se aprecia a través de estos ejemplos, la mística eucarística no se explica recurriendo a la teología ascética ordinaria. En cambio, semejante mística representa el ápice de la vida espiritual, que consiste en un misterioso vínculo entre el alma y Dios a través de Cristo, realmente presente en el Sacramento del altar.

Examinando los escritos de los místicos aquí citados y de otros, se observa que hay rasgos comunes a todos y rasgos peculiares de cada uno. Los elementos comunes en las experiencias de mística eucarística son: **i.** Experimentar y desear unirse a Cristo y anularse en Él. Los místicos se proclaman ser nada y se perciben totalmente indignos frente a Dios y a sus gracias. **ii.** La sed ardiente de unión, de identificarse con Cristo, que se traduce a menudo en las nupcias místicas. **iii.** El deseo de entregarse para la salvación de los demás: la mística significa desinterés por el mundo solo en apariencia. La verdad es que se ama el mundo de manera más perfecta: no por lo que es, sino por lo que es llamado a ser frente a Dios. **iv.** La experiencia del éxtasis, de salir de sí mismos para ser llevados misteriosamente al ámbito divino, casi perdiendo consciencia de la propia individualidad personal para perderse en Dios. **v.** Percibir el sufrimiento en el sacrificio total de sí. El místico tiene la experiencia paradójica del dolor hasta el gozo. No es solo sufrimiento físico, sino de toda el alma en todas sus dimensiones, hasta el dolor espiritual más intenso que es el de percibir una especie de abandono por parte de Dios (la noche oscura, llena de tinieblas y de amor al mismo tiempo).

Podemos terminar citando el cantor máximo de la noche oscura, San Juan de la Cruz, quien escribe un canto eucarístico que une la experiencia de la noche oscura con la certeza de la fe de tener al Señor siempre cercano en la Santísima Eucaristía:

> Qué bien sé yo la fonte que mane y corre,
> aunque es de noche.
>
> 1. Aquella eterna fonte está escondida,
> que bien sé yo do tiene su manida,
> aunque es de noche.
>
> 2. Su origen no lo sé, pues no le tiene,
> mas sé que todo origen de ella tiene,
> aunque es de noche.
>
> 3. Sé que no puede ser cosa tan bella,
> y que cielos y tierra beben de ella,
> aunque es de noche.
>
> 4. Bien sé que suelo en ella no se halla,
> y que ninguno puede vadealla,
> aunque es de noche.
>
> 5. Su claridad nunca es oscurecida,
> y sé que toda luz de ella es venida,
> aunque es de noche.
>
> 6. Sé ser tan caudalosos sus corrientes.
> que infiernos, cielos riegan y las gentes,
> aunque es de noche.
>
> 7. El corriente que nace de esta fuente
> bien sé que es tan capaz y omnipotente,
> aunque es de noche.

8. El corriente que de estas dos procede
sé que ninguna de ellas le precede,
aunque es de noche.

9. Aquesta eterna fonte está escondida
en este vivo pan por darnos vida,
aunque es de noche.

10. Aquí se está llamando a las criaturas,
y de esta agua se hartan, aunque a oscuras
porque es de noche.

11. Aquesta viva fuente que deseo,
en este pan de vida yo la veo,
aunque es de noche.

# ANEXO

# DOS MEDITACIONES PARA LA VIDA SACERDOTAL

## Primera meditación

## El sacerdote, ministro de la Palabra

Quiero recordarles, hermanos, la Buena Nueva que les anuncié. Ustedes la recibieron y perseveran en ella, y por ella se salvarán si la guardan tal como yo se la anuncié, a no ser que hayan creído cosas que no son.

En primer lugar, les he transmitido esto, tal como yo mismo lo recibí: que Cristo murió por nuestros pecados, como dicen las Escrituras; que fue sepultado; que resucitó al tercer día, también según las Escrituras; que se apareció a Pedro y luego a los Doce. Después se dejó ver por más de quinientos hermanos juntos, algunos de los cuales ya han entrado en el descanso, pero la mayoría vive todavía. Después se le apareció a Santiago, y seguidamente a todos los apóstoles. Y se me apareció también a mí, iba a decir al aborto, el último de todos.

Porque yo soy el último de los apóstoles y ni siquiera merezco ser llamado apóstol, pues perseguí a la Iglesia de Dios. Sin embargo, por la gracia de Dios soy lo que soy y el favor que me hizo no fue en vano; he trabajado más que todos ellos, aunque no yo, sino la gracia de Dios que está conmigo.

Pues bien, esto es lo que predicamos tanto ellos como yo, y esto es lo que han creído. (1Cor 15,1-11)

Empezamos nuestra reflexión espiritual en clave sacerdotal con esta cita de San Pablo, modelo de apóstol y predicador. El pasaje está lleno de contenido, sin embargo, meditaremos en algunos puntos:

### 1.

La obra que San Pablo realizó en Corinto fue enseñar la Buena Nueva. Este es el primer deber de cada apóstol: el *munus docendi*, enseñar. Hay que recordar que la Iglesia es *Mater et Magistra*, por lo tanto, es también *Magistra*. La Iglesia enseña. Imaginémonos una clase de escuela en la cual el maestro diga a sus alumnos: "Estoy aquí para escucharlos, para dialogar, díganme lo que piensan sobre historia, geografía, matemática etc, yo quiero ser humilde y no pretendo enseñarles. Mis queridos alumnos, solo quiero dialogar". Obviamente esto gustaría mucho pues con semejante maestro no habría que estudiar, escribir ensayos, pasar exámenes. Los alumnos podrían ser espontáneos o –como se suele decir hoy– podrían ser "ellos mismos"… pero ¿qué sucedería al final? Esos alumnos no sabrán nada y esto les hará daño, hará daño a sus familias y a la sociedad entera. ¿Una generación ignorante podrá asumir responsabilidades? ¿Qué clase de policías, jueces, gobernantes, ingenieros o químicos serán? ¿Cómo se sostiene una sociedad dirigida por personas sin conocimiento? Se entiende así que aquel maestro solo al parecer era bueno y cariñoso; la verdad es que –actuando de esa manera– pensaba solo en sí mismo, quería ganar la simpatía de sus alumnos, y no buscaba su bien ni el de los demás.

Apliquemos lo dicho a San Pablo y a los demás apóstoles: ¿Qué hubiese pasado si los apóstoles, en vez de evangelizar, hubiesen dicho a los pueblos: "nosotros solo queremos dialogar con ustedes, escuchar lo que piensan sobre la religión y la vida, conocer lo que desean…"? San Pablo, en cambio les dice: "Quiero recordarles, hermanos, la Buena Nueva que les anuncié". San Pablo anunció el Evangelio, fue maestro de la fe, porque por eso Cristo instituyó a los apóstoles, como dijo Él mismo: «Vayan, pues, y hagan que todos los pueblos sean mis discípulos. Bautícenlos en el Nombre del Padre y del Hijo y del Espíritu Santo, y enséñenles a cumplir todo lo que yo les he encomendado a ustedes» (Mt 28,19-20). Cristo dice "enséñenles", "hagan discípulos". No dice "dialoguen", "escuchen". No significa que no hay que dialogar y escuchar. Solo se quiere recordar que nosotros los sacerdotes hemos sido enviados como representantes de la Iglesia *Magistra*. Por eso tenemos que anunciar y enseñar: ¡no hay que olvidarlo!

## 2.

En segundo lugar, San Pablo afirma que quiere "recordar" a los Corintios lo que ya les ha enseñado. Los antiguos romanos decían *repetita juvant*: la repetición hace bien. No hay que tener miedo a repetir las doctrinas de la fe. No hay que crear cada vez algo nuevo, pensando que de no ser así "la gente se aburre". Quizás habrá que encontrar formas nuevas, pero no un contenido nuevo porque, como San Pablo, nosotros no tenemos otra tarea sino la de "recordar" a los fieles las cosas que ya poseen por la fe, las doctrinas ya predicadas.

### 3.

El Apóstol continua: "Ustedes la recibieron y perseveran en ella, y por ella se salvarán si la guardan tal como yo se la anuncié, a no ser que hayan creído cosas que no son". El primer aspecto de este versículo es que enseñar cosas buenas (la Buena Nueva) trae fruto, los Corintios perseveran en la doctrina predicada. El segundo aspecto es que ellos también, como los apóstoles, no están llamados a cambiar la fe sino a custodiarla porque en esta fe se salvarán, pero se salvarán solo si la guardan pura, como les ha sido anunciada por los apóstoles. Nótese también que se hace referencia a una salvación eterna y no simplemente terrenal. Aquí tenemos otro punto importantísimo para nosotros los sacerdotes.

### 4.

*Como ministros de Cristo, a nosotros nos debe interesar una sola cosa: la salvación de las almas.* San Pablo predicaba para que los hombres se salvaran eternamente. Es urgente recuperar esta visión de eternidad sobre nuestro ministerio sacerdotal. Nos hemos concentrado en lo horizontal, en la promoción humana o ecológica. Sin embargo, cualquier éxito que podamos obtener en estos ámbitos nunca será tan importante como el éxito de cooperar a salvar un alma eternamente, porque los éxitos sociales y ecológicos se quedan en este mundo que perece. El éxito de salvar un alma es eterno. Cristo dio su sangre para salvar a los hombres eternamente, no simplemente para una promoción humana. Se requiere un espíritu y una visión de fe renovada. Esto es urgente hoy. Será bueno repetirlo: como sacerdotes, mirando nuestra gente, debemos "ver almas", almas creadas por Dios y llamadas a un destino de eternidad. Luego también vamos a ayudar a nivel humano, social, pero nunca olvidando que nuestro fin siempre es que los hombres vayan al Cielo. Si no se hace todo con esta mirada, cualquier cosa hagamos será inútil.

### 5.

Luego el Apóstol propone una breve profesión de fe: «… que Cristo murió por nuestros pecados, como dicen las Escrituras; que fue sepultado; que resucitó al tercer día, también según las Escrituras;

que se apareció a Pedro y luego a los Doce». Esta frase se parece a una parte del Símbolo de la fe de Nicea-Constantinopla que recitamos los domingos en la Misa. En efecto, los Padres del Concilio de Constantinopla se inspiraron en este y otros pasajes bíblicos, cuando perfeccionaron el Símbolo de Nicea. San Pablo nos dice algo muy importante: la fe tiene un contenido. La fe no es simplemente un sentimiento vacío. La fe tampoco es solo un acto de entregarse personalmente a Dios –aunque también lo incluya. La fe tiene una dimensión doctrinal que no se puede suprimir. San Pablo dice: "Yo les he enseñado a ustedes lo que yo mismo recibí" (aquí se ve la tradición, la transmisión fiel). ¿Y qué cosa es esto que ha enseñado? Que Cristo hizo esto y lo otro y lo otro… Hay una doctrina, un contenido de fe o, mejor dicho, varios contenidos. Desde la antigüedad, la Iglesia ha dispuesto que los que quisiesen ser cristianos, debían ser instruidos en las doctrinas de la fe y aprender de memoria el Símbolo y las mayores verdades catequéticas. En efecto, esto es lógico pues ¿cómo se puede creer algo que se ignora?

### 6.

No se opone a esta dimensión doctrinal otra dimensión de la fe, que podemos llamar personal, o hasta mística en cierto sentido. En efecto, no es posible creer sin conocer la doctrina –hoy diríamos: sin conocer el catecismo. Sin catecismo, no hay fe. Pero tampoco basta con conocer doctrinas porque (en pura hipótesis) un ateo podría aprender de memoria todo el catecismo y seguir sin creer. Por eso San Pablo nombra también la otra dimensión: «…se apareció a Pedro y luego a los Doce. Después se dejó ver por más de quinientos hermanos juntos…. Después se le apareció a Santiago, y seguidamente a todos los apóstoles. Y se me apareció también a mí…» Esta mención de las apariciones es importante: Cristo está vivo y se puede tener experiencia personal de Él. Sabemos que Cristo no solo se apareció ante los apóstoles. Hay muchos místicos que a lo largo de la historia vieron a Jesús y hablaron con el Señor (se trata evidentemente de dos tipos distintos de apariciones, pero aquí no nos detendremos en ello). Ahora, estas apariciones son experiencias místicas, que un cierto número de santos ha tenido. Nosotros, en la gran mayoría de los casos, vivimos el "día a día" ordinario de la fe.

Sin embargo, se nos ofrece y se nos pide de esta dimensión personal de la fe. Conocimiento doctrinal y conocimiento personal del Señor van unidos. Esto se realiza sobre todo a través de la oración diaria y de los Sacramentos. Junto con el fundamento de la doctrina, la fe implica el fundamento de la mística, es decir, de la relación personal con Cristo y, a través de Cristo, con la Trinidad. Son los dos aspectos que en la teología clásica se llaman *fides quae* y *fides qua creditur*.

### 7.

Cuando San Pablo menciona que Cristo se le apareció también a él, se humilla, se coloca en el último lugar: «Y se me apareció también a mí, iba a decir al aborto, el último de todos. Porque yo soy el último de los apóstoles y ni siquiera merezco ser llamado apóstol, pues perseguí a la Iglesia de Dios». Cuando nos damos cuenta del gran don de la fe, de inmediato vemos cuán indignos somos de ella. Recordemos a San Pedro que se arrodilla frente a Jesús y le dice: «Aléjate de mí Señor, porque soy un pecador» (Lc 5,8). Lo mismo decía el antiguo Isaías: «¡Ay de mí, estoy perdido, porque soy un hombre de labios impuros y vivo entre un pueblo de labios impuros, y mis ojos han visto al rey, Yahvé de los Ejércitos!» (Is 6,5). Por eso, preocupémonos si es que ya no nos damos cuenta del gran honor que significa ser cristianos en primer lugar; y además ¡sacerdotes! ¡Qué honor, qué don totalmente inmerecido! Cuando meditamos sobre la grandeza de estos dones, ¿cómo podemos permanecer fríos e indiferentes? El don de la fe, además de darnos a conocer al verdadero Dios, nos da a conocer quiénes somos, pues estamos ante Él. Podemos así ver cuán grande es Dios y cuán pequeños somos nosotros. Además, valoramos el amor infinito de Dios en contraste con nuestro egoísmo. Por eso, cuando realmente nos damos cuenta del valor de la fe, la reacción normal es la de decir: "yo soy el último de todos, yo no merezco todo esto". ¿Quién de nosotros puede decir que merece el Bautismo y el don de la fe? ¿Y quién se atreve a decir que merece su sacerdocio? No es buen signo si no percibimos estos sentimientos de humildad y de pequeñez dentro nuestro; el gran San Pablo los tenía.

## 8.

La humildad es verdad, es reconocer lo poco que somos. Pero también consiste en reconocer que, siendo pequeños y pobres, Dios nos eligió para hacer maravillas a través de nuestra debilidad: «Pues si me siento débil, entonces es cuando soy fuerte» (2Cor 12,10). No solo habrá que reconocer con humildad nuestra humana pequeñez, sino que —por la misma virtud— no habrá que desconocer la gloria del ministerio que indignamente hemos recibido. Así lo hace de nuevo San Pablo: «Sin embargo, por la gracia de Dios soy lo que soy y el favor que me hizo no fue en vano; he trabajado más que todos ellos, aunque no yo, sino la gracia de Dios que está conmigo». El Apóstol reconoce haber trabajado y haber hecho cosas buenas. También reconoce que fue él quien trabajó; pero más que él, la gracia de Dios que actuaba en él. No es que diga esto por orgullo; sigue siendo humilde porque simplemente dice la verdad. Aquí hay otra lección importantísima para nosotros los sacerdotes.

Uno puede equivocarse porque se enorgullece de sí mismo, de sus fuerzas y capacidades, y obviamente esto está mal. Pero existe hoy también la tentación opuesta, de no ser humilde bastante, es decir: ser humilde tanto cuanto se necesita para reconocer *toda* la verdad, que implica al mismo tiempo nuestra humana pequeñez, pero también la grandeza del sacerdocio que hemos recibido. Si uno piensa que es "algo" por sus proprias fuerzas y capacidades, se equivoca. Todo lo hemos recibido de Dios. La humildad le dirá a aquel hombre: «¿Qué tienes que no hayas recibido? Y si lo has recibido, ¿por qué te alabas a ti mismo como si no lo hubieras recibido?» (1Cor 4,7). Sin embargo, existe hoy una forma nueva (y falsa) de "humildad" por llamarla así: la "humildad" aplicada al don de Cristo. En vez de reconocer nuestra pequeñez, escondemos la grandeza del ministerio sobrenatural que hemos recibido. En concreto, esta falsa humildad consiste en la actitud de todos aquellos que esconden, no reconocen o hasta mortifican la gloria del sacerdocio que han recibido. Esto se hace de muchas maneras: por ejemplo, cuando el sacerdote no lleva puesto el hábito sacerdotal y se viste como laico; o no quiere que lo llamen "padre" o "reverendo" sino que pide a las personas que lo llamen solo por su nombre y que además lo tuteen; más grave aún es cuando se rebaja el sacerdocio ministerial a un servicio de pura animación social o de entretenimiento de las personas que frecuentan la parroquia. Estas cosas parecen humildad, en cambio reflejan una gran soberbia.

Un obispo que, cuando hay una reunión eclesial, no quiere sentarse con los demás obispos y se sienta con los laicos, no es más humilde que los demás; probablemente lo es menos. Quiere remarcar que hace elecciones distintas, "contra corriente", que los demás obispos son quizás clericales, mientras que él no, etc… Sobre todo, esconde el rol que Dios le ha dado queriendo confundirse con otra porción del pueblo de Dios. Ahora, es claro que no hay que ser clericalistas, pero seguir las costumbres y signos de distinción sacerdotal de la Iglesia no es clericalismo. Muchas veces se encuentra más clericalismo en los sacerdotes y obispos que ostentan una conducta no clerical, que en aquellos que son humildes, que con caridad y verdad, simplemente continúan la costumbre de la Iglesia. Usar una sotana o una camisa clerical requiere más humildad que jugar a romper las normas de la Iglesia y a disfrazarse de laico. Se trata de signos de distinción, una distinción que no viene de nosotros porque (de nuevo) no hemos merecido el hábito sacerdotal; no lo merecemos, porque no merecemos el sacerdocio. El sacerdocio y llevar el hábito que lo manifiesta es un honor, como es un honor inmerecido y no expresión de clericalismo que los demás nos llamen con títulos sacerdotales. ¿Acaso los policías renuncian a su uniforme? ¿y los generales del ejército o los ministros del estado renuncian a sus títulos? Indignamente, nosotros hemos recibido un ministerio mucho más glorioso que ellos y no debemos esconder la grandeza del sacerdocio católico por una falsa "humildad" que no es humildad, porque humildad es reconocer la verdad, ya sea cuando es nuestra verdad de hombres insignificantes, o cuando es la verdad de la gracia maravillosa que nos ha sido donada por Cristo. «Llevamos este tesoro en vasos de barro» (2Cor 4,7): habrá siempre que enfatizar que nuestro pobre vaso es de barro, y de barro de baja calidad. Pero ¡ay de nosotros si negamos o mortificamos el tesoro recibido! Yo soy un pobre pecador, ¡pero soy sacerdote!

## 9.

Este tema de la verdad se entrelaza de nuevo con lo que San Pablo señala como contenido esencial del texto sobre el cual estamos meditando. El contenido esencial es evangelizar, enseñar la fe a los demás, hacer discípulos. Ahora, ¿cómo se hace esto? El primer criterio es el testimonio. San Pablo fue un testigo creíble de la verdad de Cristo con su vida. Se sabe que la palabra "mártir" viene del griego *mártys*, que simplemente significa testigo. El mártir es el testigo fiel de Cristo. Es aquel que permanece fiel a la fe sin concesiones, hasta perder la vida si es necesario. Esto nos enseña mucho: los mártires nos enseñan que la fe vale más que la vida misma. ¿Cómo puede ser? Porque, como dice San Pablo, quien persevera en la fe (en la forma pura en la cual la hemos recibido) se salvará. De nuevo, si se interpreta el cristianismo solo como una religión que humaniza, no se entiende nuestra religión. El cristianismo también humaniza, pero sobre todo diviniza. Se habla de "desarrollo integral" de las personas, donde la integridad de este desarrollo siempre considera como principal el desarrollo espiritual en la vida de gracia. Los mártires nos enseñan esta fidelidad hasta la muerte.

Existen muchos sacerdotes mártires, sacerdotes que prefirieron morir en vez de traicionar su ministerio. Pensemos por ejemplo en San Juan Fisher, obispo inglés martirizado por el rey de Inglaterra Enrique VIII por no aceptar la creación de una Iglesia anglosajona independiente de Roma. Todos los obispos ingleses aceptaron el cisma de Enrique, por estar convencidos o simplemente por miedo. San Juan Fisher dijo: "no, no puedo traicionar la fe apostólica". ¿Quién conoce a los demás obispos? ¡San Juan Fisher en cambio es un santo! Con esto no se pretende decir que la fama adquirida justifica el sacrificio que hizo. El punto es que los demás obispos, aquellos que traicionaron la fe, ¿dónde se fueron luego de morir? ¡San Juan Fisher está en el cielo! También podemos recordar al presbítero San Juan Nepomuceno, que según una tradición creíble fue martirizado por el rey de Bohemia Wenceslao por ser el confesor de la reina. El rey, sospechando, quería saber del Nepomuceno los pecados confesados por su esposa. Negándoselo el santo, el rey mandó que lo ahogaran en el río Moldava. Son solo dos ejemplos que nos muestran sacerdotes fieles, que entendieron que esta vida no vale tanto como la vida eterna, y que por eso prefirieron el martirio a traicionar a Cristo.

## 10.

Como estamos hablando sobre todo del *munus docendi* del sacerdote, una forma —podemos decir— cotidiana de "martirio" para nosotros es actuar de manera verdaderamente profética. En nuestra época hay mucha sensibilidad hacia esta categoría de "profeta". En el lenguaje popular, un profeta es alguien que conoce de antemano los eventos futuros. Dentro de los cristianos comprometidos, hoy se suele utilizar este título en otro sentido, haciendo referencia a alguien que, en la sociedad o en la Iglesia, realiza elecciones de vida y/o de acción que se distinguen de las de la masa. Pero no basta que estas acciones sean distintas. Para merecer el título de profeta en nuestros círculos eclesiales, se necesita también que las acciones de ese individuo tengan como objetivo dar un "paso adelante" en la sociedad o en la Iglesia. Ahora bien, lo que significa este "paso adelante" depende de la persona o del grupo eclesial que atribuye a alguien el título de "profeta". Como hay opiniones distintas sobre muchas cosas, cuando hoy se le llama a alguien "profeta", habrá que ver quién lo considera tal, para entender qué cosa se quiere decir. Sin embargo, hay algo común, el nombre de profeta se le da a alguien que lleva a la sociedad o a la Iglesia en la dirección adecuada según quien utiliza el título; por lo tanto, llamamos profeta a la persona que hace algo para que las cosas sean semejantes a nuestra ideología.

Sin embargo, en la Biblia las cosas no son así. Antes que nada, el profeta es elegido por Dios y no por los hombres. El profeta tampoco se proclama a sí mismo; en la mayoría de los casos, sus contemporáneos no lo reconocen como tal. Generalmente, el verdadero profeta bíblico no es muy aclamado, no recibe mucha simpatía ni éxito. Normalmente es perseguido y muy a menudo martirizado. Una segunda diferencia es que en la Biblia el profeta tiene una función más testimonial que práctica. Como se decía, nosotros llamamos profeta a alguien que actúa en cierta dirección que nos gusta; pero en la Biblia el profeta es constituido por Dios no tanto para hacer cosas sino para escuchar a Dios y hablar al pueblo transmitiendo fielmente lo que Dios le manda decir. El profeta es un testigo, un mártir de la verdad oída de Dios mismo, no es alguien que tiene un proyecto para construir una sociedad o una Iglesia distinta de la actual. Esto puede pasar —es claro— pero como consecuencia y no por ser la finalidad principal del profeta y de su vocación.

Estos elementos son comunes a los profetas veterotestamentarios y se encuentran otra vez en aquel que es el cumplimiento de los profetas: San Juan Bautista. El Bautista no reveló eventos futuros (reveló la llegada de Cristo que se había cumplido), no se le puede aplicar el concepto popular de profeta. El Bautista tampoco lideró movimientos populares de acción, no buscó actuar buscando directamente que la sociedad o el Israel de su tiempo diera "un paso adelante". Y así San Juan no merece el título de profeta según el sentido que a menudo adquiere en los círculos eclesiales de hoy. Pero Cristo lo llama «profeta y más que profeta» (Lc 7,26). En efecto, San Juan ha sido el profeta más perfecto porque ha realizado a la perfección lo que los profetas deben hacer. Los profetas veterotestamentarios anunciaban al Cristo futuro; y San Juan lo proclamó ya presente en el mundo. Los profetas escuchaban la verdad dicha por Dios y la anunciaban fielmente al pueblo a pesar de todo; y así San Juan escuchó la verdad divina y la anunció sin considerar las consecuencias. Fue martirizado por Herodes por decir la verdad, por anunciarle la voluntad de Dios.

Esto es de suma importancia para nosotros como predicadores de la verdad. Existe hoy una actitud muy peligrosa y dañina: tenemos miedo a decir la verdad que escuchamos de Dios, nos dejamos llevar por respetos humanos. Recordemos de nuevo el pasaje de San Pablo que dice: «yo les he enseñado la Buena Nueva». Nosotros también tenemos que hacer lo mismo, y esto será nuestro "martirio" cotidiano, en un mundo que, como Herodes, no quiere obedecer a Dios. Herodes escuchaba a San Juan, porque le intrigaban las cosas que el santo decía. Pero cuando San Juan tocó el tema personal ("no puedes tener esta mujer contigo, porque ella es la esposa de tu hermano"), Herodes tuvo que decidir entre sucumbir a la verdad y rendirse a la mujer que era su concubina y con la cual vivía en estado permanente de pecado mortal. Sabemos lo que Herodes eligió.

En nuestro tiempo —decíamos al comenzar— se habla de que la Iglesia debe escuchar, debe dialogar, que no debemos ser duros. ¿Qué vemos en San Pablo y en el Bautista? ¿Acaso se equivocaron en su método pastoral? Es claro que no debemos ser agresivos o irrespetuosos en la forma de decir la verdad (cf. 1Pd 3,16). No queremos ofender a nadie y buscamos el arrepentimiento y la conversión de todos. Pero ¿cómo haremos esto? ¿Callándonos? ¿Evitando decir la verdad? ¿Cuál fue el método pastoral de Cristo? La primera cosa que dijo cuando empezó su ministerio público fue: «Renuncien a su mal camino y crean en la Buena Nueva» (Mc 1,15). San Pablo decía: «les he anunciado la Buena Nueva», la de Cristo. Esto implica que quien anuncia la Buena Nueva, como nosotros los sacerdotes, también reza, exhorta y espera que las personas se conviertan del mal, que cesen de pecar y dejen sus malos caminos. Acompañar pastoralmente a las personas no implica permitir o hasta aprobar el mal. Así no lo hizo Cristo y, por consiguiente, tampoco San Pablo ni San Juan Bautista. ¿Qué pastor de almas sería aquel sacerdote que, por el deseo justo en sí mismo de acompañar a las personas, aprobase sus pecados? *Hay que acompañar al pecador, no aprobar el pecado.*

Como sacerdotes que enseñan los caminos de Cristo, tenemos la responsabilidad verdaderamente profética de ayudar a los demás a salir del pecado mortal. Este es el verdadero progreso. Eliminar de dentro del pueblo las malas costumbres que ofenden a Dios permite de verdad "dar un paso adelante", tanto en la Iglesia como en la sociedad civil. No hay progreso donde se tolere, o hasta se apruebe y promueva el pecado. Vivimos en una sociedad donde el pecado ya no se esconde, sino que se alaba y se promueve. Consideremos toda la legislación a favor del divorcio, el aborto, la eutanasia, el llamado "matrimonio" homosexual... Es imponente el número de personas que se comprometen para que todas estas cosas sean consideradas buenas. Como sacerdotes proféticos, ¿qué debemos hacer frente a todo esto? ¿Seremos como aquellos obispos ingleses egoístas, que dijeron: "yo voy a aprobar esta nueva Iglesia del rey Enrique para seguir con vida y mantener mis beneficios", o tendremos el coraje de los santos? ¿Pondremos en el centro nuestra comodidad, nuestros beneficios, o lucharemos por la verdad y por el honor de Dios?

Hay que recordar que *la Iglesia considera la ortodoxia doctrinal como uno de los signos de santidad.* Claro que no es el único, no basta con ser ortodoxo para ser santo. Sin embargo, no se puede ser santo si no se es ortodoxo. No existen "santos heréticos". No pueden haber presbíteros y obispos realmente proféticos si no guardan intacta la doctrina de los apóstoles. Un sacerdote que declara que en ciertos casos particulares el aborto o la eutanasia está permitida, o que en ciertas circunstancias el adulterio es admisible; no es un profeta.

La sana doctrina no es un obstáculo para la santidad del sacerdote ni para la de los fieles. Más bien es condición previa, porque la doctrina de la Iglesia, la doctrina de siempre, es luz. Sin luz no se puede caminar en la vía recta. La sana doctrina ha dado durante dos mil años frutos incalculables de santidad: tanto de santidad famosa (la de los santos canonizados) como de santidad escondida (la de los millones de buenos cristianos). El error en la fe nunca ha salvado almas; muy probablemente las ha condenado. Por eso como sacerdotes maestros y profetas tenemos el deber y el honor de conocer y proclamar nuestra santa fe católica, sin modificaciones ni adaptaciones al espíritu mundano. Lo dice de nuevo San Pablo: «No sigan la corriente del mundo en que vivimos, sino más bien transfórmense a partir de una renovación interior. Así sabrán distinguir cuál es la voluntad de Dios, lo que es bueno, lo que le agrada, lo que es perfecto» (Rm 12,2).

La unión de todos los sacerdotes en la doctrina de la Iglesia, concretamente, en la doctrina del *Catecismo*, garantizará también nuestra comunión presbiteral y con los obispos, y evitará aquella confusión de los fieles que a menudo notan: "el padre tal dice así, mientras que el otro padre dice otra cosa". Es interesante notar que, a nivel de estudios ecuménicos, se suele enfatizar que la división de las Iglesias cristianas es un escándalo que también daña la actividad misionera porque, cuando llegan los misioneros cristianos, los pueblos recién evangelizados dicen: "¿debemos creer al Cristo católico, luterano o anglicano?". Mientras que se resalta esta dificultad objetiva, parece que no se nota la paradoja de una Iglesia que en su interior tiene una división doctrinal. Esta no es una cuestión teológica, de profesores, sino que es cuestión de anunciar la fe de la Iglesia, de la que somos representantes. Cada uno es responsable de la porción del rebaño que el Señor nos confió. Sabemos que debemos anunciarles la Buena Nueva de Cristo, y no opiniones de otras personas que pueden ser eruditas pero no son Cristo. Si el sacerdote es *alter Christus*, como un segundo Cristo en medio de la comunidad eclesial, debe predicar la misma verdad que salió de la boca del Señor y que los apóstoles nos confiaron.

En conclusión, el sacerdote, como hombre de la Palabra, del *Logos* que siempre es *Logos* encarnado Jesucristo, debe seguir la exhortación de San Pablo a Timoteo:

> Te ruego delante de Dios y de Cristo Jesús, juez de vivos y muertos, que ha de venir y reinar, y te digo: predica la Palabra, insiste a tiempo y a destiempo, rebatiendo, reprendiendo o aconsejando, siempre con paciencia y dejando una enseñanza. Pues llegará un tiempo en que los hombres ya no soportarán la sana doctrina, sino que se buscarán maestros según sus inclinaciones, hábiles en captar su atención; cerrarán los oídos a la verdad y se volverán hacia puros cuentos. Por eso debes estar siempre alerta. Supera las dificultades, dedícate a tu trabajo de evangelizador, cumple bien tu ministerio. (2Tim 4,1-5)

Para hacer esto, se necesita coraje y fuerza, se necesita ser hombres, en el sentido de ser viriles. Habrá que aceptar el consejo que el rey David le dio a su hijo Salomón cuando se sintió cerca de la muerte: «Muéstrate valiente y sé hombre. Permanece fiel a Yahvé, tu Dios, anda por sus caminos, observa sus leyes, sus mandamientos, sus ordenanzas y sus preceptos, tales como están escritos en la ley de Moisés. De ese modo te irá bien en todo lo que hagas» (1Reyes 2,2-3). "Muéstrate valiente y sé hombre". Así actuaron los mártires y los santos, así actuaron los profetas y los apóstoles.

## Segunda Meditación

## El Sacerdote y María Santísima del Rosario

En la meditación precedente, hemos visto que, para ser sacerdotes predicadores de la Palabra de la verdad, hay que tener ánimo, ser valientes. Esto comporta el riesgo de que seamos sacerdotes amargados, sin alegría, sin amor. Pero en nuestra fe católica tenemos un poderoso remedio que es la espiritualidad mariana. Decíamos que el sacerdote debe ser hombre, debe ser viril y valiente; eso no significa que no debe amar. Debe amar de manera viril –esto es cierto. María santísima, Reina de los apóstoles y Madre de los sacerdotes, nos ayuda a cultivar esta actitud de amor, compasión y atención a las personas, sin dejar de ver la justicia y la verdad y sin pretender que suavicemos nuestro carácter plenamente masculino.

### 1.

Antes que nada, María nos enseña a cultivar continuamente una mirada contemplativa sobre la vida. Sabemos que una de las características que hoy se usa para describir el perfil del sacerdote misionero y evangelizador es el de ser "contemplativo en acción". El problema es que hoy muchos quieren ser activos, pero quizás pocos cultivan adecuadamente la contemplación que debe preceder, acompañar y seguir todo lo que hacemos. Decía San Carlos Borromeo que meditar es fundamental para todo sacerdote:

> Sabedlo, hermanos, nada es tan necesario para los clérigos como la oración mental; ella debe preceder, acompañar y seguir nuestras acciones: Salmodiaré –dice el salmista– y entenderé. Si administras los sacramentos, hermano, medita lo que haces; si celebras la Misa, medita lo que ofreces; si salmodias en el coro, medita a quién hablas y qué es lo que hablas; si diriges las almas, medita con qué sangre han sido lavadas, y así hacedlo todo con espíritu de caridad; así venceremos fácilmente las innumerables dificultades que inevitablemente experimentamos cada día (ya que esto forma parte de nuestra condición); así tendremos fuerzas para dar a luz a Cristo en nosotros y en los demás. (Liturgia de las Horas,

*Oficio de Lecturas de la memoria de San Carlos Borromeo*, 4 de noviembre)

María cultivó en su corazón la meditación constante de todo lo que acontecía en su vida. Ella es Madre que enseña a sus hijos sacerdotes a contemplar la presencia de Dios en todo. Y, dentro de la devoción mariana, lo que más ayuda en este sentido es el santo Rosario, oración mariana y oración contemplativa. Benedicto XVI ha dicho:

> El Rosario es una oración contemplativa accesible a todos: grandes y pequeños, laicos y clérigos, cultos y poco instruidos. Es un vínculo espiritual con María para permanecer unidos a Jesús, para configurarse a Él, asimilar sus sentimientos y comportarse como Él se comportó. El Rosario es un "arma" espiritual en la lucha contra el mal, contra toda violencia, por la paz en los corazones, en las familias, en la sociedad y en el mundo. (*Homilía en la Misa al santuario de Pompeya*, 19 de octubre 2008)

San Pablo nos dice que hay que tener en todo «los mismos sentimientos de Cristo Jesús» (Fil 2,5). Esta palabra "sentimientos" (como a menudo se traduce) viene del griego *phronein* que no es un sustantivo sino un verbo que indica la manera de pensar y de actuar. *Phronein* no indica los sentimientos ligeros y pasajeros, sino la determinación estable que uno hace de la propia vida así como el actuar de manera consecuente a ella. Así que, siguiendo lo que dice el Papa Benedicto, podemos ver que rezar el Rosario nos ayuda a cultivar el mismo *phronein* (pensamiento y acción) de Cristo. En efecto, Benedicto XVI afirma que esta oración mariana nos ayuda a «asimilar sus sentimientos [los de Cristo] y comportarse como Él se comportó».

## 2.

Para cultivar la mirada contemplativa necesitamos también silencio, una dimensión muy importante de la vida espiritual y de la Liturgia, dimensión que, sin embargo, hoy descuidamos muchísimo. Estos son algunos pocos ejemplos del actual descuido del silencio:
i. Durante la Misa, se omite el momento de silencio previsto entre el

"oremos" y la colecta a pesar de que las rúbricas indiquen que se debe guardar el "sagrado silencio". Como hemos recordado en uno de los capítulos anteriores, el Papa Francisco, en una de sus catequesis sobre la Misa (cf. 10 de enero 2018), insistió en la necesidad de guardar silencio en ese momento. ii. Tampoco se guarda silencio en el momento de agradecimiento por la Comunión, suele más bien llenarse de cantos. iii. En la sacristía, antes de salir para celebrar (sobre todo cuando hay concelebraciones), todos hablan y a veces hacen bromas… mientras que el silencio es la dimensión necesaria para prepararse a celebrar con actitud contemplativa. Recordemos lo que afirma San Carlos: «Algún otro se queja de que, cuando va a salmodiar o a celebrar la Misa, al momento le acuden a la mente mil cosas que lo distraen de Dios; pero éste, antes de ir al coro o a celebrar la Misa, ¿qué ha hecho en la sacristía, cómo se ha preparado, qué medios ha puesto en práctica para mantener la atención?».

Ahora bien, el Rosario nos ayuda a aprender el silencio de María. Veamos de nuevo qué dijo el Papa Benedicto XVI al respecto:

> El Rosario es escuela de contemplación y de silencio. A primera vista podría parecer una oración que acumula palabras, y por tanto difícilmente conciliable con el silencio que se recomienda oportunamente para la meditación y la contemplación. En realidad, esta cadenciosa repetición del avemaría no turba el silencio interior, sino que lo requiere y lo alimenta. De forma análoga a lo que sucede con los Salmos cuando se reza la Liturgia de las Horas, el silencio aflora a través de las palabras y las frases, no como un vacío, sino como una presencia de sentido último que trasciende las palabras mismas y juntamente con ellas habla al corazón.
>
> Así, al rezar las avemarías es necesario poner atención para que nuestras voces no "cubran" la de Dios, el cual siempre habla a través del silencio, como "el susurro de una brisa suave" (*1Reyes* 19,12). ¡Qué importante es, entonces, cuidar este silencio lleno de Dios, tanto en el rezo personal como en el comunitario! (*Meditación antes del rezo del santo Rosario*, Pompeya, 19 de octubre 2008)

El Rosario, «escuela de contemplación y de silencio», ambos aspectos muy necesarios para todos, pero especialmente para los sacerdotes.

## 3.

Será bueno recordar la importancia del Rosario en la historia de la Iglesia. Sabemos que es una devoción y que no forma parte de la Liturgia, del Culto público y oficial de la Iglesia. Sin embargo, la Iglesia lo recomienda muchísimo desde hace siglos y muchos Pontífices han escrito documentos sobre el rezo del santo Rosario. Se distingue en particular León XIII que escribió diez encíclicas sobre la necesidad de rezar esta potentísima oración. Sabemos, además, que el Rosario ha sido parte fundamental de la oración de tantos santos del segundo milenio cristiano. Entre los más recientes, un santo sacerdote que solía rezar con frecuencia el Rosario era el Padre Pío de Pietrelcina. Sin olvidar a San Juan Pablo II, que además de rezar él mismo muchos Rosarios, también escribió la Carta apostólica *Rosarium Virginis Mariae* con la cual añadió a esta oración los misterios de la luz.

Hay distintas hipótesis sobre el origen histórico del santo Rosario. Según algunos autores, se remonta a los Padres del desierto de los siglos III y IV quienes utilizaban unas cuerdas pequeñas para contar las oraciones que repetían. Lo cierto es que el Rosario se difundió en Occidente en el siglo XII. La tradición dice que la Virgen se le apareció a Santo Domingo de Guzmán diciéndole que la mejor "arma" para convertir a los herejes y, en general, a todos los pecadores, es el Rosario. La organización actual de esta oración se debe al Beato Alano de la Roche (m. 1475). A partir de 1460, la Virgen se le apareció varias veces al Beato Alano y le hizo varias promesas (cf. *Radici Cristiane* 38 [2008], p. 74):

1. A todos los que recen devotamente mi Rosario, yo prometo mi especial protección y grandísimas gracias.

2. Quien perseverase en rezar mi Rosario recibirá gracias insignes.

3. El Rosario será una defensa poderosísima contra el infierno; destruirá los vicios, liberará del pecado, disipará las herejías.

4. El Rosario hará florecer las virtudes y las buenas obras y obtendrá las más abundantes misericordias divinas; sustituirá en los corazones el amor al mundo con el amor a Dios, elevándolos al deseo de los bienes celestiales y eternos. ¡Cuántas almas se santificarán por medio de ello!

5. Aquel que se entregue a mí rezando el Rosario, no perecerá.

6. Aquel que recite devotamente mi Rosario, meditando sus misterios, no será oprimido por la desgracia. Si es pecador, se convierte; si es justo, crecerá en gracia y será digno de la vida eterna.

7. Los verdaderos devotos de mi Rosario no perecerán sin recibir los Sacramentos de la Iglesia.

8. Aquellos que recen mi Rosario, encontrarán durante su vida y en la muerte la luz de Dios, la plenitud de sus gracias y participarán de los méritos de los santos.

9. Liberaré muy prontamente del purgatorio las almas devotas de mi Rosario.

10. Los verdaderos hijos de mi Rosario gozarán de una gran gloria en el cielo.

11. Lo que pidan con mi Rosario, lo obtendrán.

12. Aquellos que difundan mi Rosario, serán socorridos por mí en todas sus necesidades.

13. Yo he obtenido de mi Hijo que todos los miembros de la Cofradía del Rosario tengan como hermanos a los santos del cielo, ya sea durante la vida como en la hora de la muerte.

14. Aquellos que rezan fielmente mi Rosario son todos mis hijos dilectísimos, hermanos y hermanas de Jesucristo.

15. La devoción al santo Rosario es un gran signo de predestinación.

Puede ser que este lenguaje no corresponda a nuestra sensibilidad teológico-espiritual actual. En los últimos decenios, por lo general no se ha enseñado a valorar las "revelaciones privadas" en los seminarios. Sobre todo porque estas "promesas" de la Virgen parecen transmitir una idea de automatismo: "reza el Rosario y obtendrás todo, en esta vida y en la otra". Contestamos rápidamente a estas posibles objeciones: **i.** Es verdad que con las "revelaciones privadas" hay que ser prudentes. Prudentes pero no desconfiados, considerándolas siempre falsas. En particular sobre el tema del Rosario, María siempre lo recomienda; lo hizo también en Lourdes y Fátima, las dos más famosas apariciones marianas de Europa, reconocidas por la Iglesia universal. **ii.** Sobre lo del automatismo, podemos decir que al Beato Alano, María le promete esas cosas para quienes rezan el Rosario *con devoción*. Ahora, devoción no significa simplemente rezarlo observando una actitud externa piadosa. Como ya vimos precedentemente, devoción significa consagración de toda la vida (de *devovere*, consagrar), como explica Santo Tomás de Aquino. El devoto es aquel que se ha consagrado a Dios (en sentido amplio de "dedicarse", por eso no se aplica solo para clérigos y religiosos/as) y vive de manera consecuente a semejante consagración. Por eso las promesas de la Virgen requieren el rezo del Rosario en el contexto de una vida cristiana adecuada (no perfecta, pero coherente). Además, la Virgen misma menciona los Sacramentos, que por lo tanto no son excluidos ni simplemente accesorios, sino que permanecen en el centro de la espiritualidad cristiana.

En conclusión, no sabemos si estas promesas han sido entregadas al Beato Alano palabra por palabra. Lo más probable es que el Beato mismo haya formulado en sus términos lo que la Virgen le dijo. Sin embargo, lo esencial viene de María santísima con seguridad. Por eso sabemos que María valora y recomienda mucho el santo Rosario. Descuidarlo y hasta despreciarlo, no es un buen signo. Acordémonos de la última afirmación: «La devoción al santo Rosario es un gran signo de predestinación».

De este breve esbozo histórico, hemos aprendido que los Dominicos han sido protagonistas en la difusión del santo Rosario, a tal punto que lo llevan como parte de su hábito. Esto es interesante porque los Dominicos forman la Orden de Predicadores. Esto relaciona una vez más este tema con el de nuestra primera meditación. Para predicar bien, para ser fieles anunciadores de la Palabra, es necesario contemplar (el lema de los Dominicos es *contemplata aliis tradere* [entregar a los demás lo que se ha contemplado]); para aprender a contemplar, el Rosario es una gran escuela. Si el predicador no es primero alguien que contempla, sus palabras estarán vacías. El contenido viene, cierto, del estudio. Pero más aún viene de la contemplación, tanto de la contemplación del Cielo, como de la de la tierra. La contemplación de las cosas celestiales a la luz del Dios eterno, y la contemplación de lo que sucede en mi vida y en el mundo a la luz del designio salvífico divino.

### 4.

Remarquemos nuevamente que la devoción del sacerdote al santo Rosario y a María santísima, de ninguna forma puede conceder espacio a una pérdida de virilidad del ministro de Cristo. La Iglesia ordena *viri*, varones, y ¡solo varones! Vittorio Messori, en su libro *Hipótesis sobre María*, escribe que el peor daño que se pueda hacer a la devoción a María es transformarla en una práctica para mujeres santurronas. El célebre escritor dice que en los últimos dos siglos la devoción mariana ha sufrido un proceso de feminización, al menos en Occidente, donde la práctica religiosa es más una cuestión de mujeres que de varones. Siendo este el público más numeroso, siguiendo la ley económica de la oferta y la demanda, la pastoral con frecuencia se convierte en un producto hecho para satisfacer los gustos femeninos. Algo semejante ocurre también con la piedad popular. Messori recuerda que este es un fenómeno reciente y que en tiempos precedentes las cosas no eran así. Sea suficiente recordar que, durante la Edad Media, el culto a la Virgen era el culto viril por excelencia, porque se dedicaban a ello los caballeros, como los templarios y otros. Acordémonos de San Bernardo y de sus compañeros, todos eran caballeros que tenían el ideal típico de servir e incluso dar la vida por la dama. Cultivando la devoción a la Dama de todas las damas, María, decidieron todos ser monjes. Monjes orantes y contemplativos, con actitud de soldados de Cristo y de María, con coraje y valentía. No puede haber nada de afeminado en todo esto. Es así como el culto mariano debe ayudar al sacerdote ministro de la verdad. María es imagen perfecta de la Iglesia, la gran Señora, la gran Dama que queremos servir hasta dar la vida por ella.

Podemos ahora pasar a meditar sobre María y el sacerdote. Tendremos de trasfondo los misterios del santo Rosario.

### 5.

Parecería que la vocación de María y la del sacerdote fuesen dos vocaciones muy distintas, y efectivamente lo son; sobre todo porque María no solo no es sacerdotisa, sino que es algo más grande, Madre de Dios. Sin embargo, estas dos vocaciones tienen varios puntos en común, por una analogía que se fundamenta en Jesucristo.

**A.** *La generación de Cristo*. María es la Madre de Cristo, Dios y hombre. Ella dio a luz al Verbo encarnado luego de llevarlo en su seno virginal por nueve meses (cf. tercero misterio gozoso del Rosario). María no cuidó de Cristo solo durante esos nueve meses sino también después (cf. cuarto misterio gozoso y también el quinto si se considera el final de Lc 2,51: «siguió obedeciéndoles»). El sacerdote da a luz a Cristo no una sola vez sino todos los días en la Eucaristía. Junto a ello, el sacerdote también debe custodiar a Cristo luego de "generarlo" sobre el altar. Esta custodia es tanto exterior como interior.

**i.** Empecemos con la segunda. La custodia interior de Cristo es la vida espiritual del sacerdote, es decir, la custodia del *Logos*, la Palabra dentro nuestro. Esta inhabitación del Verbo en el alma del sacerdote libre de pecado mortal se preserva con la oración frecuente (sobre todo la Liturgia de las Horas), la frecuente Confesión aún en ausencia de pecado mortal, y la meditación de la Palabra. Así, como María, el sacerdote guarda «todas estas cosas en su corazón» (Lc 2,51; cf. v. 19; misterios gozos primero y quinto). Hay que custodiar la presencia de Cristo en nuestro corazón sacerdotal, pues sino se vuelve frío y vacío, hasta cínico. ¿Es posible que existan sacerdotes que no recen la *lectio divina*, que no recen la oración de agradecimiento a la santa Comunión, no visiten el Tabernáculo ni siquiera tres minutos al día? No hay que olvidar que Cristo instituyó a los apóstoles no solo para enviarlos, sino «para que [primero] estuvieran con Él y [luego] para enviarlos a predicar» (Mc 3,14). Antes que nada, hay que pasar tiempo con el Maestro, para luego ir a predicar. Si no lo hacemos, somos, en el mejor de los casos, sacerdotes recortados, reducidos a la mitad, y no a la mitad más importante. El cardenal francés Gabriel-Marie Garrone en un libro espiritual de los años Sesenta, escribe: «El sacerdote no se encuentra al exterior de la Eucaristía sino que forma parte de ella [...]. En la medida en que de alguna manera pierde contacto con la Eucaristía, es a sí mismo a quien pierde. Podrá seguir cumpliendo las demás actividades de su ministerio; pero la vida que viene de la fuente se debilita. En la base, el eje se desplaza. *Quizás seguirá siendo un apóstol, ¡pero Dios quería un sacerdote!* » (*L'Eucarestia. Regola di fede, sorgente di vita*, Paoline, Roma 1964, p. 110). ¡Que palabras! Es un gran riesgo para todos nosotros que nos convirtamos solo en apóstoles (o sea en gente que hace cosas) olvidándonos que somos los consagrados del Señor, los amigos del Esposo.

**ii.** Luego está también la custodia externa de Cristo. Jesús se puso bajo el cuidado de María y José hasta el momento en el cual empezó su ministerio público. Ellos lo cuidaron con gran amor y atención. Cristo se entrega ahora en las manos de sus sacerdotes. Y aquí hay un gran misterio. Cristo es Dios omnipotente, toda criatura le debe obediencia, pero Él quiso obedecer a María y José, que eran sus criaturas y siervos. Jesús hace lo mismo ahora con nosotros, Él es nuestro Creador y Redentor; nos llamó al sacerdocio y nos consagró. Sin embargo, se pone en nuestras manos, nos concede autoridad sobre su cuerpo y su sangre (recordemos que la Iglesia establece cuándo y dónde celebrar, dónde custodiar el Sacramento y cuáles son las reglas para distribuirlo y recibirlo). Si el sacerdote no consagra, no hay Presencia Real; si consagra, Cristo "obedece" y transforma el pan y vino. Nos dio un poder y una autoridad divina, que debemos vivir con gran asombro y gran responsabilidad. ¿Por qué al sacerdote se le llama también "cura"? Porque debe —como se dice en latín— *curare*, o sea cuidar. Debe cuidar las almas del rebaño, pero antes debe cuidar al Pastor Sumo, a Cristo. El sacerdote es cura porque debe cuidar las cosas de Dios.

Custodiar y cuidar a Cristo se hace, primero, con sagrado celo y una visión de fe y de eternidad en todas las cosas que hacemos. Si el sacerdote tiene un corazón frío, no tiene celo. Este sacerdote ya no lucha y se resigna diciendo: "¿qué puedo hacer yo?". Acaba así interesándose solo en cuidar su vivienda y su comodidad. Un ejemplo podría ser el de aquellos que, al escuchar las Confesiones, solo escuchan los pecados, dan la absolución y ya. Es verdad que el confesionario no es el lugar adecuado para dar dirección espiritual, pero sería sumamente oportuno decir una o dos palabras, para animar, o llamar la atención del penitente, para favorecer su arrepentimiento y conversión. A veces se actúa como si ya no hubiese esperanza alguna de que, con la gracia de Dios, las personas se puedan convertir y crecer. Y, en efecto, cuando se obra así, usualmente no sucede. Si el sacerdote no cree y no espera, ¿que será del rebaño? En cambio, hay que custodiar el cuerpo místico de Cristo, los fieles, las almas, y por eso se necesita celo.

También hay que custodiar el cuerpo eucarístico. María no solo dio a luz al cuerpo físico de Cristo, sino que lo cuidó muy bien por muchos años. Así debemos hacer nosotros con el cuerpo eucarístico. Recordemos el primer misterio gozoso en el cual María dice: «Yo soy la sierva del Señor» (Lc 1,38). El sacerdote es el siervo de Cristo. Pero pensemos bien: ¿cómo tratamos las especies consagradas? Lo hacemos con la conciencia de que tenemos en nuestras manos a nuestro Señor, ¿o lo tratamos como si fuese nuestro siervo, o peor aún, como si fuese una cosa y no una persona? Examinémonos sobre la manera con la cual distribuimos la Comunión, purificamos los vasos sagrados, reponemos el Santísimo en el Tabernáculo, cómo hacemos la genuflexión etc... ¿se ve claramente que creemos que es Cristo y que hay que tratarlo en espíritu de adoración y con reverencia?

**B.** Sobre la *oración*, ya hemos dicho varias cosas. Recordemos aquí solo el segundo misterio gozoso, en el cual encontramos el *Magníficat* de María. Como anota Benedicto XVI, el *Magníficat* es como un "retrato" del alma de María. Además, este himno

> Está completamente tejido por los hilos tomados de la Sagrada Escritura, de la Palabra de Dios. Así se pone de relieve que la Palabra de Dios es verdaderamente su [de María] propia casa, de la cual sale y entra con toda naturalidad. Habla y piensa con la Palabra de Dios; la Palabra de Dios se convierte en palabra suya, y su palabra nace de la Palabra de Dios. Así se pone de manifiesto, además, que sus pensamientos están en sintonía con el pensamiento de Dios, que su querer es un querer con Dios. (*Deus Caritas est*, n. 41)

**i.** Nuevamente, María nos enseña la contemplación, particularmente la contemplación bíblica. Es necesario hacer un esfuerzo cotidiano por "comer" y "digerir" la Palabra de Dios. La práctica de la *lectio divina* cotidiana se debe inculcar desde el seminario. La meditación se puede hacer de distintas formas, pero la *lectio* es la mejor de todas, porque nosotros mismos, con la gracia de Dios y siguiendo la interpretación de la Iglesia, debemos esforzarnos, debemos "luchar" con el texto cada día. Esto resulta, a veces, pesado, pero ayuda mucho. María nos invita a contemplar todo lo que pasaba en la vida de su Hijo.

**ii.** También es muy importante el rezo cotidiano de la *Liturgia de las Horas*. Lo hemos prometido en el día de nuestra ordenación y las personas honradas cumplen con su palabra. La Iglesia nos ayuda con esta oración sobre todo en dos cosas: **α.** nos mantiene unidos a la Iglesia universal: en el lugar del mundo en el que estemos y cualquiera sea nuestro cargo sacerdotal, todos rezamos lo mismo, desde el Papa hasta el último sacerdote del mundo. Es la Iglesia, Esposa de Cristo que, con una sola voz, alaba al Padre a través de Cristo en el Espíritu Santo. β. Nos da una regla de oración, de manera tal que todo el día se reza. Así, como María, nos quedamos internamente unidos al Señor en cada momento de la jornada.

**C.** En tercer lugar, la *caridad sacerdotal*. Aquí volvemos a mencionar la Visitación (segundo misterio gozoso) y también las bodas de Caná (segundo luminoso). María ejerce la caridad y nos anima a hacer lo mismo. Es importante recordar que las llamadas "obras de misericordia" son catorce y no siete. Están las corporales y las espirituales. Muchos se dedican a las corporales –lo que está muy bien. Pero no hay que olvidar las siete obras de misericordia (o caridad) espiritual: **i.** enseñar al que no sabe; **ii.** dar buen consejo al que lo necesita; **iii.** corregir al que se equivoca; **iv.** perdonar al que nos ofende; **v.** consolar al triste; **vi.** sufrir con paciencia los defectos del prójimo; **vii.** rezar a Dios por los vivos y por los difuntos.

**D.** Evidentemente, los misterios dolorosos del Rosario nos muestran el sufrimiento de Jesús, pero también el de María, la Virgen dolorosa. Al contemplar sus padecimientos, nosotros los sacerdotes entendemos que nuestra misión no está exenta de la cruz. Ahora bien, en nuestra época se nota cómo a menudo, durante el tiempo del seminario o del noviciado, este aspecto no se enseña suficientemente, con el riesgo de que los que se preparan para el sacerdocio se imaginen una futura vida pastoral siempre alegre, siempre exitosa. Es por esta razón que existen hoy muchos jóvenes sacerdotes que, después de pocos años de ordenados, experimentan una crisis. Se les ha dado en el seminario una esperanza falsa, que no corresponde a la realidad. La realidad es que «el servidor no es más que su patrón. Si a mí me han perseguido, también los perseguirán a ustedes» (Juan 15,20). Claro que también hay muchos momentos felices en nuestro sacerdocio, pero no se puede negar la dimensión de la cruz.

Otra consecuencia de esta actitud en la formación es que se descuida frecuentemente el valor de la *penitencia* y de las demás *virtudes pasivas*, mientras que más bien habría que valorarlas. El entonces Prepósito General de la Compañía de Jesús, padre Peter Hans Kolvenbach, en un libro-entrevista de 1990 (cf. *Fedeli a Dio e all'uomo. I Gesuiti, un'avanguardia obbediente di fronte alle sfide della modernità*, Paoline, Cinisello Balsamo [MI]), notaba que, en los últimos decenios, los formadores de seminarios y noviciados han insistido mucho en entender la vocación como realización y cumplimiento humano del consagrado –lo que también es. Pero muy poco, o para nada, han enseñado que la cruz forma parte de nuestra vocación, la cruz como negación de nuestras expectativas humanas. Si a un seminarista se le enseña solamente que siendo sacerdote va a desplegar su humanidad y va a ser feliz, es claro que una vez ordenado no entenderá cómo es posible que algunos fieles de su parroquia no lo sigan. No entenderá porqué debe luchar tanto para perserverar en la continencia perfecta. No entenderá porqué algunos hermanos sacerdotes lo maltratan y a veces hasta su obispo lo trata injustamente. Si nadie le dijo que habría cruces, es claro que ahora no comprende y entra en un estado de crisis: "no es esto lo que me habían prometido, lo que esperaba de mi sacerdocio". En cambio, hay que decir claramente durante los años de formación y en los siguientes, que *el sacerdote, en cuanto es* alter Christus, *debe sufrir*. Y si no sufre nada, es signo de que probablemente está haciendo algo equivocado. *El sacerdocio ordenado, en cuanto conformación a Cristo, no puede ser otra cosa que una larga crucifixión sin clavos visibles*. Pero, como en el cuarto y quinto misterio doloroso, al sacerdote en la cruz no le falta nunca la compañía y el consuelo de la Madre celeste. La perfección espiritual del sacerdote no se alcanza negando la cruz, sino abrasándola: «He sido crucificado con Cristo, y ahora no vivo yo, es Cristo quien vive en mí» (Gál 2,19-20).

**E.** Finalmente, en el Rosario también están los misterios luminosos y gloriosos. Los luminosos nos dicen que hay una parcial retribución durante esta vida para los que son fieles. Hay momentos de gozo y alegría y a veces hay éxitos espirituales y pastorales. Son los consuelos que Dios nos concede durante el *via crucis* de la vida. Pero más importante aún es la *retribución eterna* que contemplamos en los misterios gloriosos. Quien muere con Cristo, con Él resucitará a una vida nueva. «A ustedes que me han seguido, yo les digo: cuando todo comience nuevamente y el Hijo del Hombre se siente en su trono de gloria, ustedes también se sentarán en doce tronos, para juzgar a las doce tribus de Israel. Y todo el que haya dejado casas, hermanos, hermanas, padre, madre, hijos o propiedades por causa de mi

Nombre, recibirá cien veces más y tendrá por herencia la vida eterna» (Mt 19,28-29).

No hay sacrificio que hagamos como sacerdotes que no valga la pena. Todo vale la pena por Cristo, porque Él paga sobreabundantemente. Como el Padre suyo lo "sobre-ensalzó" (cf. el verbo griego utilizado en Fil 2,9), así Cristo va a sobre-exaltar a los que permanecen fieles a Él y a la misión que nos dio hasta la muerte. El Rosario es esta escuela de humildad: no buscamos el premio o la recompensa de la labor hecha con nuestras manos, tratando de obtener una carrera, o la fama, o el aprecio humano. Esperamos el premio que viene de Él que todo lo ve. No importa si somos el Sumo Pontífice en Roma o el párroco de la parroquia más pequeña y escondida de la diócesis, Dios está en todo lugar, Él ve todo y todo evalúa. Él es justo y de Él esperamos, al final de la vida, el salario que el siervo obediente y fiel espera de su patrón. Pidamos a Santa María Reina del Rosario que nos ayude a vivir la vida con esta mirada de esperanza contemplativa y que nos obtenga la gracia de la perseverancia final, en el desarrollo fiel y humilde de nuestras tareas sacerdotales.

# Índice

Presentación ..................................................................................................7
Capítulo 1 - Marco contextual y planteamiento metodológico.....................9
Capítulo 2 - La Eucaristía en el Antiguo Testamento ...............................21
Capítulo 3 - La Eucaristía en el Nuevo Testamento / 1.............................31
Capítulo 4 - La Eucaristía en el Nuevo Testamento / 2.............................44
Capítulo 5 - La Eucaristía en los Padres de la Iglesia / 1...........................58
Capítulo 6 - La Eucaristía en los Padres de la Iglesia / 2...........................70
Capítulo 7 - Transustanciación y Presencia Real / 1..................................82
Capítulo 8 - Transustanciación y Presencia Real / 2..................................96
Capítulo 9 - Dimensión cósmica de la Eucaristía ..................................... 110
Capítulo 10 - El Sacrificio eucarístico / 1 ................................................. 124
Capítulo 11 - El Sacrificio eucarístico / 2 ................................................. 138
Capítulo 12 - La Comunión Eucarística ................................................... 150
Capítulo 13 - El Culto público y privado al Santísimo Sacramento......... 164
Capítulo 14 - Descripción teológico-litúrgica de la Santa Misa ............... 178
Capítulo 15 - La Eucaristía y los santos.................................................... 196

ANEXO - DOS MEDITACIONES PARA LA VIDA SACERDOTAL

Primera meditación -
    El sacerdote, ministro de la Palabra ....................................................... 212
Segunda Meditación -
    El Sacerdote y María Santísima del Rosario......................................... 226

www.ingramcontent.com/pod-product-compliance
Lightning Source LLC
Chambersburg PA
CBHW031311150426
43191CB00005B/183